Hinweis

Sämtliche in diesem Roman genannten Bücher, Manuskripte und Dokumente gibt es wirklich. Auch den *Codex 632*.

2007, zwei Jahre nach der Originalausgabe dieses Buches, erschien Manoel de Oliveiras Film *Christoph Kolumbus – Das Rätsel*.

Die Romanreihe um Tomás Noronha erscheint auf Deutsch in anderer Reihenfolge als im portugiesischen Original. In Absprache mit dem Autor haben wir uns entschieden, zunächst seinen bekanntesten Titel, „Das Einstein Enigma“, zu veröffentlichen und anschließend mit einem verwandten Thema („Der Schlüssel des Salomon“) fortzufahren, anstatt die chronologische Reihenfolge einzuhalten. Das Leben von Tomás Noronha verläuft im deutschsprachigen Raum also nicht linear, aber jeder Roman kann völlig eigenständig gelesen werden.

Die Jahreszahlen geben die Reihenfolge der portugiesischen Originalausgabe an, in Klammern steht das entsprechende Erscheinungsjahr der deutschen Ausgabe:

Codex 632: 2005 (2019)
Das Einstein Enigma: 2006 (2017)
Furia Divina: 2009 (2020/21)
Das letzte Geheimnis Jesu: 2011 (2020)
Der Schlüssel des Salomon: 2014 (2018)
Vaticanum: 2016 (2019)
Zeichen von Leben: 2017 (2021/22)

José António Afonso Rodrigues dos Santos ist TV-Moderator und Sprecher der Abendnachrichten des portugiesischen Senders RTP1, mehrfach ausgezeichneter Kriegsberichterstatter und ehemaliger Dozent für Journalismus an der Neuen Universität Lissabon. Er hat das Talent, selbst anspruchsvollste Sachverhalte leicht und spannend zu vermitteln.

Mit seinen Büchern erreicht er ein Millionenpublikum und regelmäßige Bestsellerauflagen, insbesondere mit *Das Einstein Enigma* (470.000 Exemplare in Frankreich, 220.000 Exemplare in Portugal), für das die Filmrechte bereits verkauft sind. 19 Romane und 8 Essays liegen mittlerweile von ihm vor. Insgesamt wurden mehr als 3,3 Millionen seiner Bücher verkauft, in bis zu 20 verschiedenen Sprachen.

José Rodrigues dos Santos lebt in Lissabon.

Der Autor informiert regelmäßig über aktuelle Ereignisse unter:
www.joserodriguesdossantos.com

J.R. Dos Santos

Codex 632

Wer war Christoph Kolumbus wirklich?

Aus dem Portugiesischen von Viktoria Reich

luzar publishing.com

Für Florbela, Catarina und Inês:
die drei Frauen in meinem Leben

Kolumbus hat kein Riff und keine Insel entdeckt,
die so einsam waren wie er selbst.

Ralph Waldo Emerson

PROLOG

RIO DE JANEIRO, 30. November 1999

Vier.

Der alte Professor konnte nicht ahnen, dass er nur noch vier Minuten zu leben hatte.

Die weit geöffneten Türen des Hotelaufzugs schienen nur darauf zu warten, ihn in eine Falle zu locken und sich hinter ihm zu schließen. Er machte einen Schritt nach vorn und drückte den Knopf für den zwölften Stock. Während der Fahrt betrachtete er sein Spiegelbild an der Rückwand der Kabine und musste zugeben, dass er dem Klischee eines überarbeiteten Historikers perfekt entsprach: fast kahlköpfig, mit ein paar verstreuten Haarbüscheln oberhalb der Ohren und am Hinterkopf. Und die wurden allmählich so weiß wie der spärliche Bart, der seine eingefallenen, faltigen Wangen bedeckte. Nicht ahnend, was ihm bevorstand, verzog er seine Lippen zu einem Lächeln und besah sich seine Zähne, die, mit Ausnahme der elfenbeinfarbenen Prothesen, schief und gelblich in seinem Mund standen.

Drei.

Das leise *Ding* des Aufzugs teilte ihm mit, dass er im zwölften Stock angekommen war. Als die Türen sich geöffnet hatten, trat er in den Flur, wandte sich nach links und suchte in seiner Jackentasche nach der Schlüsselkarte. Er steckte sie in den Schlitz an seiner Zimmertür, bis ein grünes Licht aufleuchtete. Dann drückte er die Klinke herunter und trat ein.

Zwei.

Ein kalter, trockener Luftstrom der Klimaanlage stellte ihm die Nackenhaare zu Berge. Nach der mittäglichen Gluthitze draußen war die hermetische Kühle im Raum mehr als wohltuend. Er holte eine Flasche Saft aus der Minibar seines Zimmers und trat an das riesige Fenster. Mit einem Seufzer bewunderte er die Aussicht auf die schlanken Hochhäuser der Skyline von Rio. Unmittelbar gegenüber seines Fensters stand ein kleineres, fünfstöckiges Gebäude, auf dessen Dach das Wasser eines Swimmingpools in der Mittagssonne türkis schimmerte. Die Hügel jenseits des Stadtrands bildeten eine natürliche Grenze zwischen dem Grau des städtischen Betons und dem üppigen Grün des umgebenden Dschungels. Auf dem Gipfel des Corcovado, des höchsten Berges der Stadt, stand mit ausgebreiteten Armen die elfenbeinfarbene Statue des Cristo Redentor, die trotz ihrer enormen Größe von dreißig Metern aus der Entfernung zerbrechlich und klein wirkte. Eine weiße Wolke, die wie Watte aussah, schien sich an den Querbalken des Kruzifix zu klammern.

Der Historiker dachte an die letzten Monate zurück und was er in dieser Zeit alles entdeckt hatte – seinen großen Durchbruch. Jetzt galt es, seine nächsten Schritte gut zu planen. Es war entscheidend, was er mit all den Informationen, die er gesammelt hatte, anfangen würde. Er musste vorsichtig sein.

Eins.

Nachdenklich hob er die Flasche an den Mund und trank. Der Saft rann seine Kehle hinab, süß und kühl. Mango war seine Lieblingssorte. Die Saftbars in Rio verwendeten stets frische

Früchte, sodass der Saft leicht faserig und erfrischend war. Er leerte die Flasche langsam bis auf den letzten Tropfen, genoss mit geschlossenen Augen die herbe Süße der exotischen Frucht. Dann öffnete er die Augen wieder und betrachtete zufrieden das schimmernde Türkis des Swimmingpools auf dem gegenüberliegenden Gebäude. Es war das Letzte, was er in seinem Leben sah.

Schmerzen.

Ein stechender Schmerz durchzog seine Brust. Er zuckte zusammen, krümmte sich, von unkontrollierbaren Krämpfen geschüttelt. Der Schmerz wurde unerträglich. Er fiel zu Boden. Seine Augen schienen aus den Höhlen treten zu wollen, bevor sie starr einen Punkt an der Decke fixierten. Da lag er mit weit von sich gestreckten Armen und Beinen auf dem Rücken, als sein Körper sich ein letztes Mal aufbäumte.

Sein Mund formte einen stummen Schrei. Er würde mit niemandem mehr über seine Entdeckungen sprechen.

I

LISSABON, 6. Dezember 1999

Wenn jemand Tomás Noronha an diesem Morgen gesagt hätte, er würde die nächsten Wochen damit verbringen, durch die Welt zu reisen, um eine fünfhundert Jahre alte Verschwörung zwischen den beiden einstigen Weltmächten Spanien und Portugal aufzuklären und in die esoterische Welt der Kabbala und der Tempelritter einzutauchen, hätte er vermutlich gelacht. Und doch stand ihm genau das bevor.

Er parkte auf dem Parkplatz der Universität, der um 9:30 Uhr noch relativ leer war. Dann ging er in die Halle des Vorlesungsgebäudes, in dem die Studenten in Grüppchen zusammenstanden und sich über die Ereignisse des Vorabends austauschten. Als Tomás an ihnen vorbeiging, hörte er zwei der jungen Frauen aufgeregt flüstern; Tomás Noronha war groß und schlank, mit seinen fünfunddreißig Jahren ein gutaussehender Mann, dessen leuchtend grüne Augen das Auffälligste waren, das er von seiner französischen Urgroßmutter geerbt hatte. Er öffnete die Tür zu Hörsaal T9, betätigte mehrere Lichtschalter und legte seine Aktentasche auf das Pult.

Sofort strömten Studenten in kleinen Gruppen in den Saal und setzten sich an ihre üblichen Plätze neben den üblichen

Sitzpartnern. Tomás nahm seine Unterlagen aus der Aktentasche, setzte sich ebenfalls und wartete, bis auch einige Nachzügler ihre Plätze eingenommen hatten. Die meisten von ihnen waren junge Frauen. Manche von ihnen wirkten noch schläfrig, andere vom Morgenkaffee eher aufgekratzt und putzmunter.

Nach ein paar Minuten stand er auf und begrüßte seine Zuhörerschaft, die mit einem dissonanten „Guten Morgen" antwortete.

„Bisher haben wir eine Stele zu Ehren des Gottes Marduk untersucht", kam Tomás gleich zur Sache, „und die Keilschriften der Akkader, Assyrer und Babylonier miteinander verglichen. Außerdem haben wir über die Ägypter und ihre Hieroglyphenschrift gesprochen, ein paar Passagen aus dem Ägyptischen *Totenbuch* übersetzt sowie die Inschriften des Karnak-Tempels und einige Papyrustexte gelesen. Heute schließen wir unsere Betrachtungen Ägyptens ab. Dazu möchte ich Ihnen erzählen, wie es gelang, die Hieroglyphenschrift zu entschlüsseln." Er hielt inne und blickte sich um. „Hat jemand von Ihnen eine Idee?"

Einige Studenten lächelten. Sie kannten die ungeschickte Art ihres Dozenten, sie am Unterricht zu beteiligen.

„Mit dem Stein von Rosette", sagte jemand.

„Ja", stimmte Tomás zu. „Der Stein von Rosette hat eine Rolle gespielt, aber er war nicht der einzige Faktor. Und er war auch nicht der entscheidende."

Die Studenten schauten überrascht. Die junge Frau, die geantwortet hatte, war sogar ein wenig enttäuscht, nicht die richtige Antwort gegeben zu haben.

„Der Stein von Rosette war also nicht der Schlüssel zum Entziffern der Hieroglyphenschrift?", fragte eine kleine, pummelige Studentin in der zweiten Reihe.

Tomás lächelte. Die Bedeutung des Steins von Rosette herabzusetzen hatte den gewünschten Effekt gezeigt. Seine Zuhörerschaft blickte ihn gespannt an.

„Er hat dabei geholfen“, räumte Tomás ein, „aber er war bei Weitem nicht alles. Wie Sie wissen, waren die Hieroglyphen über Jahrhunderte ein großes Rätsel. Die ersten von ihnen stammen aus dem 3. Jahrtausend vor Christus. Gegen Ende des 4. Jahrhunderts nach Christus wurden die Hieroglyphen dann plötzlich nicht mehr verwendet, und nur eine Generation später war quasi niemand mehr in der Lage, sie überhaupt zu lesen. Weiß jemand, warum?“

Niemand antwortete.

„Haben die Ägypter etwa kollektiven Gedächtnisschwund bekommen?“, witzelte einer der wenigen männlichen Studenten.

„Grund war die christliche Kirche“, klärte Tomás auf. „Die Christen verboten den Ägyptern die Verwendung ihrer Hieroglyphenschrift, damit sie ihre heidnische Vergangenheit und die Vielgötterei vergessen sollten. Diese Maßnahme wurde so drastisch umgesetzt, dass das Wissen um die alte Schreibform in kürzester Zeit einfach erlosch. Das Interesse für die Hieroglyphenschrift wurde erst Ende des 16. Jahrhunderts wiederbelebt, als Papst Sixtus V. auf den Plätzen Roms ägyptische Obelisken aufstellen ließ.“

Die Vorlesung wurde vom leisen Knarzen der Tür unterbrochen, als eine junge Frau den Raum betrat. Tomás blickte irritiert auf. Dann schaute er näher hin. Er hatte sie noch nie zuvor gesehen. Sie war blond, hatte türkisfarbene Augen und eine milchweiße Haut. Sie ging nach hinten und setzte sich etwas abseits in die letzte Reihe. Dabei bewegte sie sich mit einer Selbstsicherheit, die zeigte, dass sie sich ihrer umwerfenden Schönheit bewusst war.

Nach kurzem Zögern fuhr Tomás fort: „Die Gelehrten versuchten daraufhin, die Hieroglyphen zu entschlüsseln, aber ohne Erfolg. Als Napoleon in Ägypten einfiel, folgte ihm eine Gruppe von Wissenschaftlern und Historikern, die den Auftrag hatte, alles, was sie fand, zu kartografieren, zu registrieren und zu vermessen. Dieses Team landete 1798 in Ägypten und wurde im folgenden Jahr ins Nildelta beordert, um ein Steinfragment zu untersuchen, das die dort stationierten Soldaten nahe der Stadt Rosette entdeckt hatten."

Die junge Frau musste Ausländerin sein, dachte sich Tomás. Portugiesinnen hatten nicht so helle Haut und Haare.

„Die französischen Gelehrten identifizierten drei Arten von Zeichen: griechische und demotische sowie Hieroglyphen. Sie schlussfolgerten daraufhin, dass der Stein ein und denselben Text in drei Sprachen enthielt und erkannten seine immense Bedeutung. Doch dann fielen britische Truppen in Ägypten ein und besiegten die Franzosen, und der Stein, der eigentlich nach Paris geschickt werden sollte, gelangte ins British Museum nach London. Wie die Übersetzung des griechischen Textteils ergab, handelte es sich bei der Inschrift um einen Beschluss des Priesterrates, in dem bekannt gegeben wurde, welche Vergünstigungen Pharao Ptolemaios V. dem ägyptischen Volk als Ausgleich für die ihm anerkannten Ehren gewährte. Die Engländer schlussfolgerten daraus, dass es nicht allzu schwer sein dürfte, die demotische Schrift zu entschlüsseln, wenn es sich wirklich dreimal um den gleichen Text handelte. Aber dabei tauchten drei Probleme auf." Tomás hielt den rechten Daumen in die Höhe. „Erstens war der Stein beschädigt. Der griechische Text war noch relativ gut erhalten, nicht aber der demotische Teil und vor allem nicht die Hieroglyphen. Mehr als die Hälfte des

Hieroglyphentextes fehlte, und selbst die verbliebenen vierzehn Zeilen waren in einem schlechten Zustand." Er hob auch den Zeigefinger. „Zweitens waren die beiden zu entschlüsselnden Schriften in Ägyptisch verfasst, einer Sprache, die seit mindestens achthundert Jahren nicht mehr gesprochen worden war. Die Engländer konnten zwar die Hieroglyphen bestimmten griechischen Wörtern zuordnen, aber sie wussten nicht, wie diese Hieroglyphen ausgesprochen wurden." Tomás hob nun auch den Mittelfinger. „Drittens glaubten die Gelehrten, dass die Hieroglyphen Ideogramme waren, also Bildzeichen, bei denen jedes Zeichen ein ganzes Wort oder einen Begriff darstellt, im Gegensatz zu Phonogrammen, bei denen jedes Zeichen einen Laut abbildet, wie das bei unserem Alphabet der Fall ist."

„Und wie wurden die Hieroglyphen dann entziffert?", fragte eine der Studentinnen.

„Den ersten erfolgreichen Ansatz lieferte ein hochbegabter Engländer namens Thomas Young. Schon im Alter von vierzehn Jahren beherrschte er Griechisch, Latein, Italienisch, Hebräisch, Chaldäisch, Syrisch, Persisch, Arabisch, Äthiopisch, Türkisch und … was war es noch gleich…?"

„Chinesisch", schlug ein Witzbold vor und wurde mit Gelächter belohnt.

„Samaritisch", erinnerte sich Tomás. „Young nahm 1814 eine Kopie der drei Inschriften des Rosettesteins mit in seine Sommerferien und untersuchte sie in allen Einzelheiten. Mehrere Hieroglyphen in einer Art Ring, einer sogenannten Kartusche, erregten seine Aufmerksamkeit. Er nahm an, dass diese Kartusche dazu diente, etwas Wichtiges hervorzuheben. Dank des griechischen Textes wusste er bereits, dass dieser Teil von Ptolemaios handelte. Er zählte also zwei und zwei zusammen und kam zu dem Schluss, dass die Kartusche den

Namen Ptolemaios enthielt. Dann tat er etwas Bahnbrechendes: Anstatt darauf zu beharren, dass die Schrift aus Ideogrammen besteht, dachte er, dass das Wort auch phonetisch geschrieben sein könnte. Er stellte Mutmaßungen an, wie die einzelnen Hieroglyphen in der Kartusche wohl ausgesprochen worden sein könnten." Tomás ging eilig zum Whiteboard und zeichnete ein Quadrat an. „Er nahm an, dass dieses Symbol, das erste in der Kartusche, dem ersten Laut im Namen des Pharaos entsprach, also einem *P*."

Daneben zeichnete Tomás einen unten geschlossenen Halbkreis. „Dieses Zeichen, das zweite in der Kartusche, interpretierte er als *t*." Als nächstes zeichnete er eine Schlaufe, gefolgt von einem liegenden Löwen im Profil. „Die Schlaufe übersetzte er als *o*, den Löwen als *l*."

Anschließend malte Tomás zwei waagerechte, parallele Linien, die am linken Ende geschlossen waren. „In diesem Symbol vermutete er ein *m*." Darauf folgten zwei nebeneinander aufrecht stehende Messer. „Diese Messer deutete er als *i*." Zuletzt zeichnete er einen aufrecht stehenden Haken. „Und das hier hielt er für ein *s*."

Tomás drehte sich um und blickte seine Zuhörer an.

„Sehen Sie?" Er zeigte auf seine Hieroglyphen, während er sie aussprach. „*P, t, o, l, m, i, s*. Ptolmis. Ptolemaios."

Auf den Gesichtern der Studenten machte sich erstauntes Erkennen breit.

„Wir wissen heute, dass er mit den meisten Annahmen recht hatte", fuhr Tomás fort und trat einen Schritt von der Tafel weg. „Und hier, meine Damen und Herren, endet die Bedeutung des Steins von Rosette." Er ließ die Idee ihre Wirkung entfalten. „Der erste, wichtige Schritt war getan, das stimmt, aber es stand noch viel Arbeit bevor. Nachdem er die erste Hieroglyphe entschlüsselt hatte, suchte Thomas Young nach einer Bestätigung seiner Hypothese. Im Karnak-Tempel von Theben fand er eine weitere Kartusche und nahm an, dass diese den Namen Berenikes IV., einer Königin aus dem Geschlecht des Ptolemaios, enthielt. Und er hatte wieder recht. Allerdings glaubte Young, dass die phonetische Transkription nur für nicht-ägyptische Namen gelte, wie bei der ptolemäischen Herrscherfamilie, die übrigens von einem General Alexanders des Großen abstammte. Jedenfalls verfolgte Young diesen Ansatz nicht konsequent genug, sodass der Code nicht geknackt, sondern nur angekratzt wurde."

„Und wer hat dann das Rätsel gelöst?"

„Der Franzose Jean-François Champollion."

Tomás schaute die Blondine in der hinteren Reihe des Hörsaals an und fragte sich, was sie dort machte. Sie sah deutsch aus oder vielleicht holländisch. Jedenfalls blickte sie ihn aus ihren türkisfarbenen Augen aufmerksam an und schien ihm gespannt zuzuhören.

„Champollion wandte Youngs Ansatz auf andere Kartuschen an, die die Namen Ptolemaios und Kleopatra enthielten. Mit Erfolg. Außerdem entschlüsselte er einen Hinweis auf Alexander den Großen. Allerdings waren all diese Namen nichtägyptischen Ursprungs, was seine Überzeugung festigte, dass die phonetische Umschrift nur für Begriffe außerhalb des traditionellen ägyptischen Wortschatzes galt. Das änderte sich schlagartig im September 1822."

Er machte eine bedeutungsvolle Pause.

„Um 1822 erhielt Champollion Zugang zu Abbildungen aus einem Tempel in Abu Simbel, dessen Inschriften aus einer Zeit vor der griechisch-römischen Epoche stammen und somit nur ägyptischen Ursprungs sein konnten. Nachdem er alle

Hieroglyphen genau untersucht hatte, beschloss er, sich auf eine bestimmte Kartusche zu konzentrieren."

Tomás ging erneut ans Whiteboard und schrieb vier Hieroglyphen in einem länglichen Kasten an: 

Er deutete auf die letzte der vier Hieroglyphen. „Dieses Zeichen entspricht einem *s*."

Tomás schrieb die entsprechenden Laute aus dem lateinischen Alphabet unter die Hieroglyphen, wobei er an die ersten beiden Stellen jeweils ein Fragezeichen setzte. Auf dem Whiteboard stand somit ein rätselhaftes *?-?-s-s*. Er drehte sich wieder zu seiner Zuhörerschaft um und tippte auf die beiden Fragezeichen.

„Die ersten beiden Hieroglyphen fehlten also noch", sagte er. „Was konnten sie bedeuten? Wie könnten sie klingen?" Er zeigte auf die erste von ihnen. „Nach intensiver Betrachtung erinnerte diese runde Hieroglyphe mit einem Punkt in der Mitte Champollion an die Sonne. Entsprechend dieser Hypothese versuchte er herauszufinden, wie das Zeichen wohl ausgesprochen wurde. Da er wusste, dass im Koptischen das Wort Sonne *ra* heißt, schrieb er an die Stelle des ersten Fragezeichens ein *ra*." Er wischte das erste Fragezeichen weg und ersetzte es durch *ra*, sodass jetzt *ra-?-s-s* am Whiteboard stand.

„Und jetzt? Wie ließe sich die zweite Lücke füllen? Champollion kam schließlich zu dem Schluss, dass es etwas ganz Simples sein müsse. Die Tatsache, dass der betreffende Name in einer Kartusche stand, war ein klarer Hinweis darauf, dass es sich um den Namen eines Pharaos handelte. Und welcher Name eines Pharaos beginnt mit *ra* und endet auf ein doppeltes *s*?"

Die Frage schwebte einige Sekunden im Raum.

„Die Antwort war ebenso kühn wie einfach." Tomás hielt abermals kurz inne. „Warum nicht ein *m*?"

Er wischte nun auch das zweite Fragezeichen weg und schrieb an die Stelle ein *m*.

„Ramses. Und so veränderte die Entdeckung eines Schriftgelehrten von einer Sekunde auf die andere unser Verständnis der Weltgeschichte."

II

Kaum hatte Tomás die Vorlesung beendet, erfüllten lebhafte Geräusche den Saal. Stühle wurden gerückt, Notizblöcke zugeklappt, und die Studierenden strebten fröhlich plaudernd dem Ausgang zu. Wie üblich kamen auch diesmal ein paar von ihnen auf Tomás zu, während er seine Unterlagen einräumte.

„Herr Noronha, ich habe einen Teilzeitjob und konnte nicht zu den letzten Vorlesungen kommen. Steht der Termin für die Abschlussprüfung schon fest?"

„Ja, sie findet am letzten Tag unserer Vorlesungsreihe statt."

„Welcher Tag ist das?"

„Auswendig weiß ich das auch nicht. Schauen Sie doch bitte in den Seminarkalender."

„Und wie läuft die Prüfung ab?"

„Nun, es wird ein praktischer Test werden." Tomás klappte seine Aktentasche zu. „Sie werden einige Dokumente analysieren und alte Texte entziffern müssen."

„Hieroglyphen?"

„Ja, unter anderem. Vielleicht müssen Sie aber auch sumerische Tafeln mit Keilschrift, griechische Inschriften, hebräische oder aramäische Texte übersetzen. Vielleicht aber auch nur ein paar Manuskripte aus dem Mittelalter oder dem 16. Jahrhundert."

Der Studentin blieb der Mund offen stehen.

„Kleiner Scherz", sagte Tomás lachend. „Nur einige allgemeine Übungen und …"

„Aber das kann ich doch alles gar nicht", sagte die Studentin entsetzt.

Tomás schaute sie an. „Ich weiß. Deshalb sind Sie ja auch hier in der Vorlesung, nicht wahr? Um es zu lernen."

Nur noch zwei Frauen standen vor ihm, eine Studentin mit kurzen, schwarzen Locken und die schöne Blondine. Er wandte sich zuerst der anderen zu, um anschließend mehr Zeit für die Unbekannte zu haben.

„Das müssten Sie bitte unterschreiben", sagte die Schwarzhaarige und legte ihm ein Blatt Papier vor.

Von der unbekannten Schönen verwirrt, tat Tomás, was von ihm verlangt wurde. Dann stutzte er.

„Was habe ich da eigentlich unterschrieben?"

„Das ist eine Bescheinigung, die ich mit zur Arbeit nehmen muss, weil ich eine Schicht versäumt habe, um zur Vorlesung zu kommen."

Tomás nickte geistesabwesend, während die Studentin den Zettel rasch wegsteckte.

Endlich konnte er mit ihr sprechen, ohne dass jemand anderer im Saal war. Wahrscheinlich war sie das von Männern so gewohnt, dachte er. Zwar fühlte Tomás sich durch ihre Schönheit und ihre Größe – sie war fast so groß wie er selbst – etwas verwirrt, aber er versuchte, es sich nicht anmerken zu lassen. Er lächelte, und sie lächelte zurück.

„Guten Morgen, Herr Professor." Sie hatte einen ungewohnten Akzent. „Ich bin neu hier."

Tomás unterdrückte ein Grinsen.

„Das habe ich schon gemerkt. Wie heißen Sie?"

„Lena Lindholm."

„Lena?“ Er tat überrascht, als hätte er erst jetzt gemerkt, dass sie Ausländerin war. „Das ist die Kurzform des portugiesischen Namens Helena.“

Sie kicherte taktvoll. „Ja, aber ich bin Schwedin.“

„Aaaah!“, rief Tomás aus. „Natürlich.“ Er zögerte und überlegte kurz. „Warten Sie … ähm, … *hej, trevligt att träffas?*“

Lena machte große Augen. „Entschuldigung“, sagte sie und blickte angenehm überrascht. *„Talar du svenska?“*

Tomás schüttelte den Kopf und antwortete lächelnd: *„Jag talar inte svenska.“* Dann fügte er noch hinzu: „Das ist alles, was ich auf Schwedisch sagen kann.“

Sie schaute ihn bewundernd an. „Nicht schlecht! Nur Ihre Aussprache müsste noch etwas melodischer sein, sonst klingt es wie Dänisch. Wo haben Sie Schwedisch gelernt?“

„Als Student war ich vier Tage in Malmö. Da habe ich ein paar Brocken aufgeschnappt, zum Beispiel *Var är toaletten?*“

Sie lachte.

„Hur mycket kostar det?“, legte Tomás nach. *„Äppelkaka med vaniljsås.“*

Bei seinem letzten Satz seufzte sie auf.

„Professor, erinnern Sie mich nicht an *äppelkaka*.“

„Ich bin noch nicht habilitiert, nennen Sie mich also bitte nicht Professor“, entgegnete Tomás. „Und warum soll ich Sie nicht an *äppelkaka* erinnern?“

Sie fuhr sich mit der Zungenspitze über ihre vollen Lippen.

„Er ist köstlich. Und ich vermisse ihn so sehr …“

Tomás lachte und hoffte, seine wahre Reaktion auf ihre Geste kaschieren zu können.

„Es tut mir leid, *kaka* ist ein komisches Wort für ein Dessert. In Portugiesisch heißt *caca* nämlich … nun ja, Scheiße.“

„Ja, in anderen Sprachen klingt es seltsam, aber ich schwöre Ihnen, schwedischer Apfelkuchen ist einfach herrlich.“

Lena schloss ihre Augen und sah aus, als würde sie sich an das erste Mal erinnern, als sie diese Köstlichkeit aß.

Tomás war von der jungen Frau fasziniert, auch wenn er es gewohnt war, von hübschen Studentinnen umgeben zu sein. Außerdem war er verheiratet und nie fremdgegangen. Und doch stellte er sich einen Augenblick lang vor, Lena an sich zu ziehen und sie zu küssen. Nur mit Mühe gelang es ihm, seine erotischen Gedanken zu unterdrücken. Er räusperte sich.

„Wie heißen Sie doch gleich?"

„Lena."

„Ah, Lena." Er zögerte. „Sagen Sie, Lena, wo haben Sie so gut Portugiesisch gelernt?"

„Mein Vater war Botschafter in Angola, und ich habe fünf Jahre lang dort gelebt."

Tomás schloss seine Aktentasche und wandte sich zum Gehen.

„Und hat es Ihnen gefallen?"

„Es war großartig. Wir haben in einem eigenen Haus in Miramar gewohnt und die Wochenenden in Mussulo verbracht. Einfach traumhaft."

„In welchem Teil von Angola war das?"

Sie schaute ihn erstaunt an, als müsste jeder Portugiese mit der Geografie Angolas vertraut sein.

„In Luanda natürlich, der Hauptstadt. Miramar ist der Stadtteil, in dem wir gewohnt haben, mit Blick auf den Strand, die Festung und die Halbinsel Ilha do Cabo. Und Mussulo ist eine Insel südlich von Luanda. Waren Sie noch nie in Angola?"

„Nein."

„Wie schade!"

Tomás steuerte auf die Tür zu und bedeutete Lena, ihm zu folgen. Sie kam ihm auffallend nah. Ihr weicher, blauer

Pullover passte hervorragend zu ihren blauen Augen und den blonden Locken, die über ihre Schultern fielen. Tomás zwang sich, nicht tiefer als bis zu ihrer feinen Halskette zu schauen.

„Was führt Sie nun in meine Vorlesung?“, fragte er und trat zur Seite, um Lena den Vortritt zu lassen.

„Ich bin über das Erasmus-Programm hier“, antwortete sie und streifte ihn leicht mit der Schulter.

„Wie bitte?“

„Ich bin über das Erasmus-Programm hier“, wiederholte sie und drehte sich zu ihm um.

Sie gingen nebeneinander durch das Foyer.

„Über das Erasmus-Programm?“

„Ja. Kennen Sie das etwa nicht?“

Tomás schüttelte den Kopf.

„Nein. Äh … ach so, Erasmus.“ Er zögerte, bis ihm endlich ein Licht aufging. „Natürlich! Sie sind also über das Erasmus-Programm hier.“

Lena lächelte amüsiert. Sie merkte genau, wie nervös sie ihn machte.

„Ja, das habe ich bereits gesagt.“

Erasmus war ein europäisches Förderprogramm, über das Studenten bis zu einem Jahr lang in einem anderen EU-Land ein Auslandssemester absolvieren konnten. Die meisten Gaststudenten, die an das Institut für Geschichtswissenschaften der Neuen Universität Lissabon kamen, waren Spanier. Einige stammten jedoch aus Nordeuropa.

„An welcher Universität studieren Sie?“

„Stockholm.“

Sie gingen die letzten Stufen hinauf, dann standen sie vor Tomás’ Büro. Er suchte in seiner Jackentasche nach dem Schlüssel.

„Und warum wollten Sie ausgerechnet nach Portugal?“

„Aus zwei Gründen“, sagte Lena. „Zum einen wegen der Sprache. Ich spreche fließend Portugiesisch, sodass ich den Vorlesungen gut folgen kann.“ Sie blieb unmittelbar hinter ihm stehen. „Zum anderen, weil ich meine Dissertation über das Zeitalter der Großen Entdeckungen schreiben möchte. Ich würde gern die Parallelen zwischen den Reisen der Wikinger und den Entdeckungen der portugiesischen Eroberer herausarbeiten.“

Tomás stieß die Tür auf und bat Lena mit einer ausholenden Geste in sein Büro. Der Raum war unaufgeräumt, auf dem Tisch stapelten sich Prüfungsunterlagen, die er korrigieren musste. Auch auf dem Boden lag Papier verstreut.

„Die portugiesischen Entdeckungen sind ein weites Feld“, sagte Tomás und blickte aus dem Fenster, durch das die Wintersonne auf sein Gesicht fiel. „Wissen Sie, wie viel Arbeit da auf Sie zukommt?“

„Kein Aal ist so klein, als dass er nicht hoffen würde, ein Wal zu werden.“

„Wie bitte?“

„Das ist eine schwedische Redensart. Und die bedeutet, dass ich auf jeden Fall bereit bin, hart zu arbeiten.“

Tomás lächelte. „Das glaube ich, aber es ist wichtig, dass Sie das Thema Ihrer Arbeit klar definieren. Welcher Zeitraum interessiert Sie denn am meisten?“

„Ich möchte alles wissen, was bis zu Vasco da Gamas Reise im Jahr 1498 passierte. Ich habe ein Jahr lang alles darüber gelesen, was ich finden konnte.“ Sie sah ihn mit blitzenden Augen an. „Glauben Sie, ich könnte die Originalchroniken einsehen? Die Berichte der Chronisten, die bei den Reisen dabei waren?“

„Sie meinen De Zurara und Seinesgleichen?“

„Genau."

Tomás seufzte.

„Das ist schwierig. Die Originaldokumente sind sehr wertvoll und empfindlich, und die Bibliothekare hüten sie wie ihren Augapfel." Er schüttelte nachdenklich den Kopf. „Aber Sie können Abschriften und Kopien davon haben. Das ist doch fast das gleiche."

„Ach, aber ich würde so gern die Originale sehen." Lena blickte ihn mit ihren blauen Augen unverwandt an und schlug die Wimpern auf. „Können Sie mir nicht dabei helfen? Bitte …"

Tomás schluckte nervös.

„Na ja, ich könnte es zumindest versuchen, nur …"

„Großartig!", rief Lena und strahlte ihn an.

Ihm war vage bewusst, dass er gerade manipuliert wurde, doch war er so von Lena verzaubert, dass ihm das nichts ausmachte.

„Aber können Sie denn das Portugiesisch des 16. Jahrhunderts lesen?"

„Ein Dieb findet den Gral schneller als ein Küster."

„Was?"

Lena lachte über Tomás' entgeisterten Gesichtsausdruck. „Das ist auch eine schwedische Redensart. Und die heißt so viel wie, wo ein Wille ist, ist auch ein Weg."

„Davon bin ich überzeugt", räumte Tomás ein. „Aber das ändert nichts an der Frage, ob Sie das Portugiesisch des 16. Jahrhunderts mit seiner schwierigen Kalligrafie lesen können."

„Nicht wirklich."

„Wozu wollen Sie dann die alten Texte sehen?"

Lena schaute ihn verschmitzt an, als wolle sie ihm ein Geheimnis anvertrauen.

„Ich bin sicher, Sie helfen mir ein wenig dabei."

Tomás erkannte, dass die ganze Geschichte kein gutes Ende nehmen würde. Wenn er eine Sache über das Unterrichten an der Universität gelernt hatte, dann dass ein Mann nie seinen weiblichen Studierenden zu nahe kommen sollte. Warum, so fragte er sich, zog Lena ihn derart an? Sein Interesse an ihr ließ sich nicht leugnen. Etwas an ihr machte ihn extrem neugierig, mehr über sie zu erfahren. Viel mehr.

III

Der Nachmittag war ausgefüllt mit einer Institutsversammlung und ihren üblichen Intrigen, Machtspielchen und endlosen Tagesordnungspunkten. Als Tomás endlich nach Hause kam, war es bereits dunkel, und Constanze und Margarida saßen beim Essen: Frikadellen mit Spaghetti und Ketchup, das Lieblingsgericht seiner Tochter. Tomás hängte seinen Mantel auf, gab beiden einen Kuss und setzte sich an den Tisch.

„Endlich mal wieder Frikadellen und Spaghetti", sagte er trocken.

Constanze schaute ihn an und zuckte mit den Achseln. „Das macht sie glücklich."

„Hmmm, Spaghetti", plapperte Margarida fröhlich und saugte geräuschvoll die Nudeln ein.

„Nun, wenn sie glücklich ist, bin ich es auch", sagte Tomás resigniert, während er sich eine Portion auf den Teller tat. Er wandte sich an seine Tochter und streichelte ihr glattes, schwarzes Haar. „Hey, meine Süße, was hast du denn heute gelernt?"

„*A* wie Auto, *B* wie Buch."

„Aber das hast du doch schon im vorigen Jahr gelernt, weißt du nicht mehr? Hast du heute nichts Neues gelernt?"

„*C* wie China, *D* wie danke."

„Merkst du was?", fragte er seine Frau. „Sie macht Rückschritte."

„Ich weiß“, antwortete Constanze. „Für nächste Woche habe ich einen Termin bei der Schulleiterin vereinbart.“

„*E* wie Ei.“

Vor einem Jahr war Margarida in die Schule gekommen. Ihre Klasse wurde anfangs von einem Sonderpädagogen unterstützt, der sie ständig motivierte. Allerdings war seine Stelle wegen Budgetkürzungen gestrichen worden, sodass der Klassenlehrer die Kinder allein unterrichtete und den Schülern mit Lernschwierigkeiten nicht gerecht werden konnte. Obwohl Margarida offensichtlich viel von dem, was sie im ersten Schuljahr gelernt hatte, wieder vergaß, würde es schwierig werden, die Schulleitung davon zu überzeugen, dass sie wieder einen Sonderpädagogen brauchte.

Tomás versuchte, seine Tochter mit den Augen eines Fremden zu sehen, mit ihrem runden Gesicht, den mandelförmigen Augen, ihrem feinen, schwarzen Haar und den kurzen Gliedmaßen. Wurde sie von den Mitschülern gehänselt? Bestimmt. Kinder konnten so grausam sein.

Er dachte zurück an jenen Frühlingstag vor neun Jahren, in der Entbindungsstation. Überglücklich war er mit einem Sträußchen Jelängerjelieber in das Zimmer seiner Frau geeilt, hatte sie und seine neugeborene Tochter geküsst. Er war gerührt über dieses kleine Bündel mit rosaroten Wangen und weicher Haut, das ihn an einen kleinen, schlafenden Buddha erinnerte, so weise und friedlich lag es da. Er hatte seine Tochter in den Arm genommen wie eine Kostbarkeit.

Dieser Moment reiner Glückseligkeit dauerte keine halbe Stunde. Dann kam die Ärztin ins Zimmer und bat ihn dezent in ihr Büro. Mit ernster Miene erklärte sie ihm, dass es aussah, als habe Margarida das Downsyndrom, auch Trisomie 21 genannt.

Es war wie ein Schlag in die Magengrube. Der Boden unter Tomás’ Füßen schien zu beben und ihn in ein dunkles Loch zu reißen. Als er seiner Frau von dem Verdacht erzählte, sagte sie kein Wort und weigerte sich lange Zeit, überhaupt darüber zu sprechen. All ihre Pläne für ihre Tochter waren wie ein Kartenhaus zusammengestürzt. Eine Woche lang durften sie noch hoffen, dass alles ein Fehlalarm war. Doch dann lagen die Ergebnisse der Genanalyse vor und bestätigten ihre Befürchtungen.

Es war ein Schock. Monatelang hatten sie ihre Hoffnungen auf ihre künftige Tochter projiziert und Träume gehegt, wie das Mädchen ihrem Leben einen neuen Sinn geben würde. Jetzt blieb ihnen nur ungläubige Verzweiflung, sie fühlten sich verraten und ungerecht behandelt. Sie suchten die Schuld beim Frauenarzt, der nichts gemerkt hatte, bei den Krankenhäusern, die auf solche Situationen nicht vorbereitet waren, und bei den Politikern, die sich nicht um die wahren Probleme der Bürger scherten. Kurz: Jeden machten sie für ihr Leid verantwortlich, nur nicht sich selbst.

Danach folgte ein Gefühl des Verlusts, tiefen Kummers und schier unerträglicher Scham. Sie lagen nachts wach und fragten sich, was sie falsch gemacht hatten, suchten nach Fehlern, Gründen, Erklärungen für die Behinderung ihrer Tochter.

Doch irgendwann hörten sie auf, nur an sich selbst zu denken. Sie machten sich Gedanken über die Zukunft ihrer Tochter. Wie würde sie sich entwickeln? Würde sie glücklich sein? Was wäre, wenn ihnen beiden etwas zustieße: Wer würde für die Kleine sorgen?

Aber schon ein einfaches Gähnen oder Lächeln ihres Babys genügte, um alles zu verändern. Endlich akzeptieren sie Margarida so, wie sie war, und erkannten, wie sehr sie sie liebten.

Als die Ärzte ihnen eines Tages mitteilten, ihre Tochter könne an einem Herzfehler leiden, verwandelte sich ihr Leben in eine Odyssee. Sie pilgerten von einer Klinik zur anderen, ließen schier unzählige Untersuchungen und Tests durchführen.

Tomás schaffte seinen Doktorabschluss in Geschichte nur mit einem riesigen Kraftakt. Es war purer Stress, neben all den Arztbesuchen noch die Kryptographie in der Renaissance mit den komplexen Chiffren Albertis, Portas und Vigenères zu studieren. Außerdem mangelte es ihnen an Geld. Tomás' Doktorandenstelle und Constanzes Gehalt als Kunstlehrerin reichten mehr schlecht als recht aus, um die laufenden Kosten zu decken.

All diese Belastungen wirkten sich zwangsläufig auf ihre Ehe aus. In ihren jeweiligen Sorgen gefangen, berührten sie einander kaum noch. Sie hatten keine Zeit. Keine Zeit und kein Geld. Und dieser Mangel forderte seinen Tribut: Ihre Beziehung litt. Zwar gingen sie noch herzlich miteinander um und sorgten füreinander, aber ihre Ehe bestand vor allem aus Gewohnheit und Pflichten. Vorbei waren die ersten schönen Jahre, und vorbei war es mit dem Leben, das sie sich gemeinsam ausgemalt hatten. Sie wussten es beide, sahen aber keinen Ausweg. Resigniert machten sie einfach weiter.

Tomás spießte ein Stück Frikadelle auf und trank einen Schluck Rotwein. Margarida hatte inzwischen ihren Nachtisch beendet und stand auf, um den Tisch abzuräumen.

„Du kannst doch auch nachher abräumen", sagte Tomás.

„Nein", widersprach sie ernst und stellte die dreckigen Teller in die Spülmaschine. „Muss saubermachen, muss saubermachen."

„Du kannst nachher saubermachen."

„Nein. Es ist dreckig. Igitt. Muss saubermachen!"

„Du wirst wohl später mal einen Reinigungsservice aufmachen", scherzte Tomás und hielt seinen Teller fest, damit Margarida ihn nicht mitnehmen konnte.

Putzen und Aufräumen waren Margaridas Obsession. Wann immer sie einen Fleck oder Krümel erblickte, setzte sie alles daran, ihn zu entfernen. So hatte sie ihre Eltern schon mehrfach in peinliche Situationen gebracht, wenn sie beim Anblick eines Spinnennetzes oder von etwas Staub auf den Möbeln schreiend darauf zustürzte und „diesen Dreck wegmachen“ wollte. Sie wies dabei mit einer so abgrundtiefen Verachtung auf den ‚Schandfleck‘, dass die Freunde der Noronhas mittlerweile eine ausgiebige Reinigungsaktion starteten, bevor die Familie zu Besuch kam. Zu einigen Bekannten war der Kontakt aus diesem Grund sogar ganz abgebrochen.

Nach dem Abendessen ging Margarida ins Bett. Tomás half ihr beim Zähneputzen und bereitete ihre Sachen für den nächsten Tag vor, während Constanze ihr den Schlafanzug anzog und anschließend eine Gutenachtgeschichte vorlas: *Der gestiefelte Kater*. Als Margarida eingeschlafen war, machten Tomás und Constanze es sich auf dem Sofa bequem.

„Ich bin hundemüde“, sagte Constanze nach einer Weile und blickte zur Decke.

„Ich auch.“

Das Wohnzimmer war klein, aber geschmackvoll eingerichtet. An den Wänden hingen farbenfrohe Bilder, die Constanze während ihres Kunststudiums gemalt hatte. Auf dem Regal aus hellem Buchenholz standen zwei Vasen mit kräftig roten Blüten und üppigen, grünen Blättern.

„Was für Blumen sind das?“, fragte Tomás.

„Kamelien.“

Er lehnte sich hinüber und roch an einer der Blüten.

„Die duften ja gar nicht.“

„Natürlich nicht“, lachte Constanze. „Kamelien sind geruchlos.“

„Aha“, sagte Tomás. Er lehnte sich zurück und streichelte Constanzes Handfläche. „Erzähl mir mehr über Kamelien.“

Constanze war verrückt nach Blumen. Diese Leidenschaft war einer der Faktoren gewesen, die sie zusammengebracht hatten. Tomás liebte Rätsel und Wortspiele, Symbole und verschlüsselte Botschaften, und er war ständig damit beschäftigt, Codes und Chiffren zu knacken. Als er Constanze kennenlernte, öffnete sie ihm die Tür zu einer ganz anderen Welt von Symbolik: der Bedeutung der Blumen. Sie erzählte ihm, wie die Frauen in türkischen Harems einst mit Hilfe eines genialen Blumencodes in Kontakt mit der Außenwelt getreten waren. Und indem die ursprüngliche türkische Bedeutung mit alten Mythen und traditioneller Folklore verflochten wurde, entwickelte sich daraus die Floriographie, die Blumensprache, die im 19. Jahrhundert extrem populär wurde.

Zu Tomás' Freude eröffneten die Blumen, die er bis dahin lediglich als schön empfunden hatte, nun ungeahnte Möglichkeiten der Kommunikation. Sie erlaubten es, Dinge auszudrücken, die man nicht in Worte fassen wollte oder konnte. So war es beispielsweise für einen Mann unvorsichtig oder gar undenkbar, einer Frau beim ersten Date zu sagen, dass er in sie verliebt war; aber er konnte ihr sehr wohl einen Strauß Gloxinien schenken – das Symbol für Liebe auf den ersten Blick.

Die Floriographie fand unter anderem Eingang in die Juwelierkunst, die Werke der Präraffaeliten und in die Mode. Das Gewand, das Königin Elisabeth II. bei ihrer Krönungszeremonie trug, war mit Olivenzweigen und Weizenähren bestickt, als Zeichen der Hoffnung, dass ihre Regierungszeit von Frieden und Überfluss geprägt sein würde. Constanze, die von Menschen und von der Natur geschaffene Kunstwerke gleichermaßen liebte, entwickelte sich zu einer Spezialistin für die Nuancen der Blumensprache.

„Kamelien stammen aus China, wo sie sehr geschätzt wurden", begann sie ihre Erklärung und fuhr sich über das Haar.

„Im Westen wurden sie durch Alexandre Dumas und seinen Roman *Die Kameliendame* bekannt, der auf der wahren Geschichte einer Pariser Kurtisane aus dem 19. Jahrhundert beruht. Dieses Fräulein Marie Duplessis war allergisch gegen Blumendüfte und ertrug nur Kamelien, weil sie eben geruchlos sind.“ Sie warf Tomás einen schelmischen Blick zu. „Ich nehme an, du weißt, was eine Kurtisane ist?“

„Mein Schatz, ich bin Historiker.“

„Nun gut. Fräulein Duplessis trug also stets ein Sträußchen Kamelien – fünfundzwanzig Tage lang in Weiß, als Zeichen ihrer Verfügbarkeit, und rot an den anderen Tagen, wenn sie indisponiert war. Dieser Roman hat übrigens Verdi zu *La Traviata* inspiriert. Darin verkauft die Opernheldin zugunsten ihres Liebhabers all ihre Juwelen und trägt stattdessen Kamelien.“

„Oh je, die Arme“, sagte Tomás mitfühlend. Er blickte die Blumen an, die seine Frau im Wohnzimmer verteilt hatte. „Und der Farbe der Kamelien hier nach zu urteilen, wird es wohl heute nichts mehr?“

„Stimmt“, seufzte Constanze. „Ich bin groggy.“

Tomás schaute seine Frau an. Sie hatte immer noch diese leicht melancholische Art, die ihn bei ihrem ersten Treffen so fasziniert hatte. Er studierte damals Geschichtswissenschaften, und ein Freund schwärmte ihm von der Schönheit der jungen Frauen an der Kunstfakultät vor. „Wahre Meisterwerke“, pflegte Augusto zu sagen. „Glaub's mir. Die musst du sehen.“

Eines Tages ließ Tomás sich überreden und begleitete ihn in die Cafeteria. Er fand das Gerücht bestätigt: An keiner anderen Fakultät war so viel Schönheit zu finden. Doch als die beiden jungen Männer versuchten, mit zwei elegant gekleideten Blondinen ins Gespräch zu kommen, kassierten sie eine Abfuhr. Gestresst suchten sie mit ihren Tabletts in der Hand einen freien Platz. Sie wählten letztlich einen Tisch am Fenster, an dem bereits drei junge Frauen saßen, eine von ihnen eine üppige Brünette. „Die Natur ist großzügig“, raunte Augusto Tomás mit einem Augenzwinkern zu.

Die Brünette fand Gefallen an Tomás' grünen Augen, aber er sah nur eine ihrer Freundinnen, eine junge Frau mit milchweißer Haut, einigen Sommersprossen auf der Nase und braunen Augen mit einem verträumten, etwas abwesenden Ausdruck. Ihre geschmeidigen Gesten deuteten auf eine sanftmütige Natur hin, auch wenn dieser Eindruck täuschte, wie Tomás bald merkte. Unter der ruhigen Oberfläche brodelte ein Vulkan. Hinter der verspielten Katze verbarg sich eine ungezähmte Löwin. Tomás ging nicht eher, bis Constanze ihm ihre Telefonnummer gegeben hatte. Zwei Wochen später schenkte er ihr seinen ersten Strauß Jelängerjelieber, von denen er inzwischen wusste, dass sie ein Zeichen unsterblicher Liebe waren. Dann hatte Tomás Constanze zum ersten Mal geküsst, und sie waren Hand in Hand über den weitläufigen Sandstrand von Carcavelos spaziert.

Tomás wandte seinen Blick nach rechts, wo neben einer der Blumenvasen ein Foto seiner Tochter stand, die ihn anstrahlte. Wie im Zeitraffer gelangte er zurück in die Gegenwart.

„Wir müssen nächste Woche mit ihr zu Doktor Oliveira“, sagte Constanze.

„Diese Arztbesuche machen mich fix und fertig“, antwortete Tomás.

„Sie machen auch Margarida fix und fertig“, erwiderte seine Frau. „Und vergiss nicht, dass sie bald auch operiert werden muss.“

„Erinner' mich bloß nicht daran.“

„Ich bitte dich, Tomás, ob es dir gefällt oder nicht, du musst mir dabei helfen.“

„Ist ja schon gut."

„Ich bin es einfach leid, alles allein zu machen. Sie braucht Hilfe, und ich auch. Du bist nun mal ihr Vater."

Tomás blickte zu Boden. Seine Frau hatte alle Hände voll mit Margaridas Problemen zu tun, und egal, wie sehr er sich bemühte, erreichte er allenfalls halb so viel wie sie. Constanze war einfach viel praktischer veranlagt.

„Es tut mir leid. Mach dir keine Sorgen. Ich gehe mit euch zu Doktor Oliveira."

Constanze wirkte besänftigt. Sie lehnte sich auf dem Sofa zurück und gähnte.

„Zeit, ins Bett zu gehen", sagte sie und stand auf. „Bleibst du noch auf?"

„Ein bisschen. Ich möchte noch ein paar Seiten lesen."

Sie beugte sich zu ihm, gab ihm einen Kuss und stand auf. Der warme Duft ihres Parfums blieb im Raum zurück. Einen Moment später stand Tomás ebenfalls auf, ging zum Bücherregal und verharrte einen Moment unschlüssig davor. In diesem Augenblick klingelte sein Handy.

„Hallo?"

„Spreche ich mit Mister Noronha?"

Der etwas näselnden Stimme nach zu urteilen war der Anrufer Amerikaner, dessen Portugiesisch einen brasilianischen Akzent hatte.

„Der bin ich. Und wer sind Sie?"

„Ich heiße Nelson Moliarti und bin Vorstandsassistent der Stiftung für die gesamtamerikanische Geschichte. Tut mir leid, dass ich Sie so spät noch störe."

„Keine Ursache, was kann ich für Sie tun?"

„Ich weiß nicht, ob Ihnen unsere Stiftung bekannt ist?", fragte Moliarti.

„Nein."

„Nun, wir sind eine gemeinnützige Organisation mit Sitz in New York und unterstützen Forschungsarbeiten über die Geschichte Amerikas. Zurzeit betreiben wir ein Großprojekt, das jedoch Probleme bereitet und unsere gesamte Arbeit gefährdet. Der Vorstand hat mich daher vor zwei Wochen gebeten, eine Lösung zu finden. Vor einer halben Stunde habe ich meine Empfehlung vorgestellt. Sie wurde angenommen, und deshalb rufe ich Sie an.“

Es entstand eine Pause.

„Ja, und?“, fragte Tomás.

„Mister Noronha?“

„Ja, ich höre.“

„Sie sind unsere Lösung.“

„Wie bitte?“

„Sie sind die Lösung für unser Problem. Was denken Sie, wann Sie frühestens in New York sein können?“

IV

NEW YORK

Eine Dampfwolke fauchte über den Boden, als sei ein unter dem Asphalt verborgener Vulkan ausgebrochen. Sie löste sich in der kalten Nachtluft schnell auf und verbreitete den unangenehmen Geruch von Frittiertem. Tomás schlug seinen dünnen Mantel enger um sich, vergrub die Hände tief in den Taschen und versuchte, sich so gut es ging vor dem beißenden Wind zu schützen. Es ist ungemütlich in New York, wenn der Wind durch die Straßen pfeift, erst recht, wenn man nicht entsprechend warm angezogen ist, wie Tomás nun am eigenen Leib erfuhr.

Er war wenige Stunden zuvor am JFK Airport gelandet. Dann hatte ihn eine imposante schwarze Limousine, die ihm die Stiftung für die gesamtamerikanische Geschichte zur Verfügung gestellt hatte, zum Waldorf-Astoria gebracht, dem überwältigenden Luxushotel an der Park Avenue. Er war zu aufgeregt gewesen, um die großartigen Details der Dekoration und Architektur richtig zu würdigen und hatte daher nur schnell sein Gepäck ins Zimmer gebracht, sich vom Hotelpagen einen Straßenplan geben lassen und war nach draußen gestürmt, ohne die Dienste seines Chauffeurs in Anspruch zu nehmen.

Das war ein Fehler gewesen. Anfangs hatte ihm die Kälte nicht viel ausgemacht, als er die East Fiftieth Street entlangging, tief beeindruckt von den ihn umgebenden Wolkenkratzern. Aber kaum hatte er die Avenue of the Americas überquert und die Seventh Avenue erreicht, kroch ihm die Kälte regelrecht in die Knochen. Er hatte oft gehört, dass man New York nur zu Fuß wirklich kennen lernen könne, aber niemand hatte ihm gesagt, dass es um diese Jahreszeit hier so kalt sein würde. Er hatte das Gefühl, dass alles um ihn herum zu Eis erstarrte. Seine Ohren litten am meisten. Es war, als bearbeite sie jemand mit einer Rasierklinge.

Er bereute inzwischen, nicht früher umgekehrt zu sein, doch die Neugier hatte gesiegt, und der Anblick des Times Square zog ihn wie magisch an. Die Neonlichter der riesigen Leuchtreklamen blinkten und flackerten in allen Farben, heischten Aufmerksamkeit. Die Straße mit ihrem chaotischen Verkehr war fast taghell erleuchtet. Die Fußgänger rempelten nicht nur einander, sondern auch die Autos, die bestenfalls im Schritttempo vorankamen. Manche Passanten gingen zielstrebig, andere schlenderten gemütlich dahin. Es war ein Feuerwerk der Farben, eine wahre Orgie des Lichts.

Plötzlich spürte Tomás, dass sein Handy vibrierte. Eine Sekunde später hörte er es auch klingeln. Widerstrebend zog er seine Hand aus der schützenden Manteltasche.

„Hallo?“

„Mister Noronha? Hier ist Nelson Moliarti. Wie war Ihr Flug? Sind Sie gut gelandet?“

„Ja, danke, alles bestens.“

„Hat der Fahrer sich gut um Sie gekümmert?“

„Fünf-Sterne-Service, wie das Hotel.“

„Sehr gut. Haben Sie schon gegessen?"

„Nein, noch nicht."

„Mögen Sie nicht in eines der Hotelrestaurants gehen? Lassen Sie einfach alles auf Ihre Zimmernummer schreiben, die Stiftung übernimmt die Kosten."

„Danke, aber das ist nicht nötig. Ich werde hier am Times Square eine Kleinigkeit essen."

„Sie sind am Times Square?"

„Ja."

„Aber es ist doch eiskalt draußen. Ist der Fahrer bei Ihnen?"

„Nein, den habe ich nach Hause geschickt."

„Wie sind Sie dann dahin gekommen?"

„Zu Fuß."

„Aber es ist fünf Grad unter null, und bei dem Wind fühlt es sich noch viel kälter an. Soll ich Ihnen den Fahrer schicken, damit er Sie abholt?"

„Nicht nötig, vielen Dank. Ich nehme ein Taxi."

„Nun gut, wie Sie meinen", brummte Moliarti kopfschüttelnd. „Ich wollte Ihnen nur sagen, dass wir Sie morgen früh um neun im Büro erwarten. Der Fahrer holt Sie um halb neun in der Hauptlobby ab."

„In Ordnung. Dann also bis morgen früh."

Die fünfstündige Zeitdifferenz zwischen New York und Lissabon ging nicht spurlos an Tomás vorüber. Um sechs Uhr morgens wachte er auf. Draußen war es noch dunkel, und er hätte gern etwas länger geschlafen. Aber nachdem er sich eine halbe Stunde lang im Bett gewälzt hatte, gab er es auf. Zu Hause war es jetzt halb zwölf, und Constanze musste erst am Nachmittag arbeiten.

Er blickte sich im Zimmer um. Die Wanddekoration war burgunderfarben mit goldenen Zierleisten, den Boden bedeckte ein dicker Plüschteppich. In den Ecken standen echte Topfpflanzen, und auf dem Nachttisch wartete eine Flasche Cabernet darauf, geöffnet zu werden. Schade, dass Constanze dies nicht auch genießen konnte.

Er beschloss, sie anzurufen.

„Hallo, meine Raubkatze", begrüßte er sie. „Alles in Ordnung?"

„Hallo Tomás. Wie ist es in New York?"

„Eiskalt!"

„Und sonst?"

„Na, ich habe noch nicht viel davon gesehen."

„Was bringst du mir mit?"

„Wie wäre es mit der Freiheitsstatue?"

„Ach nein, die ist mir zu groß", lachte sie. „Ein paar Bilder aus dem MoMA wären mir lieber."

„Aus dem *was*?"

„MoMA. Museum of Modern Art."

„Aha."

„Bring mir doch bitte Van Goghs *Sternennacht* und Monets *Wasserlilien*. Ach ja, und Picassos *Fräulein von Avignon* und *Divan Japonais* von Toulouse-Lautrec."

„Klar, ist notiert." Dann wurde er ernst. „Wie geht es Margarida?"

„Gut. Das heißt", sie hielt inne und überlegte kurz, „gestern hat sie mir gesagt, dass sich ihre Brust merkwürdig anfühle. Ich habe Angst, dass ihr Herz wieder Probleme macht."

Tomás atmete tief durch. Die bittere Realität platzte in sein kleines Urlaubsidyll. Nach einem Augenblick sagte er: „Wir werden sie wohl noch einmal zu einem Herzspezialisten bringen müssen."

„Und du solltest mitkommen."

„Ich bin gerade in New York."

„Ja, jetzt hast du eine gute Ausrede“, stimmte sie zu und wechselte dann schnell das Thema. „Haben die Amerikaner schon gesagt, was sie von dir wollen?“

„Nein, ich treffe mich erst nach dem Frühstück mit ihnen.“

„Bestimmt brauchen sie deine Meinung zu irgendeinem Manuskript.“

„Wahrscheinlich.“

Tomás hörte, wie am anderen Ende der Leitung die Türglocke ging.

„Meine Kollegin“, sagte sie. „Ich muss gehen. Dieser Anruf kostet ohnehin bestimmt ein Vermögen. Ich liebe dich. Bis bald.“

„Ich liebe dich auch. Und mach dir keine Sorgen. Margarida wird es bald besser gehen.“

„Ich weiß. Vielmehr, ich hoffe es. Und denk dran, mir Blumen mitzubringen.“

Tomás beendete sein Frühstück um kurz vor halb neun. Dann begab er sich in die Hauptlobby, wo ein imposanter Kronleuchter den in Mosaik gelegten Marmorboden erhellte.

„Guten Morgen, mein Herr. Wie geht es Ihnen heute Morgen?“

Tomás drehte sich um und erkannte den Chauffeur vom Vorabend wieder.

„Guten Morgen“, antwortete er. „Danke, gut.“

„Fahren wir?“

Die Morgenluft war kalt, aber die Sonne schien in all ihrer Pracht über der Stadt und vermittelte das Gefühl von Wärme. Tomás nahm auf der Rückbank Platz, der Chauffeur hinter dem Steuer. Dann fuhr die Sicherheitstrennwand summend herab, und der Fahrer deutete auf ein kleines TV-Set, neben dem je eine Flasche Glenlivet und Moët sowie eine Karaffe mit frischem Orangensaft auf Eiswürfeln standen. „Genießen Sie die Fahrt", sagte er.

Die Limousine fuhr los, und Tomás schaute zu, wie New York vor seinen Augen dahinglitt. Sie fuhren die stark frequentierte Madison Avenue entlang, bis sie das Sony Building mit seiner charakteristischen Dachkonstruktion erreichten. Dort hielt der Wagen an einer Ecke an.

„Hier ist der Sitz der Stiftung", sagte der Chauffeur. „Mister Moliarti erwartet Sie."

Tomás stieg aus und bewunderte das moderne, aerodynamisch wirkende Gebäude. Es war siebenunddreißig Stockwerke hoch und mit rosafarbenem Granit verkleidet. Ein kalter Wind pfiff über den Gehweg und ließ Tomás schaudern, als ein Mann in einem dicken Mantel aus dem Gebäude trat und auf ihn zukam.

„Mister Noronha?"

Tomás erkannte das brasilianische Portugiesisch mit amerikanischem Akzent.

„Bom dia."

„Bom dia. Ich bin Nelson Moliarti. Schön, Sie kennen zu lernen."

„Die Freude ist ganz meinerseits", sagte Tomás, während sie einander die Hände schüttelten.

Moliarti war schlank und nicht sehr groß und hatte kurze, graue Locken. Mit seinen schmalen Händen und einer leichten Hakennase erinnerte er Tomás an einen Raubvogel.

„Willkommen in New York", grüßte Moliarti.

„Danke", antwortete Tomás. „Verflixt kalt heute, nicht wahr?"

„Allerdings!" Moliarti deutete auf die Eingangstür. „Lassen Sie uns hineingehen."

Drinnen war es angenehm warm, und Tomás bewunderte die Eleganz der marmornen Eingangshalle mit ihrer ungewöhnlichen Skulptur – einem Granitblock, der in einem Stahlbehälter zu schweben schien. Moliarti bemerkte Tomás' Blick und lächelte.

„Merkwürdig, nicht wahr?“

„Sehr interessant.“

„Kommen Sie. Unsere Büros sind im dreiundzwanzigsten Stock.“

Moliarti schien es eilig zu haben.

Der Aufzug war auffallend schnell. Nach nur wenigen Sekunden öffneten sich seine Türen, und die beiden betraten die Etage der Stiftung für die gesamtamerikanische Geschichte. Deren Haupteingang bestand aus milchigem Glas, auf dem das Logo der Stiftung eingraviert war: ein goldener Adler, der in einer Klaue einen Olivenzweig und in der anderen ein Band mit einer lateinischen Aufschrift hielt. Darauf stand *Hos successus alit: possunt, quia posse videntur.* Tomás murmelte den Satz vor sich hin und versuchte, sich zu erinnern, von wem er stammte.

„Vergil“, sagte er schließlich.

„Bitte?“

„Dieser Satz“, erklärte Tomás und zeigte auf das Band in den Klauen des Adlers, „er ist ein Zitat aus Vergils *Aeneis*.“ Und er übersetzte: „Sie können alles tun, weil sie denken, dass sie es können.“

„Ah ja, das ist unser Motto“, sagte Moliarti lächelnd. „Erfolg führt zu mehr Erfolg, kein Hindernis ist so groß, als dass es nicht überwunden werden könnte.“ Er schaute Tomás respektvoll an. „Sie können Latein?“

„Latein, Griechisch und Koptisch, aber ich bin etwas aus der Übung gekommen“, seufzte Tomás. „Und ich würde gern meine Kenntnisse in Hebräisch und Aramäisch vertiefen. Das würde mir ganz neue Möglichkeiten eröffnen.“

Der Amerikaner pfiff anerkennend, sagte jedoch nichts. Er hielt Tomás die Tür auf und führte ihn am Empfang vorbei den

Flur entlang in ein modernes Büro, in dem eine streng blickende Frau von Mitte sechzig sie empfing.

„Hier ist unser Gast“, sagte Moliarti. Die Frau stand auf und nickte Tomás zu. „Und das ist Teresa Racca, die Assistentin des Vorsitzenden.“

Die beiden schüttelten einander die Hände.

„Ist John da?“, fragte Moliarti.

„Ja.“

Moliarti klopfte an die Tür, dann öffnete er sie. Hinter einem Schreibtisch aus Mahagoniholz saß ein fast kahler Mann mit Doppelkinn, dessen wenige grauen Haare nach hinten gekämmt waren. Als er Tomás sah, sprang er auf.

„Kommen Sie herein!“

Moliarti stellte die beiden einander vor.

„Das ist Tomás Noronha aus Lissabon“, sagte er. „Mister Noronha, das ist John Savigliano, der Vorstandsvorsitzende unserer Stiftung.“

Savigliano breitete beide Arme aus und strahlte Tomás mit breitem Lächeln an.

„Herzlich willkommen in New York.“

„Vielen Dank“, sagte Tomás auf Englisch, während Savigliano enthusiastisch seine Hand schüttelte.

„Hatten Sie einen guten Flug?“

„Ja, danke.“

„Ausgezeichnet! Ausgezeichnet!“ Savigliano deutete auf eine bequeme Sitzecke. „Setzen Sie sich doch bitte.“

Tomás nahm auf dem edlen Ledersofa Platz und sah sich um. Das Büro war konservativ eingerichtet, mit einer Vertäfelung aus Eichenholz und gediegenem Mobiliar aus dem 18. Jahrhundert. Eine riesige Fensterfront bot einen beeindruckenden Blick über das Häusermeer von Manhattan. Links erkannte Tomás das Chrysler Building, weiter rechts sah er das

Empire State Building. Der Parkettfußboden des Büros war aus hochwertigem Walnussholz. In den Ecken standen üppige Grünpflanzen, und an einer der Wände hing ein abstraktes Gemälde, das er nach kurzem Überlegen als einen Franz Marc erkannte.

„Möchten Sie etwas trinken?“, unterbrach Savigliano seine Betrachtungen.

„Nein, danke.“

„Wie wäre es mit einem Kaffee? Wir haben einen ausgezeichneten Cappuccino.“

„Nun, dann bitte einen Cappuccino.“

Savigliano schaute zur Tür. „Teresa!“, rief er.

„Ja, Sir.“

„Bringen Sie uns bitte drei Tassen Cappuccino und ein paar Biscotti.“

„Selbstverständlich.“

Savigliano rieb sich die Hände und strahlte.

„Tomás Noronha“, sagte er. „Darf ich Sie Tom nennen?“

„Tom?“, lachte Tomás. „Wie Tom Hanks? Einverstanden.“

„Ich hoffe, das macht Ihnen nichts aus. Wir Amerikaner lieben es formlos.“ Er zeigte auf sich selbst. „Nennen Sie mich bitte John.“

„Und ich bin Nel“, fügte Moliarti hinzu.

„Das wäre also geklärt“, sagte Savigliano zufrieden. Er schaute aus dem Fenster. „Sind Sie zum ersten Mal in New York?“

„Ja.“

„Und, gefällt es Ihnen?“

„Nun ja, ich habe noch nicht viel von der Stadt gesehen, aber der erste Eindruck ist überwältigend“, sagte Tomás zögernd.

Wenig später kam Saviglianos Assistentin mit einem Tablett ins Büro. Sie reichte jedem von ihnen eine Tasse dampfenden Cappuccino und stellte einen Teller mit Schokoladenplätzchen auf den Tisch. Als sie gegangen war, lehnte sich Savigliano in seinem Sessel zurück und räusperte sich.

„Also, Tom, kommen wir zur Sache." Er schaute Moliarti an. „Ich gehe davon aus, dass Nel Ihnen schon erklärt hat, was unsere Stiftung macht?"

„Er hat es kurz erwähnt."

„Die Stiftung für die gesamtamerikanische Geschichte ist eine privat finanzierte gemeinnützige Organisation, die 1978 hier in New York gegründet wurde, um Forschungsarbeiten zu unterstützen, die sich mit der Geschichte Amerikas befassen. Wir haben ein Stipendienprogramm für amerikanische und ausländische Studenten ins Leben gerufen, um interessante Forschungsarbeiten zu belohnen, die ein neues Licht auf unsere Vergangenheit werfen."

„Das Columbus-Stipendium", warf Moliarti ein.

„Genau. Außerdem fördern wir die Arbeiten von Archäologen und Geschichtswissenschaftlern."

„Um welche Art von Forschung geht es dabei?", wollte Tomás wissen.

„Um alles, was mit dem amerikanischen Kontinent zu tun hat", antwortete Savigliano. „Von den Dinosauriern bis zu den Indianern, die europäische Kolonialisierung und Bewegungen der Völkerwanderung ebenso wie die Zeit des Goldrauschs. Aber kommen wir auf unser aktuelles Problem." Er hielt kurz inne und dachte nach. „Wie Sie wissen, wurde 1992 das fünfhundertjährige Jubiläum der Entdeckung Amerikas gefeiert. Die Zeremonie war großartig, und ich bin stolz zu sagen, dass die Stiftung für die gesamtamerikanische Geschichte einen bedeutenden Anteil daran hatte. Unsere Politik ist es übrigens, nie mehr als ein Großprojekt gleichzeitig zu verfolgen, und als wir uns für das nächste Thema entschieden haben, ist uns ein furchtbarer Lapsus unterlaufen. Ein unglaublicher Fehler, der für die Stiftung peinlichste Folgen haben könnte. Wir haben ein Datum übersehen, das selbstverständlich gefeiert werden muss." Er schaute Tomás unvermittelt an. „Wissen Sie, welches ich meine?"

„Nein."

„Den 22. April 2000."

„Die Entdeckung Brasiliens", sagte Tomás automatisch.

„Genau. Den fünfhundertsten Jahrestag der Entdeckung Brasiliens." Er nahm einen Schluck Cappuccino. „Wir haben also eine Krisensitzung mit unseren Beratern einberufen, um auf die Schnelle eine angemessene Lösung zu finden. Nel, der in Brasilien Geschichtsprofessor war, hat dabei einen Ansatz präsentiert, der uns spannend erschien." Er nickte Moliarti zu. „Vielleicht erzählst du lieber selbst, worum es geht."

„Gern", sagte dieser. „Im Grunde genommen geht es um die alte Debatte, ob der portugiesische Entdecker Pedro Álvares Cabral durch Zufall auf Brasilien gestoßen ist, oder ob er genau wusste, was er tat. Einige Historiker gehen davon aus, dass die Portugiesen bereits vorher von der Existenz Brasiliens wussten, und dass Cabral lediglich eine lange bekannte Entdeckung öffentlich machte. Ich habe dem Vorstand also vorgeschlagen, eine Studie zu finanzieren, die eine Antwort auf diese Frage finden sollte. Das hätte dem aktuellen Stipendienprogramm zusätzliche Bedeutung verliehen und unserer Stiftung weitere Anerkennung eingebracht."

„Der Vorstand hat Nels Vorschlag zugestimmt und alles Nötige veranlasst", fuhr Savigliano fort. „Wir haben beschlossen, den besten Experten in diesem Bereich zu engagieren, wollten aber nicht nur jemanden, der einen soliden Ansatz verfolgte, sondern auch kühn zu Werke ging, der also den Mut hätte, feste Vorstellungen in Frage zu stellen und der nicht nur bekannte Quellen zitieren, sondern die tiefere Wahrheit herausfinden würde."

„Ich bin sicher, Sie wissen, dass viele portugiesische Entdeckungen ursprünglich als Staatsgeheimnisse galten“, warf Moliarti ein. „Und diese Geheimhaltungspolitik der Portugiesen war auch sehr sinnvoll. Ein kleines Land mit begrenzten Ressourcen wäre nicht in der Lage gewesen, es mit den europäischen Großmächten aufzunehmen, wenn alle Zugang zu den gleichen Informationen gehabt hätten. Sie wussten schon damals, dass Wissen Macht bedeutete und hüteten alle strategischen Informationen wie ihren Augapfel. Dieses Stillschweigen betraf natürlich nur besonders sensible Daten, denn in manchen Fällen war es ja durchaus im Interesse Portugals, eine Entdeckung bekanntzugeben. Schließlich hatte derjenige, der ein Territorium als Erster erforschte, auch das Vorrecht auf die Hoheitsgewalt.“

„Ganz genau“, übernahm Savigliano. „Und da einige der Entdeckungen geheim gehalten wurden, durften auch die offiziellen Dokumente nicht die Wahrheit sagen und sind somit nicht immer verlässlich. Das ist der Grund dafür, dass wir wagemutige Forscher brauchten.“

Tomás legte die Stirn in Falten.

„Wieso sollte ein ernstzunehmender Historiker die offiziellen Dokumente ignorieren? Es geht doch schließlich um Geschichte und nicht um Märchen. Historische Forschung muss doch wohl auf urkundlichem Belegmaterial beruhen …“

„Korrekt“, beeilte sich Moliarti zu sagen. „Deshalb war es uns so wichtig, dass unsere Forscher immer die Absicht hinter einem Dokument berücksichtigten, um beurteilen zu können, wie zuverlässig es ist. Sprich, wir müssen verstehen, zu welchem Zweck ein Manuskript geschrieben wurde – was es aussagen und was es verschweigen sollte – denn im Portugal des 15. Jahrhunderts sollte vieles verheimlicht werden. Das heißt, unsere Historiker mussten fähig sein, unkonventionell zu denken." Er nahm sich einen Schokokeks. „Der Vorstand hat mich beauftragt, jemanden zu finden, der diesem Profil entsprach, und ich habe einige Tage rund um die Uhr Lebensläufe durchforstet, Kollegen befragt und Forschungspapiere gelesen, bis ich einen Mann gefunden hatte, der alle Anforderungen erfüllte."

Moliarti machte eine derart lange Pause, dass Tomás sich genötigt fühlte, zu fragen: „Wen?"

„Professor Martinho Vasconcelos Toscano von der Geisteswissenschaftlichen Fakultät der Universität Lissabon."

Tomás machte große Augen. „Professor Toscano? Aber der ist doch …"

„Ja", unterbrach ihn Moliarti ungehalten. „Er ist vorige Woche gestorben."

„Sein Tod kam sehr überraschend."

Moliarti seufzte schwer. „Professor Toscano erregte meine Aufmerksamkeit durch seine innovative Forschung über Duarte Pacheco Pereira, vor allem durch seinen Aufsatz *Esmeraldo de Situ Orbis*. Darin zeigte er, dass er kritisch dachte und allgemeine Wahrheiten hinterfragte. Außerdem wurde seine Arbeit an der Fakultät für Geschichte der PUC sehr geschätzt."

„Was ist die PUC?"

„Die Päpstliche Katholische Kirche von Rio de Janeiro, an der ich unterrichtet habe", erklärte Moliarti. „Ich flog also nach Lissabon, um mit ihm zu sprechen und ihn mit diesem Projekt zu beauftragen." Er lächelte. „Ich denke, unser üppiges Honorar hat ihm die Entscheidung erleichtert."

„Die Stiftung für die gesamtamerikanische Geschichte ist stolz auf ihre großzügigen Entlohnungen", warf Savigliano selbstgefällig ein. „Wir wollen die Besten, und wir zahlen entsprechend."

„Jedenfalls schien Professor Toscano das richtige Profil zu haben“, nahm Moliarti den Faden wieder auf. „Er schrieb zwar nicht sehr gut, aber das ist ja wohl ein bei portugiesischen Historikern weit verbreitetes Phänomen. Was uns aber nicht weiter störte, denn für solche Fälle haben wir Spezialisten, die uns weiterhelfen, wahre Hemingways, die den Text eines Professors Toscano so umschreiben können, als stamme er von John Grisham.“

Die beiden Amerikaner lachten.

„Um ehrlich zu sein“, fuhr Moliarti dann fort, „hatte Professor Toscano nicht *exakt* das richtige Profil, aber er entsprach dem Profil, das ich suchen sollte.“

„Und das war nicht das gleiche?“

Moliarti schnitt eine Grimasse.

„Professor Toscano hatte ein paar Besonderheiten, wie wir später merkten.“ Er nippte an seinem Cappuccino. „Erstens hielt er sich trotz des Zeitdrucks nicht an die Grenzen seines Forschungsauftrags. Er verfolgte Spuren, die zwar interessant, aber für die aktuelle Untersuchung ohne Belang waren, und er verschwendete somit über Gebühr viel Zeit und Geld. Zweitens erstattete er nicht ordnungsgemäß Bericht über seine Arbeit. Er sollte uns natürlich auf dem Laufenden halten, verweigerte aber jegliche Auskünfte über seine Arbeit. Eines Tages teilte er mir mit, er habe einen Durchbruch erzielt, etwas herausgefunden, das alles auf den Kopf stellen würde, was wir heute über das Zeitalter der Entdeckungen wüssten. Eine echte Offenbarung. Als ich ihn fragte, um was es sich handele, verweigerte er die Antwort. Er sagte, wir müssten uns gedulden. Was auch immer es war, es war wichtig. Wichtig genug, dass der Mann schier paranoid wurde.“

Stille.

„Und, haben Sie sich geduldet?“, fragte Tomás schließlich.

„Wir hatten ja keine andere Wahl."
„Und dann?"
„Und dann ist Toscano gestorben", sagte Savigliano finster.
„Ohne verraten zu haben, worum es bei dem Durchbruch ging, nehme ich an."
„Genau."
„Ich verstehe." Tomás schaute die beiden der Reihe nach an. „Das also ist Ihr Problem."
Moliarti räusperte sich. „Das ist unser größtes Problem", sagte er. „Wir müssen herausfinden, was Toscano für eine revolutionäre Entdeckung gemacht hat, damit wir zur Jubiläumsfeier im April nicht mit leeren Händen dastehen und uns zum Gespött der Leute machen. Es geht um Spendenbeträge in Millionenhöhe, die der Stiftung sonst womöglich verloren gehen. Wie schon gesagt, hat Professor Toscano uns keinerlei verwertbare Informationen über seine Arbeit zukommen lassen. Wir haben rein gar nichts."
„Das wäre das erste Mal, dass unsere Stiftung zu einem derart wichtigen Jubiläum auf dem amerikanischen Kontinent nichts beizutragen hätte", seufzte Savigliano.
„Eine Schande", ergänzte Moliarti.
„Da ist noch etwas", fuhr Savigliano fort. „Wenn das, was Toscano herausgefunden hat, so bedeutend ist, dass es ihn von einem ruhigen Historiker in einen paranoiden Verrückten verwandelt hat, dann kann es sicher auch unsere Spendeneinnahmen in ungeahnte Höhen steigen lassen." Beide schauten Tomás erwartungsvoll an. „Und deshalb haben wir Sie kontaktiert", erklärte Savigliano. „Wir brauchen Sie, damit Sie Toscanos Arbeit rekonstruieren."
„Ich soll …?"
„Ja, Tom, Sie sollen herausfinden, was Toscano bereits herausgefunden hat. Es gibt viel zu tun, und zwar schnell. Wir

brauchen zuerst seine Forschungsergebnisse. Unser Verleger kann das zugehörige Buch notfalls in drei, vier Wochen fertig machen, aber Wunder bewirken kann er auch nicht. Mitte März müssen wir alles zusammen haben.“

Tomás sah ihn entgeistert an. „Entschuldigen Sie, aber da muss ein Missverständnis vorliegen. Ich bin kein Experte für das Zeitalter der Großen Entdeckungen. Ich bin Historiker und Codespezialist. Meine Arbeit besteht darin, verschlüsselte Texte zu entziffern, Texte zu interpretieren und die Verlässlichkeit von Dokumenten einzuschätzen. Wenn Sie einen Spezialisten für das Zeitalter der Großen Entdeckungen suchen, kann ich Ihnen einen Kollegen aus meiner Fakultät empfehlen. Ich wüsste sogar noch einen anderen Kollegen, der bestens für diese Aufgabe qualifiziert ist. Aber ich bin dafür leider ungeeignet.“

Die beiden Amerikaner wechselten einen Blick.

„Tom, wir schätzen Ihre Offenheit“, sagte Savigliano. „Aber wir wollen Sie.“

Tomás sah ihn zwei lange Sekunden sprachlos an.

„Ich habe mich wohl nicht deutlich genug ausgedrückt“, sagte er schließlich.

„Doch, Sie haben sich klar ausgedrückt. Vermutlich haben *wir* uns nur nicht deutlich genug ausgedrückt.“

„Inwiefern?“

„Nun, wir brauchen keinen Spezialisten für das Zeitalter der Großen Entdeckungen“, sagte Savigliano. „Wir brauchen jemanden, der uns dabei hilft, Professor Toscanos Forschungsarbeit über die Entdeckung Brasiliens zu rekonstruieren.“

„Aber ich sagte Ihnen doch schon, dass das nun einmal nicht mein Fachgebiet ist“, beharrte Tomás.

Savigliano atmete tief durch und blickte Moliarti an.

„Sag ihm alles. Sonst kommen wir nicht weiter.“

„Das Problem ist folgendes", setzte Moliarti an. „Wie schon gesagt, liebte Professor Toscano es, die Dinge geheim zu halten. Er schrieb keine Zwischenberichte, er sagte uns nichts über seine Arbeit." Er schnaufte. „Und diese Geheimnistuerei steigerte er zuletzt ins Lächerliche. Niemand sollte auch nur ahnen, was er herausgefunden hatte. Und weil er ständig fürchtete, man wolle ihm sein Geheimnis stehlen, versteckte er alle Informationen."

„Wie das?"

„Er verfasste all seine Notizen verschlüsselt! Alles, was er entdeckt hat, ist verschlüsselt, und wir brauchen Sie, um herauszufinden, woran er gearbeitet hat." Moliarti beugte sich vor und erinnerte Tomás jetzt vollends an einen Raubvogel auf der Jagd. „Tom, Sie sind Portugiese, Sie kennen das Zeitalter der Entdeckungen zumindest in Grundzügen, und Sie sind Codespezialist. Sie sind unsere Rettung."

Tomás war noch immer wie vor den Kopf geschlagen. „Aber … nein … das ist doch …", stammelte er.

„Ich werde Ihnen helfen", fügte Moliarti hinzu. „Ich komme mit Ihnen nach Lissabon, um Sie bei Ihren Recherchen zu unterstützen und alles in die Wege zu leiten, was Sie brauchen." Er machte eine kurze Pause. „Und ich will regelmäßige Berichte über Ihre Fortschritte."

„Warten Sie", unterbrach ihn Tomás. „Ich glaube nicht, dass ich Zeit dafür habe. Ich muss meine Vorlesungen an der Universität halten und habe ein paar private Probleme." Er dachte an den Gesundheitszustand seiner Tochter und seine Ehe und mochte sich nicht vorstellen, was bei weiteren Belastungen daraus werden würde. „Außerdem ist bald Weihnachten."

„Wir sind bereit, Ihre Arbeit fürstlich zu entlohnen", spielte Savigliano seine Trumpfkarte aus. „Fünftausend Dollar pro Woche, zuzüglich Spesen. Wenn Sie uns bis Mitte März die

Antworten liefern, zahlen wir Ihnen außerdem einen Bonus von einer halben Million Dollar." Er sprach die Zahl betont langsam aus. „Denken Sie darüber nach. Eine halbe Million Dollar."

Nach einer kurzen Pause hielt er Tomás die Hand entgegen.

„Nun schlagen Sie schon ein."

Tomás brauchte nicht lange nachzudenken. Fünfhunderttausend Dollar waren eine Menge Geld. Das würde all seine Probleme lösen: die horrenden Arztrechnungen für Margaridas Untersuchungen, für den Sonderpädagogen. Sie könnten sich ein paar neue Möbel kaufen und all die kleinen Dinge gönnen, auf die sie bisher stets verzichten mussten. Gelegentlich ins Restaurant gehen, mal ein Wochenende nach Paris fahren, den Louvre und Disneyland besuchen.

Er beugte sich vor und schaute Savigliano in die Augen.

„Wo muss ich unterschreiben?"

Savigliano reichte ihm den Vertrag. Als Tomás unterschrieben hatte, schüttelte Savigliano ihm begeistert die Hand.

„Willkommen an Bord!", strahlte er. „Auf eine großartige Zusammenarbeit."

„Danke, danke", stöhnte Tomás, dessen Hand Savigliano fast zerquetschte. „Wann soll ich anfangen?"

„Sofort", sagte Moliarti. „Professor Toscano ist vor sechs Tagen in einem Hotel in Rio de Janeiro gestorben. Als er ein Glas Saft trank, hatte er einen Herzinfarkt. Unglaublich! Wir wissen, dass er Dokumente in der Brasilianischen Nationalbibliothek untersucht hat. Sie sollten dort Ihre Arbeit starten."

John Savigliano fügte schmunzelnd hinzu: „Tom, es tut mir leid, Ihnen mitzuteilen, dass Sie noch heute nach Rio de Janeiro fliegen werden."

V

RIO DE JANEIRO

Die Botschaft war ein flaches, weißes Gebäude, dessen Architektur unverkennbar an die Herrenhäuser Europas im 18. Jahrhundert erinnerte. Es war umgeben von einer gepflegten Grünanlage mit sorgfältig gemähtem Rasen und einer üppigen Vegetation aus Bananenstauden, Kokospalmen, Flammen- und Mangobäumen.

Es war heiß, und Tomás wischte sich den Schweiß von der Stirn, als er aus dem Taxi stieg. Nachdem er den Sicherheitsdienst passiert hatte, ging er die gepflasterte Auffahrt zum Botschaftsgebäude hinauf zur Eingangstür. Er kam in ein kleines Foyer, das durch eine Flügeltür mit einer zweiten, deutlich größeren Halle verbunden war.

Ein junger Mann in dunklem Anzug mit schwarzen, nach hinten gekämmten Haaren trat auf Tomás zu.

„Herr Noronha?“

„Der bin ich.“

„Lourenço de Mello, Kulturattaché der portugiesischen Botschaft“, stellte sich der Mann vor. „Der Konsul ist schon unterwegs.“ Er wies auf einen Besprechungsraum zu seiner Linken. „Treten Sie bitte ein.“

Der Raum war lang und wirkte durch die hohen Wände recht schmal. Sie nahmen in einer Sitzecke Platz, über der ein Gemälde von Johann VI. hing, dem König, der vor Napoleon nach Rio geflohen war. Am anderen Ende bemerkte Tomás einen glänzenden schwarzen Flügel.

„Darf ich Ihnen etwas zu trinken holen?", fragte der Attaché.

„Nein, danke."

De Mello suchte nach Worten.

„Eine scheußliche Sache, nicht wahr? Nach Professor Toscanos Tod war hier wirklich die ..."

„Guten Morgen." Ein elegant gekleideter Mann in den besten Jahren stürmte regelrecht in den Raum.

De Mello stand auf, und Tomás tat es ihm gleich.

„Herr Botschafter, darf ich Ihnen Tomás Noronha vorstellen?", sagte der Attaché. „Herr Noronha, das ist Herr Botschafter Álvaro Sampayo."

„Sehr angenehm."

„Ganz meinerseits", sagte Sampayo. „Bitte machen Sie es sich bequem." Die drei setzten sich. „Lourenço, haben Sie unserem Gast schon einen Kaffee angeboten?"

„Ja, aber er hat abgelehnt."

„Sie möchten keinen Kaffee?", fragte der Botschafter ungläubig und schaute Tomás tadelnd an. „Der ist echt brasilianisch. Besseren Kaffee gibt es nur in Angola."

„Ich würde ihn wirklich gern probieren, Herr Botschafter, aber nicht auf halbleeren Magen."

Der Botschafter schlug sich auf die Knie und sprang auf.

„Sie haben recht!" Er sah De Mello an. „Lourenço, lassen Sie das Essen bringen."

„Sofort", sagte dieser und ging hinaus.

„Kommen Sie", sagte Sampayo zu Tomás und zog ihn leicht am Ellbogen. „Gehen wir in den Speisesaal."

Dort waren an einer riesigen Tafel drei Plätze gedeckt, mit edlem Porzellan, feinem Silberbesteck und Gläsern aus kostbarem Kristall.

„Bitte", sagte der Botschafter, während er sich an die Stirnseite setzte. Tomás nahm rechts von ihm Platz, De Mello links. Hinter ihm betrat ein Bediensteter in weißer Livree mit Goldknöpfen den Speisesaal und trug die Suppe auf.

„Ist das Ihr erster Besuch in Rio?", fragte Sampayo und bedeutete, mit dem Essen zu beginnen.

„Ja."

„Ich hoffe, es wird Ihnen gefallen."

Nach der Suppe servierte der Diener gegrilltes Spanferkel mit Reis und Röstkartoffeln.

„Herr Botschafter, ich danke Ihnen sehr für diese Einladung", sagte Tomás.

„Aber ich bitte Sie, ich freue mich, wenn ich Ihnen helfen kann", antwortete Sampayo. „Nachdem Sie gestern angerufen hatten, kam von der Regierung aus Lissabon übrigens die Anweisung, ich solle Ihnen alle nur erdenkliche Unterstützung zukommen lassen. Offensichtlich ist die Forschung über die Entdeckung Brasiliens von strategischer Bedeutung für die Beziehung zwischen Portugal und Brasilien. Und in dem Fall tue ich Ihnen keinen Gefallen, sondern erfülle lediglich meine Pflicht."

„Jedenfalls vielen Dank", wiederholte Tomás. „Konnten Sie denn schon in Erfahrung bringen, worum ich Sie gestern gebeten habe?"

„Mm-hmm", sagte der Botschafter und nickte. „Professor Toscanos Tod hat hier alles zum Erliegen gebracht. Die Freigabe seiner Leiche für die Überführung nach Portugal war der reine Albtraum. Es gab Unmengen von Papieren auszufüllen, von der Polizei, dem Gerichtsmediziner, das ganze Programm. Lourenço war rund um die Uhr im Einsatz, nicht wahr?"

„Erinnern Sie mich bloß nicht daran, Herr Botschafter."

„Was die Informationen, um die Sie mich gebeten haben, betrifft, haben wir in Professor Toscanos Unterlagen nachgeschaut und festgestellt, dass er viele Nachforschungen in der Brasilianischen Nationalbibliothek angestellt hat."

„Und wo ist die?"

„In der Innenstadt." Sampayo trank einen Schluck Wein.

Tomás räusperte sich.

„Sie haben gesagt, dass Sie seine Unterlagen angeschaut haben …"

„Mm-hmm."

„Ich nehme an, Sie haben sie schon nach Lissabon geschickt?"

„Selbstverständlich."

De Mello hüstelte und sagte: „Ähm, das stimmt nicht ganz."

„Was meinen Sie mit ‚das stimmt nicht ganz'?", fragte der Botschafter nach.

„Es gab ein Problem mit der Diplomatenpost, sodass die Unterlagen des Professors noch nicht verschickt werden konnten. Die Post geht erst morgen."

„Umso besser", sagte Sampayo.

„Kann ich sie sehen?", fragte Tomás.

„Aber sicher", stimmte er zu. „Lourenço, gehen Sie sie doch bitte nach dem Essen holen."

Als De Mello zurückkam, hielt er eine abgegriffene Aktentasche in der Hand. Er zog einen Stapel Papiere heraus und reichte sie Tomás.

„Hier, größtenteils Fotokopien und handschriftliche Notizen."

Tomás sah die Papiere aufmerksam der Reihe nach an. Die Kopien waren meist Auszüge alter Bücher, der Schrift und dem Inhalt nach zu urteilen aus dem 16. Jahrhundert. Einige Texte waren in Italienisch, andere in Portugiesisch und vereinzelte auch in Latein geschrieben. Fast alle waren reich verschnörkelt und kunstvoll verziert. Die Handschrift Toscanos konnte Tomás dagegen kaum entziffern. Er erkannte lediglich ein paar Namen – Cantino, Pinzón und Cabral, der Mann, dem offiziell die Entdeckung Brasiliens gelang.

Unter den Notizen befand sich außerdem ein einzelnes Blatt mit drei sorgfältig geschriebenen Worten.

MOLOC
NINUNDIA OMASTOOS

„Merkwürdig, nicht wahr?", sagte De Mello. „Dieser Zettel wurde in der Brieftasche des Professors gefunden. Was das wohl bedeuten soll?"

„Könnte das nicht Flämisch sein?", schlug der Botschafter vor.

„Oder eine alte Sprache", bot De Mello an.

„Vielleicht", sagte Tomás schließlich, ohne den Blick von dem Zettel zu wenden. „Aber irgendetwas sagt mir, dass diese Information verschlüsselt ist."

Der Botschafter sah Tomás erstaunt an.

„In New York sagte man mir, dass Professor Toscano alle seine wichtigen Notizen verschlüsselt hat", erklärte er. „Offenbar wähnte er sich und seine Entdeckung ständig in Gefahr. Außerdem soll er eine Vorliebe für Wortspiele gehabt haben." Er atmete tief durch. „Und das scheint ja zu stimmen."

„Sagt Ihnen dieser Text denn etwas?"

„Nun ja, es gibt ein paar Hinweise", murmelte Tomás. „Dieses *moloc*, beispielsweise. Moloch war eine Gottheit." Er rieb sich das Kinn.

„Aber hier heißt es nicht Moloch sondern Moloc."

„Moloc, Moloch oder auch Melech ist letztlich das gleiche. Ursprünglich hieß es *melech*, was in den semitischen Sprachen König bedeutet. Die Juden haben Molech daraus gemacht. So kam es schließlich zu Moloch, wobei im Portugiesischen die Schreibweise Moloc üblicher ist." Er hielt kurz inne. „Dieser Moloch war ein grausamer, gottgleicher König", fuhr Tomás dann fort. „Er wurde von den Moabitern, Kanaanitern, Tyrern und Karthagern verehrt, die ihm schreckliche Opfer darbrachten, wie zum Beispiel die Verbrennung des erstgeborenen Kindes."

„Und was bedeutet dieser König in der Botschaft von Professor Toscano?"

„Das werde ich analysieren müssen", sagte Tomás. „Um eine chiffrierte oder codierte Botschaft zu entschlüsseln, fängt man zunächst bei den Teilen an, die man versteht, um schrittweise die gesamte Chiffre oder Codierung zu verstehen."

„Ist das nicht das gleiche?"

„Was?"

„Verschlüsselung und Chiffrierung."

Tomás schüttelte den Kopf.

„Nicht immer. Bei einem Code werden Wörter oder ganze Sätze durch andere ersetzt, während bei einer Chiffrierung einzelne Buchstaben ausgetauscht werden. Wenn Sie so wollen, kann man einen Code als König der Verschlüsselung bezeichnen, denn der Austausch erfolgt nach einem komplexeren Muster."

„Was ist mit Toscanos Text?", fragte Sampayo und deutete auf das Blatt. „Ist das ein Code oder eine Chiffrierung?"

„Ich bin mir nicht ganz sicher", sagte Tomás. „Das Wort *Moloc* deutet auf einen Code hin, aber der Rest ..." Doch nach kurzer Überlegung fügte er hinzu: „Nein, der Rest muss ebenfalls ein Code sein." Er zeigte auf die Wörter in der zweiten Zeile. „Schauen Sie, wie die Vokale und Konsonanten zu Silben und Lauten verbunden sind. *Ninundia. Omastoos.* Das sind Worte, Herr Botschafter. Eine Chiffrierung sieht anders aus. Darin finden sich nur selten Silben, alles wirkt regelrecht chaotisch und willkürlich. Da kommen Sequenzen wie HSDB oder JHWG vor. Anders als hier. Hier klingt es fast nach normalen Worten." Tomás fixierte das Blatt, als hoffte er, dass sich ihm jeden Moment die Bedeutung der rätselhaften Worte erschließen würde.

„Aber sagen Ihnen diese Worte hier etwas?", fragte Sampayo.

„*Ninundia* und *omastoos*, nun ja, um ehrlich zu sein … ich habe keine Ahnung, was das heißen könnte. Wobei *Ninundia* ein bisschen wie der Name eines Landes klingt, finden Sie nicht?" Er lächelte, als wollte er sich selbst Mut machen. „Die letzte Silbe, -dia, bezeichnet im Portugiesischen doch eine Ortsangabe."

„Aha?"

„Ja, wie bei Normandia, Gronelândia, Finlândia …"

„Und die Einwohner wären dann was?", scherzte der Botschafter. „Ninundianer?"

„Das ist bislang nur eine Idee, mehr nicht. Aber mit diesem *Ninundia* könnte Professor Toscano angedeutet haben, dass der Schlüssel für den Code etwas mit einer Ortsangabe zu tun hat. Was wir ja recht sicher wissen, ist, dass er sich auf eine mächtige Gottheit, den grausamen Moloch bezieht. Warum er diesen Gott und möglicherweise diese Terra Incognita in seiner Notiz miteinander verbindet, muss ich noch herausfinden." Er schaute den Botschafter fragend an. „Kann ich dieses Blatt behalten?"

„Nein", antwortete dieser. „Tut mir leid, aber das wird alles an seine Witwe geschickt."

Tomás konnte seine Enttäuschung nicht verbergen. „Zu schade."

„Aber wir können es fotokopieren. Und auch die anderen Unterlagen, sofern sie nicht privat sind."

„Großartig!", rief Tomás erleichtert. „Wo kann ich das machen?"

„Lourenço wird sich darum kümmern."

„Was soll ich Ihnen kopieren?", fragte De Mello Tomás.

„Alles, bitte. Aber dieses Blatt hier ist das Wichtigste."

„Kein Problem", versicherte der Kulturattaché. „Ich mache mich gleich an die Arbeit."

Er nahm den Stapel Papiere und verließ den Raum.

„Vielen Dank, Herr Botschafter", sagte Tomás. „Das hilft mir sehr."

„Oh, keine Ursache. Brauchen Sie sonst noch etwas?"

„Ja. Ich muss den oder die zuständigen Mitarbeiter in der Bibliothek kontaktieren, die der Professor aufgesucht hat."

„Die Brasilianische Nationalbibliothek."

„Genau."

„Kein Problem."

Es war brütend heiß. Die Sonne brannte erbarmungslos auf die Stadt hinab, und vor ihm lagen ein paar freie Stunden. Wie dafür gemacht, an den Strand zu gehen. Die Stiftung hatte ihm ein Zimmer in demselben Hotel besorgt, in dem auch Professor Toscano gewohnt hatte. Tomás zog seine Badehose an, holte sich beim Pagen ein großes Handtuch und ging hinaus.

Der feine, gelbliche Sand brannte an seinen Füßen, und er sprang eilig zum Strandzelt seines Hotels, wo er um einen Liegestuhl und Sonnenschirm bat, die ihm zwei dunkelhäutige, gutgebaute Angestellte in blauen T-Shirts bereitwillig aufstellten.

Am Strand drängten sich Tausende von Menschen dicht nebeneinander. Nirgendwo gab es mehr als einen Quadratmeter freien Platz. „Eisgekühlte Limonade!", pries ein Verkäufer seine Ware an. Tomás setzte sich auf den Liegestuhl, rieb sich mit Sonnencreme ein und lehnte sich entspannt zurück. Er schaute sich um. Eine Gruppe junger Italiener lag rechts von ihm. Direkt vor ihm saß eine Frau von Mitte sechzig mit ausladendem Hut und dunkler Sonnenbrille, zu seiner Linken räkelten sich drei brasilianische Schönheiten.

Dann klingelte Tomás' Handy.

„Hallo?"

„Herr Noronha? Hier ist Lourenço de Mello. Ich habe bereits alles arrangiert. Können Sie sich etwas notieren?"

„Einen Augenblick bitte." Tomás beugte sich zu seiner Tasche und holte einen Block und Bleistift hervor. Er klemmte sich das Handy zwischen Ohr und Schulter, um beide Hände frei zu haben. „Schießen Sie los."

„Heute Nachmittag um 17 Uhr erwartet Sie der Präsident der Brasilianischen Nationalbibliothek höchstpersönlich. Sein Name ist Paulo Ferreira da Lagoa."

„Mh-hmm ... daaa La-go-a", bestätigte Tomás. „Das habe ich notiert. Um 17 Uhr. Haben Sie noch die Adresse für mich?"

„Die Nationalbibliothek liegt an der Avenida Rio Branco. Die kennt jeder Taxifahrer. Und wenn Sie sonst noch etwas brauchen, wenden Sie sich bitte jederzeit an mich."

„Bestens. Vielen Dank!"

Die Geräusche des Strandlebens drangen wieder an sein Ohr. Rechts von ihm erhoben sich die beiden Gipfel des Morro dos Dois Irmãos, des Zwei-Brüder-Felsens, zu dessen Füßen sich die Favela Vidigal erstreckte.

„Wasser! *Mate!*"

Die Cagarras-Inseln wirkten wie winzige grüne Tupfer im unendlichen Blau zwischen Meer und Horizont.

„Sandwiches! Hot Dogs!"

Tomás versuchte, über die rätselhafte Notiz des Professors nachzudenken, aber die Hitze und der Trubel am Strand störten seine Konzentration, vor allem, als er in seiner Nähe eine Frau mit blonden Locken sah. Er stand auf und bahnte sich einen Weg zum Meer. Dabei lachte er über sich selbst. Natürlich war es nicht Lena. Er schalt sich selbst einen Esel, weil er für einen Moment geglaubt hatte, sie könne es sein.

Wasser umspülte sanft seine Füße. Es war kühl, fast schon kalt für einen Tropenstrand. Es half Tomás jedoch dabei, sich auf Toscano und die vor ihm liegende Aufgabe zu konzentrieren.

Zuerst musste er natürlich mehr über Moloch herausfinden. Warum hatte Toscano diese Gottheit Kanaans an den Beginn seiner Notiz gestellt? Hatte es etwas mit einem Opfer zu tun? Er durfte aber die Möglichkeit nicht außer Acht lassen, dass es sich um eine Kombination aus Chiffrierung und Code handelte.

Wenn es jedoch codiert war, was bedeutete dann Ninundia? Worin bestand die Verbindung zwischen Ninundia und Moloch? Wenn er dies erst einmal wüsste, könnte er sicherlich auch entschlüsseln, was *omastoos* bedeuten sollte, dachte er, so, wie es Jean-François Champollion vor mehr als zweihundert Jahren gelungen war, anhand von zwei *s* und einem *ra* das Rätsel der Hieroglyphenschrift zu lösen.

Andererseits konnte es sein, dass Toscano ein ganz eigenes Codierungsverfahren gewählt hatte, mit einem persönlichen Bezug oder einem Schlüssel, den Tomás nie erraten würde. Er hoffte, dass dies nicht der Fall war und streckte sich wieder auf seinem Liegestuhl aus.

„Aaaaahh!“, schrie jemand fast neben seinem Ohr.

Tomás fuhr hoch, sein Herz schlug ihm bis zum Hals. Er sah, wie ein Mann ein riesiges Messer auf die Frau vor ihm richtete. Auf der Spitze steckte etwas Fleischfarbenes, doch der Mann sah ganz und gar nicht nach einem Straßenräuber aus: Er war klein und dunkelhaarig, trug schwarze Handschuhe und balancierte einen riesigen Weidenkorb auf seinem Kopf.

„Ein Stück Wassermelone für die Dame?“ Er war ein fliegender Händler.

„Haben Sie mich vielleicht erschreckt!“, klagte die Frau.

„Das liegt nur an meiner männlichen Stimme“, erwiderte er mit entwaffnendem Lächeln. Die Frau lachte und schüttelte dankend den Kopf. Er bedankte sich ebenfalls und ging lächelnd weiter, den Korb geschickt auf dem Kopf balancierend.

Brasilien, dachte Tomás, war so ziemlich das letzte Land, von dem er gedacht hatte, es eines Tages zu bereisen. Wenn ihm vor zwei Tagen jemand gesagt hätte, er würde bald am Strand von Ipanema liegen, hätte er ihn für verrückt erklärt. Und dieser Moloch, was konnte Toscano nur damit gemeint haben? Was hatte der Professor Bedeutendes entdeckt? Tomás streckte sich aus und sog die Meeresluft ein. So viele Fragen galt es zu klären …

VI

Tomás brauchte nicht lange, um den Verlockungen von Ipanema zu erliegen. An einer Saftbar kostete er frisch gepressten Mangosaft, dann probierte er ein Stück Zuckerrohr, und an einer Garküche aß er feurig-scharfe, ofenfrische Käseröllchen. Am Abend würde er dem Rat eines Hotelpagen folgen und ins Sindicato do Chopp gehen, ein quicklebendiges Restaurant ganz in der Nähe. Er freute sich schon darauf, ein Rumpsteak mit Reis, schwarzen Bohnen und Maniokbrot zu bestellen und das Ganze mit einem Caipirinha hinunterzuspülen.

Dann widmete er sich wieder der rätselhaften Notiz des Professors. Ob es einen Zusammenhang zwischen Moloc und der Entdeckung Brasiliens gab? War Brasilien vielleicht gar Ninundia? Wichtiger noch, musste er herausfinden, ob die Nachricht überhaupt etwas mit der Entdeckung zu tun hatte, die laut Toscano alles über den Haufen werfen würde, was man über die Zeit der portugiesischen Entdeckungen zu wissen glaubte. Könnte Toscano herausgefunden haben, dass schon die Kananiter Brasilien entdeckt hatten? Das wäre zwar faszinierend und bedeutsam, würde aber letztlich nichts an den späteren Entdeckungsreisen ändern. Oder doch? Tomás brütete über den Möglichkeiten. Er suchte nach Lösungen, indem er sich vorstellte, was Toscano wohl gedacht und getan haben konnte. Dann klingelte sein Handy.

„Hallo?"

„Hej! Kan jag få tala med Thomas?"

„Wie bitte?"

Zur Antwort hörte er das Lachen einer Frau. „Ich bin's, Lena. Ich wollte Ihr Schwedisch testen." Sie lachte wieder. „Sie brauchen noch etwas Nachhilfe."

Der Klang dieser Stimme ließ Tomás erröten.

„Ah … Lena", stammelte er. „Woher kennen Sie denn meine Handynummer?"

„Die Institutssekretärin hat sie mir gegeben." Sie zögerte. „Warum? Möchten Sie nicht, dass ich Sie anrufe? Oder störe ich Sie?"

„Nein, nein", beeilte sich Tomás zu sagen. „Das ist in Ordnung. Ich war nur überrascht, das ist alles. Und ich hatte nicht mit Ihrem Anruf gerechnet."

„Sind Sie sicher, dass es kein Problem ist?"

„Ja, keine Sorge."

„Na, dann zuerst mal guten Tag."

„Danke, Lena. Was gibt's denn?"

„Ich rufe Sie an, weil ich Ihre Hilfe benötige", sagte sie mit leicht verändertem Tonfall.

„Wobei?"

„Wie Sie wissen, habe ich erst vor wenigen Tagen das Semester in Lissabon begonnen, weil es bei meiner Anmeldung über das Erasmus-Programm zu einer Verzögerung gekommen ist."

„Ja, und?"

„Und ich müsste den Stoff, den ich versäumt habe, nachholen."

„Nun, dann sollten Sie sich am besten die Unterlagen Ihrer Kommilitonen besorgen."

„Das habe ich schon versucht. Aber ich komme nicht gut mit den Aufzeichnungen zurecht. Könnten wir uns nicht vielleicht persönlich treffen, damit Sie mir etwas helfen? Morgen zum Beispiel, oder auch heute noch, wenn es Ihnen recht ist."

„Heute? Nein, das geht nicht ..."

„Wie wäre es mit morgen?"

„Immer schön langsam, es geht weder heute noch morgen. Ich bin in Brasilien, in Rio."

„Wow, haben Sie es gut! Waren Sie schon am Strand?"

„Ja, da war ich heute tatsächlich schon."

„Da bin ich aber neidisch! Ist es heiß dort?"

„Dreißig Grad."

„Und Ihre arme schwedische Studentin sitzt in Lissabon und friert", sagte Lena. „Haben Sie kein Mitleid mit mir?"

„Doch, das habe ich", antwortete Tomás lachend.

„Dann müssen Sie mir helfen", plapperte sie fröhlich weiter.

„Also gut. Ich weiß noch nicht, wann ich wieder in Lissabon sein werde, das hängt davon ab, wie meine Recherchen hier verlaufen, aber spätestens am Montag zur Vorlesung bin ich zurück. Rufen Sie mich dann wieder an, in Ordnung?"

„Danke, Herr *Professor*. Vielen Dank!"

„Ich bin kein ..."

„Wissen Sie", fiel sie ihm anzüglich ins Wort, „ich bin sicher, es wird ein Vergnügen, von Ihnen zu lernen."

Seltsam, dachte Tomás am nächsten Morgen, als er ins Taxi stieg und eine Frau mit blonden Locken ihm Lenas Stimme in Erinnerung brachte. Sehr seltsam.

Dann wandte er sich wieder der Notiz von Professor Toscano zu. In seinem Hirn überschlugen sich die Fragen regelrecht, und egal, wie er versuchte, die Beziehung zwischen Moloc, *Ninundia* und der Entdeckung Brasiliens zu verstehen, scheiterte er. Er war in einer Sackgasse. Deshalb beschloss er, nun doch die Möglichkeit zu erwägen, dass die Zeilen chiffriert waren. Es schien ihm zwar unwahrscheinlich, da die Worte nicht das übliche chaotische Erscheinungsbild einer Chiffrierung hatten, aber mangels einer besseren Alternative entschied Tomás sich zu einer Häufigkeitsanalyse. Dazu musste er zunächst herausfinden, in welcher Sprache die Botschaft geschrieben war. Da Professor Toscano Portugiese war, lag es nahe, dass er die Information ebenfalls auf Portugiesisch verfasst hatte. Tomás holte sein Notizbuch hervor und betrachtete die Fotokopie des Rätsels. Er zählte die Anzahl der Buchstaben in der zweiten Zeile und stellte fest, dass zwei von ihnen, *O* und *N*, dreimal vorkamen, *A*, *S* und *I* je zweimal und *D*, *T*, *U* und *M* jeweils einmal. Wie er wusste, sind die häufigsten Buchstaben in europäischen Sprachen *E* und *A*, weshalb er beschloss, sie anstelle von *N* und *O* zu setzen. Andere häufige Buchstaben sind *S*, *I* und *R*, sodass er diese an die Stelle von *A*, *S* und *I* setzen wollte. Er schrieb das Ergebnis in sein Notizbuch und betrachtete es.

N I N U N D I A   O M A S T O O S

E R E ? E ? R S   A ? S I ? A A I

Was könnte das erste Wort, *ere?e?rs*, bedeuten? Tomás versuchte, die Lücken sinnvoll zu füllen und tauschte einige Buchstaben aus: ere*cem*rs, ere*mec*rs, ere*det*rs. Er schüttelte den Kopf. Nichts davon ergab Sinn.

Dann probierte er es mit dem zweiten Wort, *a?si?aai*, aber auch das blieb unergründlich. A*c*si*m*aai? A*m*si*c*aai? A*t*si*d*aai? Auch mit den *A*'s und *E*'s in umgekehrter Position und anderen Konsonanten anstelle der Fragezeichen war das Ergebnis nicht besser.

Nach einigen unergiebigen Versuchen raufte er sich frustriert die Haare. Er gab auf, überzeugt, dass es keine Chiffre war, zumindest nicht in Portugiesisch.

Seine ganze Hoffnung beruhte nun auf der Nationalbibliothek, wo Professor Toscano ja viel Zeit verbracht und möglicherweise seine entscheidende Entdeckung gemacht hatte. Als das Taxi hielt, stieg Tomás aus, überquerte die Avenida Rio Branco und ging die breite Treppe zum Eingangsportal empor. Dort verwies ihn ein Aufseher an die Rezeption, an der vier gelangweilt schauende junge Frauen auf Besucher warteten.

„Guten Tag", sagte Tomás. Er warf einen Blick in sein Notizbuch. „Ich möchte Paulo Ferreira da Lagoa sprechen."

„Haben Sie einen Termin?", fragte eine der Rezeptionistinnen.

„Ja, er erwartet mich."

„Wen darf ich melden?"

Tomás nannte seinen Namen, und die junge Frau griff zum Telefonhörer. Wenige Augenblicke später wies sie ihn mit einem Blick auf den Aufzug an, in den vierten Stock zu fahren und reichte ihm einen Besucherausweis. Den zeigte er am Aufzug der Aufseherin, die beim Anblick seines Notizbuches missbilligend die Stirn runzelte.

„Im Lesesaal dürfen Sie nur mit Bleistift schreiben. Sie können sich entweder dort einen leihen, oder im Andenkenshop einen kaufen."

Im nächsten Moment gingen die Türen auf, und Tomás drängte sich in die bereits voll besetzte Aufzugkabine. Im vierten Stock angekommen, fand er problemlos das Büro des Präsidenten und klopfte an die Tür. Als er eintrat, bemerkte er sofort die angenehm klimatisierte Luft. Erst danach fiel ihm auf, dass vor ihm kein normales Büro lag, sondern ein riesiges Atrium. Ein breiter Balkon umrahmte eine zentrale Fläche, auf der einige Menschen an ihren Schreibtischen arbeiteten. Die

Decke bestand fast vollständig aus reich verziertem farbigen Glas, durch das der Raum von Tageslicht erfüllt wurde.

„Guten Tag“, grüßte ihn eine Frau, die an einem Schreibtisch neben der Tür saß. „Kann ich Ihnen helfen?“

„Ich habe einen Termin beim Präsidenten.“

„Sind Sie Herr Noronha?“

„Der bin ich.“

„Ich gehe Herrn Lagoa holen. Einen Moment bitte.“

Kurz darauf kehrte sie in Begleitung eines Mannes von Mitte vierzig zurück, dessen hellbraunes Haar sich auf dem Scheitel lichtete.

„Herr Noronha“, empfing er Tomás, „schön Sie zu sehen. Ich bin Paulo Ferreira da Lagoa.“

„Angenehm.“

Sie schüttelten einander die Hand.

„Nachdem der Botschafter mich gestern angerufen und mir von Ihrer Recherche berichtet hatte, habe ich sofort eine Assistentin damit beauftragt, alle Anfragen von Professor Toscano zu notieren.“ Er wandte sich an eine junge Frau. „Célia, haben Sie die Unterlagen greifbar?“

„Ja, hier sind sie“, sagte die Assistentin und reichte ihm einige Ausdrucke.

Tomás fiel sofort die Qualität der Literaturliste auf: Toscanos erste Anfrage betraf *Cosmographiae introductio cum quibusdam geometriae ac astronomiae principiis ad eam rem necessariis*, *Insuper quatuor Americi Vespucii navigationes* von Martin Waldseemüller aus dem Jahr 1507, gefolgt von *Narratio regionum indicarum per Hispanos quosdam devastatarum verissima,* ein Text von Bartolomé de Las Casas aus dem Jahr 1598; *Epistola de Insulis nuper inventis* von Christoph Kolumbus von 1493 und *De orbe novo decades* von Peter Martyr of Anghiera, aus dem Jahr 1516. Außerdem noch *Psalterium* von Agostino Giustiniani, ebenfalls von 1516 und *Paesi novamente retrovati et novo mondo*, das 1507 von Fracanzano da Montalboddo veröffentlicht wurde.

„Ist es das, wonach Sie suchen?“

„Ja“, sagte Tomás und schaute nachdenklich.

Der Präsident bemerkte sein Zögern. „Ist alles in Ordnung?“

„Äh … nun ja, hier ist etwas merkwürdig.“

„Und das wäre?“

Tomás reichte ihm die Kopien.

„Sagen Sie, Herr Lagoa, welche dieser Werke haben etwas mit der Entdeckung Brasiliens durch Pedro Álvares Cabral zu tun?“

Der Präsident schaute die Titel aufmerksam an.

„Also“, fing er an, „in *Cosmographiae* von Waldseemüller gibt es eine der ersten Landkarten, auf der auch Brasilien verzeichnet ist.“ Er überlegte weiter. „Und Montalboddos *Paesi* war das erste Buch, in dem ein Bericht über die Entdeckung Brasiliens veröffentlicht wurde. Bis 1507 waren die Einzelheiten von Cabrals Reise nur den Portugiesen bekannt. Vorher waren sie noch nie in einem Buch beschrieben worden.“

„Hmm“, sagte Tomás. „Und was ist mit den anderen Büchern?“

„Meines Wissens haben die nichts mit der Entdeckung Brasiliens zu tun.“

„Das ist merkwürdig, nicht wahr?“

Die beiden Männer schwiegen einen Moment.

„Möchten Sie das eine oder andere Buch sehen?“, fragte der Präsident.

„Ja“, antwortete Tomás. „*Paesi*.“

„Ich hole jemanden, der Sie in den Mikrofilmbereich begleitet.“

„Hat Professor Toscano *Paesi* auch auf Mikrofilm gelesen?“

Lagoa warf einen Blick auf den Ausdruck.

„Nein, er hatte das Original.“

„Dann würde ich auch lieber das Original sehen. Vielleicht gibt es im Original ja eine Randnotiz, oder die Art des

Papiers hat etwas zu bedeuten. Nur, wenn ich die gleichen Quellen zurate ziehe wie er, kann ich sicher sein, dass mir nichts entgeht."

Lagoa gab seiner Assistentin ein Zeichen.

„Célia, lassen Sie doch bitte das Original von *Paesi* holen." Er warf einen Blick auf den Ausdruck. „Es ist im Saal 1.3. Dann bringen Sie Herrn Noronha bitte in die Abteilung für seltene Bücher und gehen dort entsprechend den Vorschriften vor." Er wandte sich wieder an Tomás und schüttelte seine Hand. „Es war mir ein Vergnügen. Wenn Sie noch etwas brauchen, kann Célia Ihnen sicher helfen."

Dann ging Lagoa zurück in sein Meeting, und nachdem sie kurz telefoniert hatte, bedeutete seine Assistentin Tomás, ihr zu folgen. Sie gingen den großen Treppenaufgang nach unten, durchquerten die Halle und betraten am anderen Ende einen Raum mit der Aufschrift *Seltene Bücher.*

Die Bibliothekarin war eine kleine, gedrungene Frau. Auf ihrem Tisch lag ein kleines, golden eingefasstes Buch auf einem roten Samttuch, daneben ein Paar dünne, weiße Handschuhe. Célia stellte Tomás der Bibliothekarin vor.

„Ist es das?", fragte Tomás und zeigte auf das Buch.

„Ja", sagte sie. „Das ist *Paesi* von Montalboddo."

„Hmm", murmelte Tomás und beugte sich vor. „Kann ich es jetzt in Ruhe ansehen?"

„Natürlich", sagte sie. „Allerdings müssen Sie die Handschuhe anziehen. Das Buch ist sehr alt, sodass wir mit Fingerabdrücken vorsichtig …"

„Ich weiß", beruhigte Tomás sie mit einem Lächeln. „Keine Sorge, ich kenne mich mit alten Büchern aus."

„Und Sie dürfen nur mit Bleistift schreiben."

Tomás tastete in seinen Taschen.

„Leider habe ich keinen bei mir", sagte er schließlich.

„Sie können gern diesen hier nehmen“, sagte die Bibliothekarin und reichte ihm einen.

Dann zog Tomás die Handschuhe an, setzte sich, nahm das kleine braune Buch zur Hand und strich sanft über den alten Ledereinband. Auf den ersten Seiten standen der Titel, der Name des Autors, die Stadt, in der das Buch gedruckt worden war – Vicenza – und die Jahreszahl 1507. Eine Bleistiftnotiz in modernem Portugiesisch besagte, dass dies der erste Bericht über Pedro Álvares Cabrals Reise nach Brasilien war und die zweitälteste gedruckte Sammlung von Entdeckerberichten der frühen Neuzeit. Das Papier war gelblich und fleckig und verströmte einen warmen, weichen Geruch. Auf jeder Seite standen genau 29 Zeilen, und zu Beginn jedes Kapitels war der erste Buchstabe kunstvoll verziert. Tomás wünschte sich, die Textur der Seiten zu spüren, aber das war mit den Handschuhen nicht möglich. Der Text schien in Toskanisch geschrieben zu sein.

Zwei Stunden lang untersuchte Tomás das Werk aufmerksam und machte sich Notizen. Als er fertig war, klappte er das Buch zu, stand auf, räkelte sich und ging zur Bibliothekarin.

„Soll ich Ihnen ein anderes Buch holen?“, fragte sie.

„Ja, bitte. Ich würde mir nach dem Essen gern den Waldseemüller anschauen“, antwortete Tomás. „Vielen Dank und bis nachher.“

Célia begleitete ihn zum Aufzug. Zurück an der Rezeption, wo Tomás seinen Besucherausweis abgeben musste, blieb sie plötzlich stehen, und schlug sich mit der flachen Hand vor die Stirn.

„Jetzt habe ich doch glatt etwas vergessen!“, rief sie.

Tomás schaute sie überrascht an.

„Professor Toscano hat unseren Safe benutzt und dort etwas zurückgelassen.“ Sie schaute ihn fragend an. „Würde es Ihnen etwas ausmachen, die Sachen zum Konsulat zu bringen?“

„Natürlich nicht.“

Sie gingen zu einem Sicherheitsangestellten hinter dem Empfangsschalter, passierten den Metalldetektor und gingen in einen Nebenraum. Vor zwei großen schwarzen Schränken blieben sie stehen. Célia zog einen Generalschlüssel aus ihrer Tasche und öffnete die Tür von Safe Nummer 67. In dem Fach lag ein Stapel Dokumente. Sie nahm die Papiere heraus und reichte sie Tomás.

„Das hat Professor Toscano zurückgelassen.“

Es waren Fotokopien von Mikrofilmdokumenten und einige handschriftliche Notizen. Auf einem Blatt sah Tomás etwas, das ihn stutzen ließ. Acht Worte in Großbuchstaben und eine merkwürdige Sequenz von Buchstaben und Pfeilen.

RENTNER
BOB
TOT
NUN
NEUEN
RADAR
SOS
KAJAK

A		**D**	→	**E**		**H**	→	**I**		**L**
↓		↑		↓		↑		↓		↑
B	→	**C**		**F**	→	**G**		**J**	→	**K**

Tomás schloss die Augen und konzentrierte sich. Nach ein paar Sekunden breitete sich ein Grinsen auf seinem Gesicht aus. Er hielt Célia das Papier hin und strahlte.

„Was halten Sie davon?“, fragte er.

Sie zog die Augenbrauen hoch und sah Tomás an.

„Na ja, ich bin mir nicht sicher, aber das ist … seltsam, nicht wahr?“ Sie schaute das Blatt aufmerksam an. „Rentner Bob tot, nun neuen Radar, SOS Kajak. Was soll das heißen?“

Tomás schmunzelte.

„Fällt Ihnen nichts auf?“

Sie schürzte die Lippen und schüttelte den Kopf.

„Das ergibt nicht viel Sinn, oder?“

„Und sonst sehen Sie nichts?“

„Nein“, sagte sie schließlich. „Was?“

„Das sind Palindrome“, sagte er und tippte auf das Blatt Papier. „Man kann die Worte von links nach rechts oder von rechts nach links lesen. Sehen Sie?“

„Oh! Und was sagt uns das?“

„Nun, der Professor liebte Wortspiele, und anscheinend …“, hielt Tomás plötzlich inne. Seine Augen weiteten sich, und es verschlug ihm fast die Sprache. „Ich wette, er wollte …“, stammelte er. Dann fuhr er mit beiden Händen in seine Hosentaschen und suchte fieberhaft nach dem Blatt Papier, das er in sein Notizbuch gelegt hatte.

„Hier ist es!“, rief er erleichtert.

Célia schaute den Zettel verständnislos an.

MOLOC

NINUNDIA OMASTOOS

Tomás' Augen wanderten über die Zeilen, und er murmelte die Buchstaben, die er hektisch unten auf dem Blatt notierte. Als er fertig war, leuchteten seine Augen triumphierend.

„Ich hab's!“, rief er so laut, dass ihn die anderen Bibliotheksbesucher verwundert anschauten.

„Was haben Sie?“, fragte Célia.

„Ich habe es entschlüsselt!“, jubelte Tomás. „Es ist geradezu simpel.“ Er schlug sich die Hand vor die Stirn. „Da habe ich mir das Hirn zermartert, und alles, was ich hätte tun müssen, war, die erste Zeile von rechts nach links zu lesen.“

Er nahm seinen Bleistift und notierte die Lösung:

COLOM

Dann schaute er noch einmal auf das Blatt von Professor Toscano

A		**D**	→	**E**		**H**	→	**I**		**L**
↓		↑		↓		↑		↓		↑
B	→	**C**		**F**	→	**G**		**J**	→	**K**

und schrieb darunter eine merkwürdige Zeichenfolge:

NOMINASUNTODIOSA

Er überlegte kurz, dann fügte er auch die Leerzeichen ein und schrieb:

NOMINA SUNT ODIOSA

„Was heißt das?“, fragte Célia.

„Hmm“, machte Tomás. „Cicero. Professor Toscano wollte uns auf Cicero aufmerksam machen.“

„Cicero? Aber was bedeutet das?“

„Das bedeutet, meine Liebe, dass ich wieder hochgehen und das Buch noch einmal anschauen muss“, sagte er und eilte zurück zum Aufzug. Er schwenkte das Blatt Papier wie eine Trophäe in der Luft und ahnte nicht, dass dies erst der Auftakt zu einer ganzen Reihe denkwürdiger Ereignisse war.

VII

LISSABON

Die Wintersonne überzog die Wasseroberfläche des Tejo und die Häuser Lissabons mit klarem, kaltem Licht und betonte so ihre farbenfrohen Fassaden und roten Ziegeldächer, die sich an die weiche, fast feminine Hügellandschaft des Lapa-Viertels schmiegten. Tomás suchte sich seinen Weg durch die halb verlassenen Vorortstraßen, bog mal rechts, mal links ab, bis er sich unverhofft in der Rua do Bandeira wiederfand. Etwa auf der Hälfte der steilen Straße stand ein schönes, lachsfarbenes Gebäude. Er passierte die Einfahrt zum Hotel und parkte seinen Kleinwagen hinter zwei blankpolierten Limousinen gegenüber dem Haupteingang. Ein makellos gekleideter Pförtner näherte sich seinem Auto, und Tomás kurbelte das Fenster hinunter.

„Guten Tag, der Herr. Wenn Sie mir Ihren Autoschlüssel geben, kümmere ich mich um den Wagen."

Tomás betrat die gemütliche Hotellobby, deren cremefarbener Marmorboden wie ein Spiegel glänzte und in dessen Mitte ein eleganter runder Tisch stand. Darauf wiederum stand eine Vase mit Stockrosen in voller Blüte, prächtig ausladend wie die Federn eines Pfaus. Tomás wusste, dass diese Blumen manchmal als Grabbeigaben der Neandertaler und Pharaonen gedient hatten. Constanze wüsste, was sie bedeuteten.

Zu seiner Linken erblickte er ein bekanntes Gesicht, mit kleinen Augen und Hakennase. Der Mann legte die Zeitung, in der er gerade las, zur Seite, stand auf und ging auf Tomás zu.

„Tom, ich sehe schon, Sie sind pünktlich!", grüßte er lächelnd und mit seiner Mischung aus brasilianischem und amerikanischem Akzent.

„Hallo Nelson, wie geht es Ihnen?"

„Bestens!", rief Moliarti und breitete die Arme aus. „Es tut gut, in Lissabon zu sein."

„Wann sind Sie angekommen?"

„Vor zwei Tagen. Die wichtigsten Sehenswürdigkeiten habe ich schon besucht."

Er bedeutete Tomás, ihm zu folgen und steuerte in Richtung der Bar.

„Lassen Sie uns etwas trinken. Oder möchten Sie auch etwas essen?"

Am Eingang zur Bar stand ein glänzender schwarzer Flügel wie ein einsamer Wachposten und schien nur darauf zu warten, dass seine Elfenbeintasten von flinken Fingern zum Leben erweckt würden. Die sanfte Melodie eines Balletts von Tschaikowski erfüllte die Luft und tauchte die Bar in eine ruhige Atmosphäre. Moliarti wählte einen Tisch am Fenster und forderte Tomás auf, Platz zu nehmen.

„Was möchten Sie trinken?"

„Ich nehme einen Tee."

„Ober!", rief der Amerikaner und wartete, bis der Kellner an ihren Tisch kam. „Ein Tee für meinen Freund, bitte."

Der Kellner zückte seinen Notizblock.

„Was für einen Tee möchten Sie?"

„Haben Sie grünen?", fragte Tomás.

Der Kellner nickte und entfernte sich. Moliarti gab Tomás einen freundlichen Klaps auf den Rücken.

„Na, Tom, wie war's in Rio?"

„*Cidade maravilhosa*", sang Tomás lächelnd den bekannten Karnevalssong. „*Cheia de encantos mil.* Bezaubernd."

„Stimmt", sagte Moliarti. „Seit wann sind Sie zurück?"

„Gestern früh. Ich habe die halbe Nacht im Flugzeug verbracht."

„Schrecklich, nicht wahr?"

„Ja, grauenhaft. Ich habe kein Auge zugetan."

„Aber sagen Sie mir", fuhr Moliarti mit ernster Miene fort, stützte die Ellbogen auf den Tisch und verschränkte die Finger. „Was haben Sie für mich?"

Tomás öffnete seine Aktentasche, nahm sein Notizbuch und ein paar Dokumente heraus und legte sie auf den Tisch.

„Ein paar interessante Sachen", antwortete er und richtete sich auf. „Ich habe alle Werke angeschaut, die Professor Toscano in der Brasilianischen Nationalbibliothek konsultiert hat, und konnte einen Blick in seine Notizen werfen. Heute Morgen bin ich hier in Lissabon zur Portugiesischen Nationalbibliothek gegangen, um ein paar Dinge zu überprüfen." Er sah Moliarti an. „Beginnen wir am besten mit Professor Toscanos Recherchen über die Entdeckung Brasiliens, denn das war es ja, wofür ihn die Stiftung engagiert hat."

„Einverstanden."

„Sie hatten mir ja gesagt, dass seine Aufgabe darin bestand, schlüssige Beweise dafür zu suchen, dass Pedro Álvares Cabral wirklich nur das öffentlich machte, was andere Entdecker bereits vor ihm gefunden hatten."

„Genau."

„Nun, zunächst galt es herauszufinden, ob es in Portugal zur Zeit der Großen Entdeckungen überhaupt eine

Nachrichtenzensur und Geheimhaltungspolitik gab. Das ist ganz entscheidend. Denn sonst wäre es ja sinnlos gewesen, wenn die Portugiesen die Entdeckung Brasiliens nicht bekannt gegeben hätten."

„Und? Glauben Sie, dass es eine solche Geheimhaltungspolitik gab?"

„Ich denke ja, und auch Professor Toscano dachte es, ebenso wie viele andere Historiker. Einige Wissenschaftler haben diese Idee zwar dazu missbraucht, um über die eine oder andere Lücke in den historischen Unterlagen hinwegzugehen, aber in der Tat wurde über viele portugiesische Unternehmungen, selbst die wichtigsten, der Mantel des Schweigens gehüllt. So war damals beispielsweise in offiziellen portugiesischen Dokumenten keine Rede von der Tatsache, dass Bartolomeu Dias das Kap der Guten Hoffnung umrundet und die Passage vom Atlantik zum Indischen Ozean entdeckt hatte! Es war Christoph Kolumbus, der diese außerordentliche Nachricht publik machte, weil er gerade in Lissabon war, als Dias zurück kam. Wäre Kolumbus nicht zufällig in Portugal gewesen, wären Dias und seine bemerkenswerte Reise möglicherweise für immer unbekannt geblieben. Vielleicht würden wir sonst jetzt glauben, dass Vasco da Gama als Erster die Südspitze Afrikas umrundete."

„Das heißt also, es kann durchaus sein, dass es in der Seefahrtgeschichte Portugals noch mehr Entdecker wie Bartolomeu Dias gab, die anonym geblieben sind, weil sie keinen Kolumbus hatten, der ihre Taten publik machte", sagte Moliarti.

Der Kellner brachte eine Tasse Tee und reichte sie Tomás.

„Richtig", stimmte Tomás zu. „Das zeigt, dass es in der Tat eine selektive Veröffentlichung gab und viele wichtige Expeditionen aus Gründen der Staatspolitik unter Verschluss blieben. Offiziell fanden sie damit gar nicht statt."

„Was uns zur Entdeckung von Brasilien bringt."

„Genau. Den offiziellen Dokumenten zufolge wurde Brasilien am 22. April 1500 entdeckt, als die Flotte unter Pedro Álvares Cabral auf ihrem Weg nach Indien durch einen Sturm von Kurs abkam und die Seeleute in der Ferne einen Berg erblickten, den sie Monte Pascoal tauften. Zehn Tage lang blieb Cabral an der Küste Brasiliens, erforschte das Hinterland des Ortes, den er Ilha de Santa Cruz nannte, ließ die Vorräte auffüllen und nahm Kontakt zu den Einheimischen auf. Am 2. Mai wurden die Segel für die Weiterreise nach Indien gesetzt, aber eines der Schiffe, ein kleines Versorgungsschiff, kehrte unter dem Kommando von Gaspar de Lemos nach Lissabon zurück. Seine Fracht bestand aus etwa zwanzig Briefen an König Manuel, in denen die Entdeckung beschrieben wurde, darunter auch ein bemerkenswerter Bericht des Schiffsschreibers Pedro Vaz de Caminha." Tomás strich sich über das Kinn. „Das erste Zeichen dafür, dass die Entdeckung kein Zufall war, liefert die Gegenwart des Versorgungsschiffs in Cabrals Flotte. Für die gesamte Reise von Lissabon nach Indien war es eindeutig zu schwach. Jedem, der auch nur ein wenig über die Seefahrt wusste, musste klar sein, dass dieses Schiff niemals die stürmischen Winde am Kap der Guten Hoffnung überstanden hätte. Die Portugiesen waren damals die beste Seefahrernation der Welt, und es besteht kein Zweifel daran, dass auch sie das wussten. Warum zum Teufel nahmen sie also so ein kleines Schiff mit auf die Reise?"

Moliarti schaute Tomás auffordernd an.

„Es gibt nur eine mögliche Erklärung dafür", fuhr dieser fort. „Sie wussten bereits im Voraus, dass das Schiff nicht die *gesamte* Fahrt antreten, sondern bereits nach einem Drittel der Reise nach Lissabon zurückkehren würde, um die Entdeckung eines bis dahin vermeintlich unbekannten Landes zu melden. Das heißt, die Portugiesen hatten das kleine Schiff absichtlich zur Überbringung dieser Nachricht losgeschickt."

„Das klingt interessant und plausibel, ist aber noch kein Beweis.“

„Natürlich nicht, aber es gibt noch ein wichtiges Detail. Als das Schiff in Lissabon ankam, ließen die Seeleute kein Wort über die neue Entdeckung verlauten, die erst dann öffentlich bekannt gegeben wurde, als Cabrals gesamte Flotte nach Portugal zurückgekehrt war. Das war extrem ungewöhnlich und legt nahe, dass alles von vornherein so geplant gewesen war.“

„Das ist … ebenfalls interessant. Aber immer noch kein Beweis.“

„Ich weiß. Allerdings kommt hier eine weitere Information ins Spiel, und zwar die sogenannte Cantino-Planisphäre. Diese Weltkarte wurde im Auftrag des Diplomaten Alberto Cantino für den Herzog von Ferrara, Ercole d'Este, angefertigt. Sie ist mehr als ein mal zwei Meter groß und besteht aus drei miteinander verleimten Pergamentblättern. Diese riesige Karte ist von Hand gezeichnet und prächtig koloriert. Heute befindet sie sich in der Biblioteca Estense di Modena in Norditalien. In einem Brief vom 19. November 1502 schreibt Cantino, dass der Kartograph, dessen Name übrigens nicht überliefert ist, die Planisphäre von offiziellen portugiesischen Vorlagen kopiert hat, wobei es sich zweifellos um eine Raubkopie handelt. Das Interessante an dieser Karte ist, dass sie bereits einen Großteil der brasilianischen Küste enthält. Rechnen wir doch einmal nach.“

Tomás nahm einen Stift zur Hand und suchte eine leere Seite in seinem Notizbuch.

„Spätestens im November 1502 war die Karte im Besitz von Cantino, was bedeutet, dass etwa zweieinhalb Jahre zwischen Cabrals offizieller Entdeckung Brasiliens und dem Eintreffen der Karte in Italien liegen.“

Er zeichnete eine waagerechte Linie über das Blatt und schrieb an den linken Rand *Cabral, April 1500* und *Cantino, November 1502* an den rechten.

„Allerdings hat Cabral ja keine detaillierte Karte der brasilianischen Küste gezeichnet, sodass die Informationen in der Planisphäre zwangsläufig erst von späteren Reisen stammen können." Er hielt zwei Finger in die Höhe. „Nun, die zweite offizielle portugiesische Seereise nach Brasilien fand im April 1501 durch João da Nova statt, wenig mehr als ein Jahr, bevor die Planisphäre nach Italien kam. Allerdings bestand auch das Ziel der Reise von João da Nova nicht darin, die brasilianische Küste zu erforschen. Genau wie Cabral war er auf dem Weg nach Indien und hatte gar nicht die nötige Zeit, um die Küste zu kartografieren. Außerdem kehrte er erst Mitte 1502 nach Lissabon zurück."

Tomás schaute Moliarti an.

„Es scheint also, als sei die Information von der Planisphäre das Ergebnis einer dritten Reise. In der Tat gab es eine Flotte, die den Auftrag hatte, die brasilianische Küste zu erforschen. Dies war die Expedition von Gonçalo Coelho, der im Mai 1501 in Lissabon in See stach und zu dessen Mannschaft der Florentiner Navigator Amerigo Vespucci gehörte, derselbe Mann, dem der amerikanische Doppelkontinent seinen Namen verdankt. Diese Flotte erreichte Brasilien Mitte August und verbrachte mehr als ein Jahr damit, die Küste zu erforschen. Sie entdeckte eine riesige Bucht, die sie Rio de Janeiro nannte und gelangte bis Cananéia, bevor sie nach Portugal zurückkehrte. Die drei Karavellen landeten am 22. Juli 1502 wieder in Lissabon." Er schrieb *Gonçalo Coelho, Juli 1502* in den rechten Teil der horizontalen Linie, wenige Zentimeter links von *Cantino, November 1502*. „Hierin besteht der Knackpunkt", sagte er und tippte auf die beiden Daten. „Reichten die vier Monate zwischen Juli und November dafür aus, dass die offiziellen portugiesischen Kartographen detaillierte Karten entsprechend den Informationen von Gonçalo Coelho anfertigen konnten und der anonyme, von Cantino bezahlte Zeichner diese Vorlagen kopieren und die Planisphäre nach Italien schmuggeln konnte?"

Zur Betonung unterstrich Tomás die kurze Zeitspanne auf seiner Linie zwischen *Gonçalo Coelho, Juli 1502* und *Cantino, November 1502.* Er schnitt eine Grimasse und schüttelte den Kopf.

„Sehr unwahrscheinlich. Vier Monate sind viel zu kurz. Wie also gelang es Alberto Cantino, sich eine portugiesische Planisphäre zu beschaffen, die Informationen enthielt, die – wenn wir den offiziellen Berichten glauben – zu dieser Zeit noch gar nicht so detailliert kartografiert sein konnten? Woher stammten diese Informationen? Es gibt nur eine Erklärung: Die Cantino-Planisphäre wurde nicht von Karten kopiert, die *im Anschluss an* die offiziellen Reisen nach Brasilien entstanden waren, sondern anhand von Vorlagen, die bereits *vor* Cabrals Reise existierten, heimlich durchgeführte Expeditionen, die wegen der portugiesischen Geheimhaltungspolitik nie öffentlich bekannt wurden."

„Auch das ist alles interessant", nickte Moliarti. „Aber halten Sie das für einen Beweis?"

Tomás wiegte seinen Kopf.

„Ich kann mir kaum vorstellen, dass vier Monate ausgereicht haben, um sowohl die offiziellen Karten als auch die Raubkopie anzufertigen und nach Italien zu schmuggeln. Aber ganz unmöglich ist es nicht."

Der Kellner brachte einen Teller mit einem riesigen Sandwich für Moliarti, und Tomás nutzte die Unterbrechung, um einen Schluck Tee zu trinken.

„Das sind faszinierende Ungereimtheiten", sagte der Amerikaner und biss in sein Sandwich. „Aber wir haben immer noch keinen echten Beweis für das, was Toscano entdeckt hat."

„Es kommt aber noch mehr", beeilte Tomás sich zu sagen und sah in sein Notizbuch. „Der Franzose Jean de Léry war von 1556 bis 1558 in Brasilien, und als er dort mit den Siedlern sprach, berichteten einige von ihnen, dass ‚der vierte Teil der Welt den Portugiesen schon seit etwa achtzig Jahren bekannt war'." Tomás schaute Moliarti in die Augen. „Auch wenn der Ausdruck ‚etwa achtzig Jahre' natürlich auch fünfundsiebzig Jahre bedeuten kann, sprechen wir dennoch über ein Datum deutlich vor dem Jahr 1500."

„Hmm", brummte Moliarti.

„Außerdem gibt es einen Brief von dem Portugiesen Estêvão Fróis, den die Spanier vermutlich im heutigen Venezuela festgenommen hatten, weil sie ihm vorwarfen, in ihr Territorium eingedrungen zu sein." Tomás warf einen Blick auf seine Notizen. „Dieser Brief stammt aus dem Jahr 1514 und ist an König Manuel adressiert. Darin schreibt Fróis, er habe lediglich ‚die Länder Ihrer Hoheit besetzt, die bereits João Coelho aus Porta da Luz einundzwanzig Jahre zuvor entdeckt hat'. Rechnen wir also einmal nach", sagte Tomás. „1514 minus 21 ergibt … 1493." Er grinste Moliarti an. „Auch dieses Datum liegt deutlich vor 1500."

„Sind diese Briefe heute noch erhalten?"

„Selbstverständlich."

„Aber sind diese Quellen nicht etwas fragwürdig? Ich meine, ein Franzose, von dem noch niemand etwas gehört hat und ein portugiesischer Gefangener, also …"

„Nun, mein Lieber, auch vier andere große Seefahrer haben bestätigt, dass Brasilien bereits vor der sogenannten Entdeckung durch Cabral bekannt war."

„Wirklich? Wer?“

„Beginnen wir mit dem Spanier Alonso de Ojeda, der zusammen mit Amerigo Vespucci im Juni 1499 vermutlich die Küste von Guyana gesichtet hat. Im Januar 1500 erreichte ein weiterer Spanier, Vicente Pinzón, drei Monate vor Cabral die Küste Brasiliens.“

„Dann waren die Spanier also vor den Portugiesen da?“

„Nicht unbedingt. Der dritte war Duarte Pacheco Pereira, einer der größten Seefahrer der damaligen Zeit, auch wenn er in der Öffentlichkeit nahezu unbekannt ist. Er war jedoch nicht nur Seefahrer, sondern auch Feldherr und Naturwissenschaftler und der erste Geograph, dem es gelang, die Gradeinteilung der Meridiane mit einer Abweichung von weniger als vier Prozent zu berechnen. Er verfasste außerdem einen der rätselhaftesten Texte seiner Zeit, ein Werk mit dem Titel *Princípio do Esmeraldo de Situ Orbis*.“ Tomás warf einen Blick in sein Notizbuch. „Darin schreibt er, dass König Manuel ihm aufgetragen habe, ‚den westlichen Teil zu erforschen‘, was er ‚im Jahr des Herrn eintausend vierhundert achtundneunzig, in dem ein Großteil des Festlandes mit vielen nahegelegenen Inseln entdeckt und erforscht wurde‘, getan habe. In anderen Worten, 1498 hat ein portugiesischer Navigator westlich von Europa Land entdeckt.“

„Oha!“, rief der Amerikaner aus. „Also zwei Jahre früher als Cabral.“

„Genau.“

Moliarti biss erneut in sein Sandwich und spülte es mit einem Schluck Champagner hinunter.

„Und wer war der vierte große Navigator?“

„Kolumbus.“

Moliarti verschluckte sich fast und schaute Tomás entgeistert an.

„Welcher Kolumbus?“

„Christoph Kolumbus.“

„Und was ...“, stammelte Moliarti.

„Als Kolumbus 1493 von seiner ersten Entdeckungsreise nach Europa zurückkehrte, machte er in Lissabon Station, um mit König Johann II. zu sprechen. Im Verlauf dieses Gesprächs erwähnte der portugiesische König, dass es weiter südlich der Gegend, in der Kolumbus gewesen war, ebenfalls Land gab. Wenn wir eine Karte anschauen, sehen wir, dass südlich der Karibik, in der Kolumbus gewesen war, der südamerikanische Kontinent liegt. Ich wiederhole: Das Treffen zwischen Kolumbus und dem König fand 1493 statt. Das bedeutet, dass die Portugiesen schon damals von der Existenz Südamerikas wussten.“

„Und wo ist diese Konversation überliefert?“

„Bartolomé de Las Casas schrieb anlässlich von Kolumbus’ dritter Reise in die Neue Welt, ‚der Admiral sagte, er wolle weiter nach Süden segeln, um zu sehen, wovon der König Portugals gesprochen hatte; dort sei er sicher, wertvolle Dinge und Länder zu finden‘.“

„Und, was halten Sie von all dem, Tom?“, fragte Moliarti. „Wenn die Portugiesen tatsächlich schon wussten, dass es Südamerika gab, warum haben sie dann so lange gewartet, diese Entdeckung bekanntzugeben? Warum erst 1500? Was ergibt das für einen Sinn?“

„Um keinen Verdacht zu erregen“, antwortete Tomás. „Es war für die Portugiesen von Vorteil, ihre strategischen Informationen unter Verschluss zu halten. Der König wusste, dass die Nachricht von neuen Ländereien unerwünschte Aufmerksamkeit erregen würde. Solange der Rest Europas nicht wusste, dass diese Länder existierten, konnten die Portugiesen sie in Ruhe erforschen.“

„Das verstehe ich", erwiderte Moliarti. „Aber wenn das für die Portugiesen so vorteilhaft war, warum änderten sie im Jahr 1500 ihre Meinung?"

„Ich denke, das lag an Kastilien, das heute zu Spanien gehört. Als andere Seefahrer, wie Ojeda im Jahr 1499 oder Pinzón im Januar 1500 anfingen, ebenfalls an der Küste Südamerikas herumzuschnüffeln, erkannte der portugiesische König, dass es nicht sinnvoll war, das Geheimnis noch länger für sich zu behalten. Vielmehr drohte die Gefahr, dass die Kastilier das Land, das die Portugiesen bereits entdeckt hatten, für sich beanspruchten. Deshalb mussten sie die Entdeckung Brasiliens endlich offiziell bekannt geben."

„Aha, ich verstehe."

„Was uns zum letzten wichtigen Punkt bringt."

„Und das wäre?"

„Der Vertrag von Tordesillas, in dem der Vatikan die Welt in eine portugiesische und eine spanische Hälfte aufteilte."

„Ah ja", sagt Moliarti mit leisem Kichern, „die Geburtsurkunde der Globalisierung."

„Exakt", lächelte Tomás. Der Vergleich gefiel ihm.

„Was für eine Arroganz!", fügte Moliarti hinzu.

„In der Tat, allerdings waren Portugal und Kastilien damals die beiden mächtigsten Seenationen der Welt, und sie hielten es für selbstverständlich, die Welt und ihre Reichtümer unter sich aufteilen zu können." Tomás leerte seine Tasse. „Während der Vertragsverhandlungen waren die Portugiesen in Sachen Navigations- und Kriegstechnologie sowie Seefahrt überlegen, sie segelten bereits nach Belieben die afrikanische Küste hoch und runter und überquerten sogar den Atlantik, während die Spanier gerade einmal die Kanarischen Inseln kontrollierten. Aber die Kastilier hatten einen wichtigen Trumpf im Ärmel: Der damalige Papst war Spanier.

1479 fand der Zwist der beiden Nationen eine vorläufige Lösung durch den Vertrag von Alcaçovas, in dem Kastilien Portugals Herrschaft über die westafrikanischen Küsten und die Inseln im östlichen Atlantik anerkannte und im Gegenzug die Kontrolle über die Kanarischen Inseln erhielt. Dieses Abkommen, das im folgenden Jahr in Toledo ratifiziert wurde, erwähnte jedoch nicht den westlichen Atlantik, der nach Kolumbus' triumphaler Rückkehr von seiner ersten Seereise 1493 zu einem wichtigen Thema wurde. Da dieser Teil der Welt im Vertrag an keiner Stelle ausdrücklich erwähnt war, wurde bald klar, dass ein neuer Vertrag notwendig wurde."

„Der Vertrag von Tordesillas."

„Genau. Die portugiesische Krone hatte zunächst vorgeschlagen, eine Trennungslinie zu ziehen, die in der Nähe der Kanarischen Inseln verlief und Kastilien alles zusprach, was östlich dieser Linie lag und Portugal den Rest. Aber der spanische Papst Alexander VI. erließ 1493 eine päpstliche Bulle, in der er die Trennlinie in Nord-Süd-Richtung 100 spanische Meilen, etwa 480 Kilometer, westlich der Azoren und der Kapverdischen Inseln verlegte. Die Portugiesen erklärten sich zwar prinzipiell mit der Trennlinie einverstanden, forderten jedoch, dass sie 370 spanische Meilen westlich der Kapverdischen Inseln verlaufen sollte, was Kastilien und der Papst akzeptierten, da sie für sich keinen Nachteil erkennen konnten. Diese Verhandlung ist sehr aufschlussreich."

Auf eine leere Seite seines Notizbuchs skizzierte Tomás eine Weltkarte: die Konturen von Afrika, Europa sowie Nord- und Südamerika. Etwa auf halber Strecke zwischen Afrika und Südamerika zog er eine senkrechte Linie durch den Atlantik und schrieb ‚100' darunter.

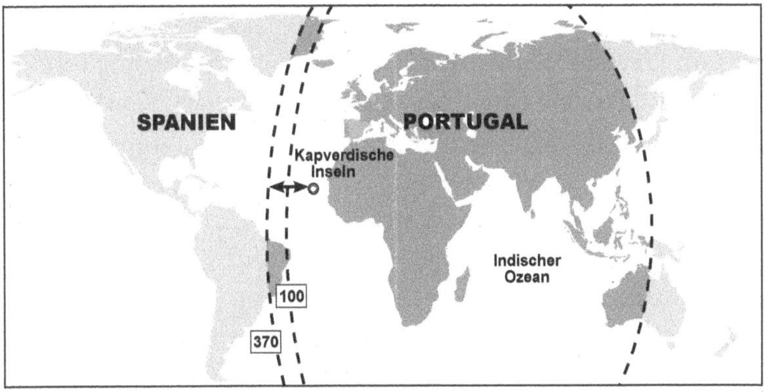

„Hier verlief die vom Papst und von Kastilien vorgeschlagene Linie, 100 spanische Meilen westlich der Kapverdischen Inseln.“ Dann zog er eine zweite Linie weiter links und schrieb ‚370‘ daran. „Nun, Nel, was ist der wichtigste Unterschied zwischen den beiden Linien?“

„Das ist offensichtlich“, sagte er. „Die eine verläuft durchs offene Meer, die andere über Festland.“

„Und um welches Festland handelt es sich?“

„Brasilien.“

Tomás nickte und lächelte.

„Brasilien. Jetzt sagen Sie mir doch bitte, warum die Portugiesen so sehr auf dieser zweiten Linie bestanden haben.“

„Weil sie Brasilien für sich haben wollten?“

„Was uns zur nächsten Frage führt: Woher wussten die Portugiesen, dass diese zweite Linie durch Brasilien verlief, obwohl Brasilien 1494 noch gar nicht entdeckt worden war?“

„Ich sehe, worauf Sie hinaus wollen“, sagte Moliarti und lehnte sich auf dem Sofa zurück. „Das ist in der Tat erstaunlich, aber sagen Sie, Tom, ist an all dem, was Sie mir bislang erzählt haben, irgendetwas wirklich Neues dran?“

Tomás hielt Moliartis Blick stand und schüttelte den Kopf.

„Nein."

„Gar nichts?", hakte Moliarti nach.

„Gar nichts. Ich habe Ihnen alles erzählt, was ich in Professor Toscanos Notizen zur Entdeckung Brasiliens gefunden habe."

„Und da ist nichts Neues dabei? Sind Sie sicher?"

„Ja, nichts. Professor Toscano hat lediglich die Arbeiten und Schlussfolgerungen anderer Historiker aufgegriffen."

Moliarti wirkte enttäuscht. Er wandte seinen Blick von Tomás ab, stieß einen Seufzer aus und starrte in die Ferne. Doch dann regte sich etwas unter seiner ruhigen Oberfläche, seine Augen verengten sich zu Schlitzen, und die Zornesröte stieg ihm ins Gesicht. „Dieser Hurensohn!", knurrte er mehrmals und vergrub den Kopf in seinen Händen. „Verdammt, ich habe es geahnt!"

Tomás sagte kein Wort, während Moliarti immer wütender wurde und Verwünschungen vor sich hin murmelte, bis er schließlich tief durchatmete und sich an Tomás wandte.

„Tom", sagte er, „Toscano hat uns verarscht. Er hat unser Geld verjubelt und uns ein Märchen über eine neue Entdeckung erzählt. Jetzt ist er tot, und alles, was er in den letzten Jahren gemacht hat, war nichts anderes, als die Arbeiten anderer Historiker zu lesen, ohne etwas Neues beizutragen. Wie Sie sich denken können, sind wir …"

„Das ist nicht *ganz* das, was ich gesagt habe", unterbrach ihn Tomás.

Moliarti sah ihn verwirrt an.

„Ach nein?"

„Was meine bisherigen Ergebnisse über Professor Toscanos Untersuchungen angeht, haben Sie recht. Allerdings bin ich mit meiner Arbeit noch nicht fertig, und der Professor hat noch einen wichtigen Hinweis hinterlassen."

„Aha!", horchte Moliarti auf. „Es gibt also noch mehr?"

„Selbstverständlich“, sagte Tomás vorsichtig. „Ich bin mir nur noch nicht sicher, ob es in einem direkten Zusammenhang zur Entdeckung Brasiliens steht.“

„Wie meinen Sie das?“

„Es handelt sich um eine chiffrierte Notiz.“

Moliarti verzog den Mund zu einem schiefen Grinsen, als hätte er nur auf diese Nachricht gewartet.

„Schießen Sie los!“

„Es hat mit Cicero zu tun. Ihm wird das Zitat *Nomina sunt odiosa* zugeschrieben.“

„Was bedeutet das?“

„Namen sind anstößig.“

Moliarti starrte ihn verdutzt an.

„Und was soll das heißen?“

„*Nomina sunt odiosa* könnte ein Hinweis von Professor Toscano sein und etwas mit seiner großen Entdeckung zu tun haben.“

„Was für ein Hinweis?“, fragte Moliarti mit wachsender Neugier.

„Das weiß ich noch nicht“, antwortete Tomás beiläufig. „Aber ich werde es herausfinden.“

VIII

Nach der Vorlesung und den üblichen zehn Minuten, die er noch auf Fragen seiner Studenten antwortete, ging Tomás zurück in sein Büro. Er hatte Lena die ganze Zeit lang unauffällig beobachtet. Sie saß auf dem selben Platz wie in der Woche zuvor, war stets aufmerksam und hielt ihre wachsamen, blauen Augen auf ihn gerichtet, so, als wolle sie keines seiner Worte verpassen. Sie trug einen eng anliegenden malvenfarbenen Pullover, der die großzügigen Kurven ihrer Brust perfekt betonte und einen schönen Kontrast zu ihrem langen, cremefarbenen Rock bildete. Er war ein wenig enttäuscht gewesen, dass sie nach der Vorlesung nicht direkt zu ihm gekommen war, schalt sich dann jedoch selbst einen Ochsen. Lena war Studentin und er ihr Dozent; sie war jung und ungebunden, er fünfunddreißig Jahre alt und verheiratet. Er durfte jetzt nicht den Verstand verlieren. Er schüttelte seinen Kopf, um auf andere Gedanken zu kommen und zog einen Terminkalender aus der Schublade.

Ein Klopfen an der Tür ließ ihn aufhorchen. Als die Tür aufging, erblickte er blonde Locken. Ihre Locken. Ihr Lächeln.

„Darf ich hereinkommen?“

„Ja, kommen Sie nur!“, sagte er ein wenig zu laut. „Was kann ich für Sie tun?“

Lena inspizierte aufmerksam das Büro und bewegte sich geschmeidig wie eine Katze. Dann nahm sie gegenüber dem Schreibtisch Platz und beugte sich zu Tomás vor.

„Ihre Vorlesung heute war sehr interessant", sagte sie.

„Das freut mich."

„Das Einzige, was ich nicht verstanden habe, ist, wie es zum Übergang zwischen dem ideografischen und alphabetischen Schreibsystem gekommen ist."

„Nun, das war eine natürliche Entwicklung, um die Dinge zu vereinfachen", erklärte Tomás, froh darüber, sie mit seinem Wissen beeindrucken zu können. „Bei der Keilschrift, den Hieroglyphen und der chinesischen Schrift musste man sich stets eine Unmenge an Zeichen merken. Lesen und Schreiben zu lernen, war somit nicht einfach. Das Alphabet hat dieses Problem insofern gelöst, dass man sich nicht ein paar tausend Zeichen, wie in China, oder rund sechshundert Hieroglyphen, wie in Ägypten, merken musste, sondern maximal noch dreißig Buchstaben. Verstehen Sie? Deshalb habe ich gesagt, dass das Alphabet die Schrift demokratisiert hat."

„Und alles hat mit den Phöniziern begonnen ...?"

„Um ehrlich zu sein, sollen bereits die Syrer das erste Alphabet verwendet haben."

„Aber in der Vorlesung haben Sie nur von den Phöniziern gesprochen. War die Bibel ursprünglich in Phönizisch geschrieben?"

Tomás lachte kurz auf, beherrschte sich dann jedoch, aus Angst, Lena zu beleidigen.

„Nein, die Bibel war in Hebräisch und Aramäisch geschrieben", erklärte er. „Allerdings ist Ihre Frage nicht ganz unberechtigt, denn es gibt tatsächlich eine Verbindung zu den Phöniziern. Ein aramäisches Alphabet, das dem der Phönizier ähnelte, wurde im heutigen Syrien gefunden, das damals noch

Aram hieß, und das lässt darauf schließen, dass die beiden Schriftsysteme miteinander verwandt sind. Manche glauben, dass die hebräische, aramäische und arabische Schrift ihren Ursprung im Phönizischen haben, auch wenn nicht genau bekannt ist, wie."

„Aber das alles haben Sie heute in der Vorlesung nicht erwähnt."

„Immer mit der Ruhe", lächelte Tomás und hob abwehrend seine Hände. „Das Semester ist noch lange nicht vorbei. Wir greifen hier dem Stoff schon vor."

„Oh", seufzte Lena. „Vorarbeiten ist wirklich nicht das, was ich brauche. Vielmehr müsste ich den Stoff, den ich in den ersten Wochen verpasst habe, nachholen."

„Also gut. Was möchten Sie wissen?"

Lena beugte sich über seinen Schreibtisch und kam ihm so nahe, dass er ihr Parfüm riechen konnte.

„Haben Sie schon einmal Schwedisch gegessen?", fragte sie anzüglich.

„Schwedisch gegessen? Ähm, ja … in Malmö."

„Hat es Ihnen geschmeckt?"

„Ja, sehr. Es war sehr lecker, aber auch sehr teuer. Wieso?"

Sie lächelte.

„Nun, ich dachte mir, dass Sie mir das alles ja nicht in einer halben Stunde erklären können. Warum kommen Sie nicht einfach zum Mittagessen zu mir, sodass wir uns in Ruhe unterhalten können?"

„Zu Ihnen zum Mittagessen kommen?", fragte Tomás entgeistert.

„Ja, ich koche Ihnen ein paar schwedische Köstlichkeiten, die Ihnen das Wasser im Mund zusammenlaufen lassen."

Er glaubte nicht, diese Einladung annehmen zu können. Bei einer – und ausgerechnet dieser – Studentin zu Mittag zu essen, war gefährlich. Solch ein Abenteuer durfte er sich nicht erlauben. Andererseits, ging jetzt nicht seine Fantasie mit ihm durch? Schließlich würde er nur einmal für eine Nachhilfestunde bei ihr essen, sonst nichts. Was wäre schon dabei, wenn er sich eine oder zwei Stunden lang bei ihr über die Keilschrift unterhielte? War das nicht sogar seine Pflicht?

„Okay“, hörte er sich sagen. „Wir können uns zum Mittagessen treffen.“

Lena lächelte ihn bezaubernd an.

„Das ist ein Wort. Wie wäre es mit morgen?“

Tomás erinnerte sich, dass er am nächsten Tag Constanze zu Margaridas Schule begleiten musste. Der Termin mit der Schulleiterin stand fest, und es führte kein Weg daran vorbei, dass er mitging.

„Morgen geht es nicht“, sagt er und schüttelte den Kopf. „Ich muss zur … ähm, ich habe schon einen Termin.“

„Wie wäre es mit übermorgen?“

„Übermorgen? Das ist Mittwoch, nicht wahr? Das klingt gut.“

„Um ein Uhr?“

„In Ordnung. Wo wohnen Sie?“

Lena nannte ihm ihre Adresse und verabschiedete sich. Nur ihr Parfüm blieb im Büro zurück. Tomás konnte sich nicht erklären, warum er der Einladung zugestimmt hatte, verdrängte den Gedanken jedoch und redete sich ein, es würde schon nicht dramatisch werden.

Sie kamen am späten Vormittag in der Schule an und schauten kurz bei Margaridas Klassenzimmer vorbei. Durch einen Schlitz in der Tür sahen sie ihre Tochter am Fenster sitzen. Sie galt als gute Schülerin und setzte sich immer für die schwächeren Kinder ein. Es machte ihr nichts aus, im Spiel zu verlieren, und sie verzichtete auch freiwillig, wenn es zu viele Mitspieler gab. Sie tat sogar so, als würde sie es nicht bemerken, wenn andere Kinder sich über sie lustig machten, und sie vergaß die Beleidigungen schnell wieder. Durch den Türschlitz sahen Tomás und Constanze ihre Tochter an, als wäre sie ein Engel. Dann gingen sie zum Büro der Schulleiterin, wo sie nicht lange warten mussten, bis sie hineingerufen wurden.

Die Schulleiterin war eine große, sehr schlanke Frau Anfang vierzig mit blond gefärbten Haaren und einer runden Brille. Sie empfing ihre Besucher höflich, machte aber gleich klar, dass sie es eilig hatte.

„Um halb eins bin ich zum Mittagessen verabredet“, erklärte sie.

Tomás schaute auf seine Uhr. Es war zehn nach zwölf. Ihnen blieben gerade einmal zwanzig Minuten, das war viel zu wenig.

„Ich nehme an, es geht wieder um den Sonderpädagogen?“

„Selbstverständlich“, antwortete Constanze.

„Ja, das ist ärgerlich“, sagte die Schulleiterin.

„Für Sie mag es ärgerlich sein“, sagte Constanze. „Aber glauben Sie mir, für uns, und vor allem für unsere Tochter, ist es eine Tragödie.“ Sie zeigte mit dem Finger auf die Schulleiterin. „Haben Sie eine Vorstellung davon, was der Verlust dieses Pädagogen für unsere Tochter bedeutet?“

„Ich bitte Sie, wir tun alles, was …“

„Aha? Sie tun viel zu wenig.“

„Das stimmt nicht.“

„Oh, doch“, beharrte Constanze. „Das wissen Sie selbst.“

„Warum stellen Sie Herrn Correia nicht wieder ein?“, fragte Tomás, um dem Gespräch die Schärfe zu nehmen. „Er hat doch eine gute Arbeit gemacht.“

Bei ihrem letzten Gespräch, als die Schulleiterin ihnen mitgeteilt hatte, dass es keinen Sonderpädagogen mehr geben würde, waren die Wogen hoch geschlagen, und Tomás war auf der Hut. Seither machte Margarida Rückschritte. Tomás und Constanze waren davon überzeugt, dass ihre Tochter durchaus mit den anderen Kindern Schritt halten könnte. Aber dazu brauchte sie Hilfe.

„Ich würde Herrn Correia sehr gern wieder einstellen", sagte die Schulleiterin. „Das Problem ist jedoch, wie ich Ihnen beim letzten Mal erklärt habe, dass das Bildungsministerium unser Budget gekürzt hat und uns das Geld fehlt."

„Unsinn!", rief Constanze. „Sie haben Geld für allerlei Dinge, aber einen Sonderpädagogen können Sie sich nicht leisten?"

„Nein, leider nicht."

„Ist Ihnen bekannt, dass Margarida im vorigen Jahr lesen konnte, aber in diesem Jahr nicht mehr?", fragte Tomás.

„Davon wusste ich nichts."

„Ihr normaler Lehrer versteht ganz offensichtlich nichts von Kindern mit Lernschwierigkeiten", fauchte Constanze.

Die Schulleiterin hob die Hände.

„Sie hören mir nicht zu", erwiderte sie. „Wenn es nach mir ginge, hätte ich Herrn Correia nicht entlassen. Uns fehlt einfach das Geld. Das Ministerium hat unser Budget gekürzt."

Constanze beugte sich vor.

„Entschuldigen Sie", sagte sie und versuchte, ruhig zu bleiben. „Im Gesetz steht, dass Kinder mit Lernschwierigkeiten in öffentlichen Schulen ein Recht auf einen Sonderpädagogen haben. Das ist nichts, was wir uns ausgedacht haben, es ist auch keine übertriebene Forderung, und wir bitten nicht um einen Gefallen. Das Einzige, was mein Mann und ich von Ihnen verlangen, ist, dass die Schule sich nach dem Gesetz richtet. Nicht mehr und nicht weniger."

Die Schulleiterin schüttelte traurig den Kopf.

„Das Gesetz ist schön, fair und menschlich, aber wenn es um die Umsetzung geht, gibt es kein Geld. Das heißt, es gibt zwar dieses Gesetz, mit dem die Regierung sich gern brüstet, aber das war's."

„Was schlagen Sie also vor?", wollte Tomás wissen. „Dass alles so bleibt, wie es ist? Dass unsere Tochter sich selbst überlassen bleibt?"

„Ja", unterstützte ihn Constanze. „Was beabsichtigen Sie zu tun?"

Die Schulleiterin nahm ihre Brille ab und reinigte sie akribisch.

„Ich möchte Ihnen einen Vorschlag unterbreiten."

„Das wäre?"

„Ich kann Ihnen anbieten, dass Frau Galhardo Margarida hilft."

„Frau Galhardo?", fragte Constanze. „Hat sie eine Ausbildung als Sonderpädagogin?"

Die Schulleiterin stand auf.

„Ich denke, es ist besser, wenn ich sie persönlich rufe", sagte sie und vermied so eine direkte Antwort, ein Detail, das Constanze und Tomás sehr wohl bemerkten. Sie öffnete die Tür und schaute hinaus. „Maria, holen Sie doch bitte Frau Galhardo." Dann ging sie zurück an ihren Schreibtisch und setzte die Brille wieder auf. Tomás und Constanze sahen einander erwartungsvoll an.

„Darf ich hereinkommen?"

Frau Galhardo war eine echte Matrone, die Freundlichkeit in Person. Sie sah aus wie eine Bäuerin, mit rötlichem Teint und strahlenden Augen. Sie begrüßte Tomás und Constanze und nahm auf einem Stuhl Platz.

„Frau Galhardo", setzte die Schulleiterin an, „hat sich bereit erklärt, in diesem Jahr Nachhilfeunterricht zu erteilen."

Frau Galhardo nickte.
„Ich mache mir Sorgen wegen Margarida und Hugo."
Hugo war ein anderes Kind mit Down-Syndrom.
„Frau Galhardo", unterbrach sie Constanze. „Das ist wahnsinnig nett von Ihnen, aber haben Sie jemals mit Kindern mit Down-Syndrom gearbeitet?"
„Nein. Alles, was ich tun kann, ist, meine Hilfe anzubieten."
„Glauben Sie, dass diese Hilfe ausreicht, damit Margarida deutliche Fortschritte macht?"
„Ich denke schon. Jedenfalls werde ich mein Bestes tun."
Tomás legte seine Handflächen zusammen und schaute Frau Galhardo an.
„Bei allem Respekt für Ihr freundliches Angebot, braucht Margarida mehr als nur ein wenig Nachhilfe. Reine Nachhilfestunden wären nichts weiter als ein Alibi."
„Nun, ich hoffe doch, ihr beim Lernen zu helfen."
„Sie braucht einen ausgebildeten Sonderpädagogen. Und wenn ich ehrlich bin, glaube ich nicht, dass Sie für diese Aufgabe ausreichend qualifiziert sind."
„Ich gebe zu, dass ich vielleicht nicht die Qualifikationen oder Erfahrungen habe, um …"
„Entschuldigen Sie", unterbrach die Schulleiterin, der die Entwicklung des Gesprächs nicht gefiel. „Die Dinge sind, wie sie sind. Frau Galhardo steht den Kindern zur Verfügung. Wir sind uns alle einig, dass sie keine Spezialistin ist. Aber ob es uns gefällt oder nicht, das ist unsere einzige Möglichkeit. Es ist keine ideale Lösung, aber das Beste, was wir tun können."
Tomás und Constanze wechselten einen wütenden Blick.
„Hören Sie", sagte Tomás unwirsch. „Was Sie uns anbieten, ist keine Lösung für Margaridas Problem, es ist eine Lösung für *Ihr* Problem. Was unsere Tochter braucht, ist nun einmal ein Sonderschullehrer!" Es fiel ihm schwer, sich zu beherrschen.

„Es gibt keine andere Wahl“, entgegnete die Schulleiterin bestimmt. „Frau Galhardo wird sich um die Kinder mit Lernschwierigkeiten kümmern.“

„Aber das reicht nicht aus!“

„Es muss reichen.“

„Tut mir leid, aber das akzeptieren wir nicht.“

Die Schulleiterin kniff die Augen zusammen und seufzte schwer, als hätte sie soeben eine schwierige Entscheidung getroffen.

„Dann müssen Sie uns schriftlich bestätigen, dass Sie die Nachhilfestunden nicht akzeptieren.“

„Oh nein, das tun wir nicht.“

„Warum nicht?“

„Weil es nicht stimmt. Nachhilfeunterricht akzeptieren wir sehr wohl. Wir wollen jedoch, dass er von einem ausgebildeten Sonderpädagogen abgehalten wird. Was wir nicht wollen, und gerne auch schriftlich mitteilen, ist eine Lehrerin, die zwar gute Absichten hat, aber nicht entsprechend qualifiziert ist.“

Das Treffen ging ohne eine Einigung zu Ende. Als Tomás und Constanze das Schulgebäude verließen, waren sie frustriert. Sie würden wohl privat einen Nachhilfelehrer bezahlen müssen, den sie sich jedoch nicht leisten konnten. Tomás hoffte, durch seinen Auftrag für die Stiftung endlich genug Geld zu haben, um Margarida helfen und seine Frau beruhigen zu können. Wenn er nur wüsste, was Toscano herausgefunden hatte. Er brauchte die halbe Million Euro so dringend.

Unwirsch, weil er seine Recherchen unterbrechen musste, und doch voller Vorfreude auf das Treffen mit seiner hübschen Nachhilfeschülerin betrachtete Tomás das Haus, dessen Adresse ihm Lena genannt hatte. Es war alt und dringend reparaturbedürftig. Die Tür stand offen, und als er in den Flur trat, fielen ihm die gesprungenen und verblichenen Fliesen auf. Das Sonnenlicht, das durch die Tür hereinfiel, zeichnete geometrische Schatten auf den Boden und die Wände. Dahinter war es düster. Tomás begann, die hölzernen Treppenstufen emporzusteigen, die unter seinem Gewicht knarzten, als protestierten sie gegen den Eindringling, der ihre Ruhe störte. Ihm fiel der für alte Gebäude in Lissabon übliche Geruch nach Schimmel und Moder auf. Im zweiten Stock angekommen, fand er auf der rechten Seite des Flurs die Nummer, die er suchte. Kaum hatte er die Klingel gedrückt, hörte er Schritte und das metallene Geräusch eines Schlüssels im Schloss.

„*Hej!*“, begrüßte ihn Lena fröhlich. „*Välkommen.*“

Eine lange Sekunde blieb Tomás mit offenem Mund auf der Schwelle stehen. Trotz der winterlichen Temperaturen trug sie eine hautenge, hellblaue Seidenbluse mit tiefem Dekolleté und einen weißen Minirock, der ihre langen, wohlgeformten Beine vorteilhaft zur Geltung brachte.

„Hallo“, sagte er schließlich. „Sie sehen heute sehr ... hübsch aus.“

„Finden Sie?“, fragte sie lächelnd und bedeutete ihm näherzutreten. „Kommen Sie doch herein. Der Winter in Portugal erinnert mich an den Sommer in Schweden, so warm ist es. Ich hoffe, es macht Ihnen nichts aus, dass ich mich etwas luftig gekleidet habe.“

Tomás folgte ihr in die Wohnung und hatte sich wieder gefasst. Dennoch errötete er, als er sagte: „Nicht im Geringsten.“

Die Wärme in der Wohnung stand in krassem Gegensatz zu den kalten Außentemperaturen. Und obwohl die hölzernen Dielen alt und stark abgenutzt waren, roch es nicht muffig. Vielmehr duftete es sehr angenehm.

„Geben Sie mir doch Ihren Mantel“, bat Lena und streckte die Hand aus. Sie hängte ihn an einen Haken neben die Tür und führte Tomás den langen Korridor entlang zur Küche. Neben der Küche befand sich das Wohnzimmer, in dem ein Tisch für zwei gedeckt war. Die Einrichtung war einfach, aber geschmackvoll. Neben einem alten Eichenschrank gab es dort noch ein großes, braunes Sofa, einen Tisch mit einem Fernsehgerät und eine Glasvitrine mit allerlei Porzellan. Durch zwei große Fenster, die auf einen Innenhof zeigten, wurde der Raum üppig erhellt.

„Wie sind Sie an diese Wohnung gekommen?“, fragte Tomás.

„Ich habe sie gemietet.“

„Das dachte ich mir, aber wie haben Sie sie gefunden?“

„Durch das IStO.“

„Das Internationale Studentenbüro?“

„Ja. Sie ist urig, nicht war?“

„In der Tat“ , antwortete Tomás. „Wem gehört sie?“

„Einer älteren Dame, die im ersten Stock wohnt. Diese Wohnung hier gehörte ihrem Bruder, der im vorigen Jahr gestorben ist. Sie vermietet nur an Ausländer, denn sie sagt, dass das die einzigen Mieter sind, von denen sie sicher sein kann, dass sie auch wieder ausziehen.“

„Clevere Frau.“

Lena schaute in einen der Töpfe auf dem Herd, rührte den Inhalt um und lächelte Tomás an.

„Ich glaube, das wird gut.“ Sie deutete ins Wohnzimmer. „Machen Sie es sich doch bitte bequem“, forderte sie ihn auf. „Das Essen ist gleich fertig.“

Tomás nahm auf dem Sofa Platz, und sie setzte sich neben ihn. Um eine peinliche Stille zu vermeiden, öffnete Tomás seine Aktentasche und zog einige Papiere heraus.

„Ich habe meine Unterlagen über die Keilschriften der Sumerer und Akkadier mitgebracht“, sagte er. „Dabei sind die Determinative besonders interessant.“

„Determinative?“

„Ja, sie werden auch als semantische oder stumme Zeichen bezeichnet.“ Er tippte auf seine Unterlagen. „Sehen Sie? Die Determinative dienen dazu, zweideutige Symbole eindeutig zu bestimmen. In diesem Beispiel hier führt das Determinativ *gis* vor dem Zeichen …“

„Oh“, unterbrach ihn Lena. „Können wir damit bis nach dem Essen warten?“

„Ähm, … ja, sicher“, sagte Tomás überrascht. „Ich dachte nur, Sie wollten den Stoff nachholen.“

„Aber nicht auf leeren Magen“, antwortete Lena lächelnd. „Gib deinem Diener genug zu essen, dann produziert deine Kuh mehr Milch.“

„Wie bitte?“

„Das ist ein schwedisches Sprichwort und bedeutet in diesem Fall, dass mein Kopf besser denken kann, wenn mein Magen voll ist.“

„Ah, ich sehe, Sie haben eine Vorliebe für Sprichwörter.“

„Ich liebe sie. Sie sind so weise, finden Sie nicht?“

Tomás nickte halbherzig.

„In Schweden legen wir viel Wert auf Sprichwörter. Gibt es in Portugal auch so viele?“

„Ja, einige.“

„Können Sie mir welche beibringen?“

„Was hätten Sie denn nun gern, was ich Ihnen beibringe?“, fragte er schmunzelnd. „Die Regeln der Keilschrift oder portugiesische Sprichwörter?“

„Warum nicht beides?“

„Das dauert aber eine ganze Weile.“

„Kein Problem! Wir haben doch den ganzen Nachmittag, oder nicht?“

„Ich sehe, Sie haben auf alles eine Antwort.“

„Die Waffe einer Frau ist in ihrem Mund“, erwiderte Lena. „Noch ein schwedisches Sprichwort“, fügte sie schelmisch hinzu. „Und in diesem Fall ist es etwas zweideutig.“

Tomás fiel keine passende Antwort ein, und er hob die Hände.

„Ich gebe auf.“

„Gute Idee“, fuhr sie fort und lehnte sich auf dem Sofa zurück. „Stammen Sie eigentlich aus Lissabon?“

„Nein, ich bin in Castelo Branco geboren.“

„Wann sind Sie nach Lissabon gekommen?“

„Vor vielen Jahren. Ich habe hier meinen Abschluss in Geschichte gemacht.“

„An welcher Universität?“

„An unserer.“

„Ah“, sagte sie und schaute ihn mit ihren blauen Augen eindringlich an. „Sind Sie verheiratet?“

Diese Frage traf Tomás unvorbereitet. Er zögerte für den Bruchteil einer Sekunde, hin- und hergerissen zwischen einer Lüge und der Wahrheit, die unweigerlich einen Keil zwischen sie treiben würde. Er schaute auf seine Füße und hörte sich sagen: „Ja, ich bin verheiratet.“

Er fürchtete sich ein wenig vor ihrer Reaktion, doch zu seiner Überraschung schien Lena nicht im geringsten beunruhigt.

„Das überrascht mich nicht“, antwortete sie. „Ein so gut aussehender Mann, wie Sie …“

Tomás wurde rot.

„Nun ja, … Also ich …“

„Lieben Sie sie?“

„Wen?“

„Ihre Frau. Lieben Sie sie?“

Das war die Gelegenheit, die Dinge zu relativieren.

„Als wir geheiratet haben, habe ich sie natürlich geliebt. Aber im Laufe der Zeit haben wir uns auseinandergelebt. Jetzt sind wir zwar noch gute Freunde, aber es ist nicht mehr dieselbe Liebe."

Er beobachtete aufmerksam, wie Lena reagieren würde. Zu seiner Erleichterung schien sie mit seiner Antwort zufrieden zu sein.

„In Schweden heißt es, ein Leben ohne Liebe ist wie ein Jahr ohne Sommer", sagte sie. „Finden Sie nicht auch?"

„Doch, das stimmt."

Plötzlich riss Lena ihre Augen auf und schlug sich die Hände vor den Mund.

„Oh! Ich habe das Essen vergessen!", rief sie und eilte in die Küche.

Tomás hörte, wie sie einen Topf vom Herd zog, und unter leisen Verwünschungen den Inhalt umrührte.

„Alles in Ordnung?"

„Ja, noch einmal gutgegangen", rief sie aus der Küche zurück. „Es ist fertig. Sie können schon mal am Tisch Platz nehmen."

Als Tomás an der Küche vorbei kam, hielt Lena einen heißen Topf in der Hand und füllte Suppe in eine große Terrine.

„Kann ich Ihnen helfen?"

„Nein, danke. Setzen Sie sich doch schon."

Er zögerte, unschlüssig, ob er sich bereits setzen oder darauf bestehen sollte, ihr zu helfen. Aber ihr entschiedener Gesichtsausdruck überzeugte ihn, zu tun, was sie gesagt hatte. Wenig später kam Lena und stellte die dampfende Terrine auf den Tisch.

„So! Hier ist es", sagte sie. „Fangen wir an."

Sie nahm den Deckel der Terrine ab und servierte die Suppe, die hell und cremig war und einen angenehmen Geruch verbreitete.

„Was ist das?"

„Fischsuppe. Ich hoffe, Sie mögen Fisch?"

„Selbstverständlich. Ist das ein schwedisches Gericht?"

„Um ehrlich zu sein, nein. Das ist norwegisch."

Tomás kostete einen Löffel voll.

„Mmmm, das schmeckt gut", lobte er. „Sie sind eine gute Köchin."

„Vielen Dank."

„Was ist das für Fisch?"

„Oh, keine Ahnung, wie er auf Portugiesisch heißt."

Tomás probierte ein Stück. Es schmeckte wie Kabeljau.

„Wirklich köstlich. Woher haben Sie das Rezept?"

Sie hielt im Essen inne und schaute ihn intensiv an.

„Schluss, ich möchte nicht länger über Suppe reden. Ich denke, Sie wissen, warum ich Sie zu mir eingeladen habe."

Tomás verschluckte sich fast.

„Was?"

„Ich denke, Sie wissen, warum ich Sie eingeladen habe", wiederholte sie in einem Tonfall, der keine Zweifel mehr an ihren Absichten offenließ.

Unfähig, ein einziges Wort zu sagen, und mit plötzlich trockener Kehle, nickte er. Lena lächelte kokett. Sie beugte sich vor, nahm seine Hand zwischen ihre Hände und schaute ihn bewundernd an.

Tomás' Widerstand war gebrochen.

Jegliche Gedanken an Constanze und seine Tochter wurden von der Lust unterdrückt. Als Lena aufstand und ihn aus dem Wohnzimmer zog, folgte er ihr bereitwillig.

IX

Das prächtige Südportal des Hieronymitenklosters war für Besucher geschlossen. Tomás ging daher um die nächste Ecke und schlüpfte durch die Tür auf der Westseite. Das war der Haupteingang, der jedoch durch eine später angebaute Hallenkonstruktion verdeckt wurde und im Schatten des üppig dekorierten Südportals blieb. Kaum hatte er das majestätische Gebäude betreten, zog das prachtvolle Deckengewölbe, das auf reich verzierten Pfeilern ruhte, seine Aufmerksamkeit auf sich.

Nelson Moliarti, der weiter vorn ein Buntglasfenster bewunderte, sah ihn kommen und trat ihm entgegen. In der beinahe leeren Kirche hallten seine Schritte laut nach.

„Hallo Tom", sagte er. „Wie geht es Ihnen?"

Tomás schüttelte seine Hand. „Hallo Nelson."

„Das ist schier unglaublich hier, nicht wahr?", fuhr Moliarti mit einer ausholenden Geste fort. „Jedes Mal, wenn ich nach Lissabon komme, schaue ich hier vorbei. Kein Gebäude ist eine großartigere Hommage an die portugiesischen Entdeckungen als dieses hier." Er zog Tomás am Ärmel zu einer Säule und deutete auf eines der Reliefs. „Sehen Sie das? Das ist ein Segeltau. Ihre Vorfahren haben eine Kirche mit einem Segeltau verziert! Und dort sind Fische,

Artischocken, tropische Pflanzen und sogar Teeblätter dargestellt."

Tomás musste über den Enthusiasmus des Amerikaners lächeln.

„Ich kenne dieses Kloster gut. Die Reliefs mit ihren Seefahrermotiven sind Teil des manuelinischen Stils, der sich unter König Manuel I. in der Architektur entwickelt hat. Er ist wirklich einzigartig."

„Das kann man wohl sagen", stimmte Moliarti zu.

„Wissen Sie auch, wie der Bau des Klosters finanziert wurde? Mit der sogenannten Pfeffersteuer, einer Steuer auf Gewürze, Edelsteine und Gold, die die Karavellen aus aller Welt importierten."

Sie schlenderten unter der hohen Galerie entlang hinüber zum Grab von Vasco da Gama. Eine lebensgroße Marmorstatue des großen Entdeckers mit zum Gebet gefalteten Händen zierte einen Sarkophag, der ebenfalls mit Motiven aus der Seefahrt versehen war und das Wappen des Christusordens trug. Auf der anderen Seite des Eingangs befand sich das Grabmal von Luíz Vaz de Camões, einem der bedeutendsten Dichter Portugals, der im 16. Jahrhundert gelebt hatte.

„Glauben Sie, die Grabstätten sind echt?", fragte Moliarti.

Tomás lächelte.

„Das wird den Touristen gern weisgemacht. Sagen wir es einmal so: Die sterblichen Überreste in diesem Sarkophag sind ziemlich sicher diejenigen von Vasco da Gama." Er deutete auf die andere Seite der Kirche. „Camões liegt jedoch höchstwahrscheinlich nicht dort begraben. Trotzdem behaupten die Reiseführer es nach wie vor. Die Touristen scheinen es zu mögen, und viele kaufen bei der Gelegenheit eine Ausgabe seines Epos *Die Lusiaden*."

Moliarti schüttelte den Kopf.

„So so, es lebe die Ehrlichkeit."

„Waren Sie schon einmal in Sevilla am Grab von Kolumbus?"

„Ja."

„Sind Sie sicher, dass es wirklich seine Grabstätte ist? Was, wenn ich Ihnen sagen würde, dass alles eine große Lüge ist und Kolumbus gar nicht dort begraben liegt?"

„Und? Liegt er dort?"

Tomás schüttelte den Kopf.

„Es gibt viele, die das bezweifeln."

Moliarti zuckte mit den Schultern.

„Was zählt, ist letztlich nur der symbolische Wert, auch wenn es nicht Kolumbus sein mag, der dort begraben ist. Das ist wie beim Grab des unbekannten Soldaten: Darin könnte irgendjemand, auch ein Verräter oder Deserteur liegen, und doch steht das Grabmal symbolisch für alle gefallenen Soldaten."

Eine spanische Reisegruppe betrat das Kloster. Mit ihren Fotoapparaten schwärmten sie überall aus wie eine Schar aufgeschreckter Hühner.

„Kommen Sie", sagte Moliarti und winkte Tomás, ihm zu folgen. Auf der Suche nach Ruhe begaben sie sich in den Kreuzgang, in dessen Zentrum ein Springbrunnen inmitten einer gepflegten Rasenfläche lag. Nach ein paar Schritten setzte Moliarti das Gespräch fort.

„Also, Tom, welche Antworten haben Sie für mich?"

„Ich bin nicht sicher, ob ich Antworten oder neue Fragen für Sie habe."

Moliarti schnalzte ungehalten mit der Zunge.

„Die Uhr tickt, Tom. Wir haben keine Zeit zu verlieren. Sie arbeiten schon seit zehn Tagen an dieser Sache. Weihnachten steht vor der Tür. Wir brauchen so schnell wie möglich ein paar Antworten."

Tomás ging zu einem Brunnen, den ein steinerner Löwe zierte, das Wappentier des Heiligen Hieronymus. Das beständige Plätschern wirkte beruhigend. Er hielt seine Hand in das kalte, klare Wasser, das aus dem Maul des Löwen floss.

„Schauen Sie, Nelson, ich bin mir nicht sicher, ob Ihnen das, was ich herausgefunden habe, gefällt, aber ich habe Professor Toscanos chiffrierte Botschaft entschlüsselt." Tomás setzte sich auf eine steinerne Bank unter den Arkaden und öffnete seine Aktentasche. Als er das Blatt, das er suchte, gefunden hatte, zog er es heraus und zeigte es Moliarti. „Sehen Sie das hier?"

„*Moloc*", las Moliarti. „*Ninundia omastoos.* Was heißt das?"

„Das ist die Fotokopie der von Professor Toscano verschlüsselten Notiz", erklärte Tomás. „Ich dachte ursprünglich, es wäre ein Code oder eine Substitutionschiffre. Aber tatsächlich ist es eine Transpositionschiffre, genauer gesagt ein Anagramm. Die erste Zeile ist sehr einfach und schlicht von rechts nach links zu lesen. *Moloc* ergibt also *Colom.*" Er hielt die Fotokopie in die Höhe. „*Ninundia omastoos* ist deutlich komplizierter und erfordert einen Chiffrierschlüssel. Zum Glück brauchte den auch Toscano, und wir haben ihn gefunden. Das Ergebnis lautet *nomina sunt odiosa*."

„Ah, Cicero schon wieder. Was sagt uns das?"

„Namen sind anstößig."

„Und was bedeutet *Colom*?"

„Das ist ein Name."

„Ein anstößiger Name?"

„Ja."

„Welcher Schurke ist damit gemeint?"

„Christoph Kolumbus."

Moliarti starrte Tomás entgeistert an und rieb sich das Kinn.

„Was wollte Professor Toscano damit sagen?"

„Dass Kolumbus' Name anstößig war."

„Okay, aber inwiefern?“

„Das war in der Tat nicht leicht herauszufinden“, antwortete Tomás. Er zog ein weiteres Blatt Papier aus seiner Aktentasche. „Es bedeutet, dass man, wenn es um ernste Angelegenheiten geht, die Namen bekannter Personen nicht einfach ohne deren Wissen öffentlich nennen sollte.“

„Kolumbus’ Name steht also mit einer ernsten Angelegenheit in Zusammenhang?“

„Nicht Kolumbus, sondern Colom.“

„Haben Sie nicht eben gesagt, dass Colom Kolumbus war?“

„Ja, aber offensichtlich wollte Professor Toscano auf den Namen Colom aufmerksam machen.“

„Und weshalb?“

„Weil dieser Name anstößig war.“

„Aber wieso zum Teufel?“

„Die Frage habe ich mir auch gestellt. Was war so besonders an dem Namen Colom? Und wieso war er anstößig?“

Die Frage hing eine Weile in der Luft.

„Ich hoffe doch sehr, dass Sie darauf eine Antwort gefunden haben“, sagte Moliarti schließlich.

„Nun ja, ich habe eine Antwort und mehrere neue Fragen gefunden.“ Tomás blätterte in seinen Notizen. „In den letzten Tagen habe ich nichts anderes getan, als den Ursprung des Namens Christoph Kolumbus zu recherchieren. Wie Sie wissen, hat er etwa zehn Jahre lang in Portugal gelebt und sich darauf vorbereitet, den Atlantik zu erforschen. Er lebte auch in Madeira und heiratete Filipa Moniz Perestrello, die Tochter des Seefahrers Bartolomeu Perestrello, der erste Gouverneur der Insel Porto Santo. Die Portugiesen waren damals die fortschrittlichste Seefahrernation der Welt, sie hatten die besten Schiffe, die präzisesten Navigationsinstrumente, die modernsten Waffen und die am besten ausgebildeten Seeleute.

Der Plan der portugiesischen Krone sah vor, einen Seeweg nach Indien zu finden, um das venezianische Monopol auf den Gewürzhandel mit Asien zu umgehen und sich direkt vor Ort mit Pfeffer und anderen exotischen Gewürzen zu versorgen. Die Venezianer, die das Mittelmeer dominierten, hatten nämlich eine Exklusivvereinbarung mit dem Byzantinischen Reich geschlossen, durch die andere italienische Stadtstaaten ins Hintertreffen geraten waren. Und so unterstützten vor allem Genua und Florenz das Projekt, einen Seeweg zu finden. In diesem Umfeld schlug der Genueser Kolumbus im Jahr 1483 dem portugiesischen König Johann II. vor, nach Westen zu segeln, bis er Indien erreicht hätte. Der König wusste sehr genau, dass die Erde rund ist, aber er wusste auch, dass sie sehr viel größer ist, als Kolumbus dachte und dass die Westroute somit zu lange dauern würde. Wie wir heute wissen, hatte er recht. Er lehnte also ab, sodass Kolumbus, dessen portugiesische Frau inzwischen gestorben war, nach Spanien ging, um den Katholischen Königen seine Dienste anzubieten."

„Warum erzählen Sie mir das alles, Tom?", unterbrach Moliarti ihn. „Ich kenne die Geschichte …"

„Ich muss etwas weiter ausholen", sagte Tomás, „damit der Zusammenhang für das, was ich Ihnen sagen will, klar wird. In Kolumbus' Geschichte liegt der Schlüssel für eine Merkwürdigkeit seines Namens, auf die Professor Toscano gestoßen ist."

„Also gut. Fahren Sie fort."

„Wo war ich stehengeblieben?", fragte Tomás. „Ah, genau, Kolumbus ging nach Spanien. Spanien wurde damals von Königin Isabella von Kastilien und König Ferdinand von Aragon regiert, die so ihre beiden Königreiche vereint hatten. Das Land war damals in kriegerische Auseinandersetzungen verwickelt, um die Araber aus dem Süden der Iberischen Halbinsel zurückzuschlagen. Kolumbus stellte sein Vorhaben einem Komitee von

Dominikanermönchen vor, die nach vierjähriger Beratungszeit zu dem Schluss kamen, dass es sinnlos sei, in westlicher Richtung einen Seeweg nach Indien zu suchen, weil sie glaubten, dass die Erde eine Scheibe sei. 1488 kehrte Kolumbus nach Portugal zurück, wo ihn der deutlich aufgeklärtere König Johann II. empfing, dem er seinen Vorschlag erneut unterbreitete.

Zu dieser Zeit kehrte Bartolomeu Dias nach Lissabon zurück und berichtete, er habe gerade Afrika umrundet und die lang ersehnte Passage vom Atlantik zum Indischen Ozean entdeckt. Kolumbus' Projekt fiel also wieder ins Wasser.

Entmutigt kehrte Kolumbus nach Spanien zurück, wo er Beatriz de Harana heiratete. Als 1492 die Araber bei Granada kapitulierten, war die Iberische Halbinsel wieder unter christlicher Kontrolle. In dieser Siegeseuphorie gab die Königin von Kastilien Kolumbus grünes Licht, und er begann seine berühmte Seereise, auf der er Amerika entdeckte."

„Erzählen Sie mir endlich etwas Neues, Tom", drängte Moliarti.

„Ich erzähle Ihnen das, um Kolumbus' Beziehung zu den iberischen Königreichen zu verdeutlichen, nicht nur zum kastilischen, sondern auch zu Portugal. Während all dieser Jahre, die er in Portugal und Kastilien verbrachte, wurde Kolumbus nie Colombo genannt, wie wir ihn heutzutage in Portugal nennen."

„Niemand hat ihn Colombo genannt?"

„Es gibt kein einziges Dokument, das ihn als Colombo bezeichnet."

„Wie denn sonst?"

„Colom oder Colon."

Moliarti schwieg einen Augenblick. Dann fragte er: „Was hat das zu bedeuten?"

„Darauf komme ich gleich zu sprechen", antwortete Tomás und schaute erneut seine Notizen an. „In einigen der alten

Dokumente wurde Kolumbus als Cristovam Colom oder Colon bezeichnet, wobei sein Vorname manchmal auch Xpovam abgekürzt wurde. Als er nach Spanien ging, wurde er auch Colomo genannt, was jedoch bald zu Cristóbal beziehungsweise Xpoval Colon wurde." Er hielt eine Fotokopie in die Höhe. „Hier, das ist ein Brief des Herzogs von Medinaceli an den Kardinal von Mendoza vom 19. März 1493. Schauen Sie, was hier steht."

Ich beherbergte in meinem Haus lange Zeit Cristóbal Colomo, der aus Portugal kam und zum König von Frankreich wollte.

Tomás schaute auf. „Sehen Sie? Colomo. Merkwürdig ist allerdings, dass der Herzog ihn in dem selben Brief später noch anders nennt." Er tippte auf die zweite Passage. „Hier ist es: Cristóbal Guerra."

„Und dieser Guerra kann nicht jemand anders mit dem gleichen Vornamen sein?"

„Nein, der Brief des Herzogs ist eindeutig. Es handelt sich um dieselbe Person. Hier steht

In dieser Zeit gingen Cristóbal Guerra und Pedro Alonso Niño auf Seereise, wie dieser Zeuge bestätigt, mit der Flotte von Hojeda und Juan de la Cosa.

Nun, derjenige Cristóbal, der mit Niño, Hojeda und De la Cosa auf Seereise ging, war, wie Sie wissen, Kolumbus."

„Vielleicht war es nur ein Flüchtigkeitsfehler oder ein Irrtum", warf Moliarti ein.

„Es ist mit Sicherheit ein Flüchtigkeitsfehler, aber ich glaube nicht, dass es ein Irrtum ist." Tomás nahm zwei weitere Fotokopien zur Hand und hielt eine davon Moliarti hin. „Dies ist ein Auszug aus der ersten Ausgabe der *Legatio Babylonica* von Petrus Martyr von Anghiera aus dem Jahr 1515. In diesem Buch identifiziert Petrus Martyr Kolumbus als ‚Colonus vero Guiarra'. Im Italienischen bedeutet *vero* ‚echt' oder ‚wirklich', sodass Petrus Martyr hier sagt, dass Kolumbus ursprünglich Guiarra hieß."

Dann deutete Tomás auf die zweite Kopie.

„Das hier ist ein Auszug aus der zweiten Ausgabe des Buches mit dem Titel *Psalterium*, die 1530 verlegt wurde. Hier gab es eine kleine Änderung, und es heißt jetzt ‚Colonus vero Guerra'." Tomás blätterte erneut in seinen Unterlagen. „Sehen Sie, das ist Dokument Nummer 36 des Archivs von Simanacas, dem ehemaligen Königlichen Spanischen Generalarchiv. Das Schreiben ist auf den 28. Juni 1500 datiert und an einen gewissen Afonso Álvares adressiert, dem ‚die königlichen Hoheiten den Auftrag erteilen, mit Xproval Guerra das neu entdeckte Land aufzusuchen'. Also schon wieder der Name Guerra."

Tomás schaute Moliarti herausfordernd an

„Drei Dokumente bezeichnen ihn also als Guerra", fasste Moliarti zusammen. „Das heißt, Kolumbus wurde damals nicht Colombo sondern Guerra genannt?"

„Nicht unbedingt. Alles, was ich sagen will ist, dass er aus irgendeinem Grund viele Namen hatte, und dass Colombo erst sehr viel später dazu gehörte." Er machte eine wegwischende Handbewegung. „Wissen Sie, über seine Zeit in Portugal gibt es nahezu keine Dokumente, eine *sehr* merkwürdige Tatsache. Aber soweit ich es herausfinden konnte, war er damals als Colom oder Colon bekannt. Als er 1484 nach Spanien ging, wurde er dort zunächst Colomo genannt. Erst acht Jahre später fingen auch die Spanier an, ihn Colon zu nennen."

„Acht Jahre später?", echote Moliarti.

„Ja, und erst *nach* seinem Tod 1506 wurde das Akzentzeichen auf dem zweiten *o* von Colon hinzugefügt."

„Also Cristóbal Colón."

„Genau. Aber erinnern Sie sich, dass sich auch sein Vorname verändert hat. Die Portugiesen nannten ihn Cristofom oder Cristovam, während die Italiener Cristoforo bevorzugten. Es ist merkwürdig, dass Petrus Martyr von Anghiera ihn in allen zweiundzwanzig Briefen, die er über Kolumbus geschrieben hat, stets Cristophom oder Christophoro Colonus nannte, aber nie Cristoforo. Während der Verhandlungen zum Vertrag von Tordesillas veröffentlichte Papst Alexander VI. zwei Bullen mit dem Titel *Inter caetera*, in der die spanische Schreibweise von Kolumbus' Namen enthalten war. In der ersten Bulle vom 4. Mai 1493 schrieb er Christofom Colon, in der zweiten vom 28. Juni desselben Jahres Christoforu Colon. Diese Entwicklung ist interessant, denn Christofom ist Portugiesisch. Christoforu ist dagegen der lateinische Name, von dem sich die portugiesische Version Cristovam und die spanische Schreibweise Cristóbal ableiten."

„Und was ist mit Guerra?"

„Tja, das ist ein weiteres Rätsel. Sehen Sie, Kolumbus war überall als Cristofom oder Cristovam bekannt. Sein Nachname war Colom oder Colon. Von 1492 an nannten die Spanier ihn größtenteils Cristóbal Colon, auch wenn er gelegentlich noch als Colom bezeichnet wurde." Tomás nahm eine weitere Fotokopie zur Hand. „In dieser lateinischen Ausgabe eines der Briefe über die Entdeckung der neuen Welt aus dem Jahr 1493 heißt es beispielsweise Colom." Er richtete sich auf. „Wir haben also Guiarra, Guerra, Colonus, Colom, Colomo, Colon und Colón."

„Wieso zum Teufel so viele Namen?"

„Damit scheint irgendein Geheimnis verbunden zu sein", antwortete Tomás. „Sein in Spanien geborener unehelicher Sohn, Ferdinand Kolumbus, machte einige mysteriöse Andeutungen in Bezug auf den Namen seines Vaters." Er schaute in seine

Notizen. „An einer Stelle seines Buches schrieb Ferdinand, ‚der Nachname Colón, den er erneuerte'. Und an einer anderen Stelle sagt er sinngemäß diesen rätselhaften Satz: ‚Es gibt viele Beispiele für Namen, die aus einem verborgenen Grund zu Symbolen für die Rolle wurden, die ihr Träger spielen musste.'"

Er schaute Moliarti an.

„Verstehen Sie? Zunächst einmal deutet dieses ‚erneuerte' darauf hin, dass Kolumbus seinen Nachnamen mehrfach änderte. Zweitens, was soll dieser zweite Satz bedeuten? Viele Namen? Verborgener Grund? Worum in aller Welt geht es dabei? Und was soll dieser Ausdruck, dass Namen zu Symbolen für die Rolle wurden, die ihr Träger spielen musste? Was wollte Ferdinand damit andeuten? Wie lautete letztlich sein wirklicher Nachname?"

„Hmm", brummte Moliarti. „Und wo kam dann der Name Colombo her?"

Tomás schaute abermals in seine Unterlagen.

„Der Nachname Colombo tauchte zum ersten Mal in einem Text aus dem Jahr 1494 auf. Das Ganze begann mit einem Brief, den er im Jahr zuvor in Lissabon verfasst und in dem er die Entdeckung Amerikas bekannt gegeben hatte. Dieser Brief wurde an mehreren Stellen veröffentlicht. Auf der letzten Seite der Baseler Ausgabe von 1494 schrieb ein italienischer Bischof ein Epigramm, in dem es hieß *merito referenda Columbo Gratia*, wobei der Name Colom latinisiert wurde. Diese neue Version wurde auch von Venetian Sabellico in *Sabellici Enneades* aus dem Jahr 1498 verwendet, und zwar in der Bezeichnung *Christophorus cognomento Columbus.* Sabellico kannte Kolumbus nicht persönlich, das heißt, er muss sich von dem berühmten Epigramm des Bischofs inspiriert haben lassen. Im August 1501 schrieb außerdem der Venezianer Angelo Trevisan einen Brief, in dem er unter Verweis auf die erste Ausgabe des Werkes *De orbe novo decades* von Petrus Martyr von Anghiera aus dem Jahr 1500 schreibt, der Autor sei ein guter Freund des Navigators gewesen, den er ‚Christophoro Colombo Zenoveze' nannte.

Allerdings erweckt Petrus Martyr in anderen Briefen den Eindruck, er habe Kolumbus nicht persönlich gekannt, und bezeichnet ihn als ‚einen gewissen Cristovam Colon'. Es scheint daher, als habe Trevisan Martyrs Text absichtlich geändert, um ihn den italienischen Lesern schmackhaft zu machen, und dabei Kolumbus' Namen italianisiert. Die älteste überlieferte Chronik, die Kolumbus als Colombo bezeichnet, ist Montalboddos *Paesi novamente retrovati* von 1507, die ich in der Brasilianischen Nationalbibliothek anschauen konnte. Dieses Werk war zu seiner Zeit sehr populär. Es enthält unter anderem die erste Beschreibung der Entdeckung Brasiliens von Pedro Álvares Cabral, und es trug dazu bei, einen zweiten Fehler zu verbreiten, nämlich die Behauptung, dass es Amerigo Vespucci gewesen sei, der die Neue Welt entdeckt habe."

„Einen zweiten Fehler? Was war der erste?"

Tomás schaute Moliarti ungläubig an.

„Ist das nicht offensichtlich? Der erste Fehler war, dass er Colom Colombo nannte. Christoph Kolumbus ist nicht sein richtiger Name."

„Wie können Sie da so sicher sein?"

„Das ist gesunder Menschenverstand. Wie können wir ihn Colombo nennen, wenn er sich selbst in allen von ihm unterschriebenen Dokumenten als Colom oder Colon bezeichnete?"

„Was?"

„Wussten Sie das nicht? Er hat sich nie in einem überlieferten Dokument selbst als Colombo bezeichnet oder die lateinische Version seines Namens verwendet. Nie. Es gibt kein Dokument in der Geschichte der genuesischen Seefahrt, in dem ein Mann dieses Namens genannt wird. Kein einziges. Das erste überlieferte Dokument, in dem Kolumbus sich selbst mit Namen nennt, ist ein Brief, den er 1493 kurz nach seiner ersten großen Entdeckungsreise an die Katholischen Könige geschrieben hat. Darin stellt er sich als Christofori Colom vor. Colom, mit *m* am Ende. Später, in seinem Testament, erklärte er, dass er zur Familie Colon gehöre, die er als *mi linage verdadero*, meine wahre Herkunft, bezeichnete." Tomás lächelte. „Ist es nicht offensichtlich, dass der Name Colombo ein Irrtum ist?"

„Wenn das so ist, warum wird er dann immer noch so genannt?"

„Aus dem gleichen Grund, aus dem wir Amerika immer noch Amerika nennen, obwohl es in Wahrheit nicht von Amerigo Vespucci entdeckt wurde. Die einfache Wiederholung eines Fehlers. Schauen Sie, er nannte sich selbst immer nur Colom oder Colon. Seine Zeitgenossen taten es ihm gleich oder gaben ihm andere Namen. Ein italienischer Bischof setzte sich in den Kopf, dass Colom auf Latein Columbo heißen müsse, und dann kam Sabellico daher und nannte ihn aufgrund dieser falschen Übersetzung Columbus. Wenig später wiederholte Montalboddo, ein weiterer Italiener, der ihn nicht kannte, den Namen Colombo und verhalf ihm in seinem Werk *Paesi novamente retrovati* zu großer öffentlicher Aufmerksamkeit. *Paesi* war damals ein regelrechter Bestseller, und plötzlich hatte sich der Name Colombo durchgesetzt."

„Aber woher wissen Sie, dass der italienische Bischof falsch lag?"

„Weil auf derselben Seite der Baseler Ausgabe, auf der er ‚Columbo' schrieb, auch Colom auftaucht. *Colom* ist das katalanische Wort für ‚Taube'. Und wie heißt Taube auf Italienisch?"

„Colomba. Oder Colombo, nehme ich an."

„Und auf Lateinisch?"

„Columbus?"

„Columba. Der Bischof, der katalanisch sprach, dachte, Colom hieße ‚Taube', und weil er den Namen lateinisch schreiben wollte, änderte er ihn in Columbo."

„Genau", sagte Moliarti. „Colom ist die Übersetzung von Colombo."

„Das stimmt zwar, aber der *Name* Colom bedeutete nun mal nicht ‚Taube'."

„Aha? Und was bedeutete er?"

„Einmal mehr war es Kolumbus' eigener Sohn, Ferdinand, der uns weiterhilft, in dem er schrieb, der Nachname Colón sei sehr passend, weil er in Griechisch ‚Mitglied' bedeute. Nelson, wie heißt ‚Mitglied' auf Griechisch?"

„Ich habe keine Ahnung."

„*Kolon*, mit *k*." Tomás tippte kurz auf seine Notizen. „Ferdinand schreibt außerdem in diesem Zusammenhang, ‚in seiner lateinischen Form heißt der Name Christophorus Colonus'", fügte er mit triumphierenden Grinsen hinzu. „Sprich, wie auch immer sein richtiger Name lautete, war er sicherlich nicht Colombo, aus dem das heutige Kolumbus wurde."

„Es wäre also eher Colonus gewesen?", fragte Moliarti, der zwar missmutig, aber doch aufmerksam zuhörte.

Tomás legte den Kopf schief und schaute den Amerikaner skeptisch an. „Vielleicht, aber auch das könnte nur ein weiteres Pseudonym sein. Denken Sie an den Satz Ferdinands: ‚Es gibt viele Beispiele für Namen, die aus einem verborgenen Grund zu Symbolen für die Rolle wurden, die ihr Träger spielen musste.' Das heißt also, der Navigator wählte seine Namen entsprechend deren Bedeutung aus."

„Und welche Bedeutung stand mit dem Nachnamen Colonus in Verbindung?"

„Auch darauf lieferte Ferdinand selbst die Antwort. Ich zitiere: ‚[Er] überquerte in dieser schwierigen Lage mit seiner

Gesellschaft unter dem Schutz des Herrn [das Meer], auf dass die indische Nation zu Bewohnern der triumphierenden Kirche Gottes würde.‘ In anderen Worten, der Name Colonus wurde gewählt, weil er die Kolonialisierung Indiens durch den christlichen Glauben vorhersagte.“

„Hmm“, gab Moliarti von sich und schaute etwas enttäuscht. „Das ist es also, was Professor Toscano entdeckt hat?“

„Für mich besteht kein Zweifel daran, dass er mit seiner Botschaft *Colom, nomina sunt odiosa* meinte, der Name Colom sei anstößig.“

„Und, ist er das?“

„Da gibt es noch einiges zu klären. Wie ich schon gesagt habe, bedeutete *nomina sunt odiosa*, dass man in ernsten Angelegenheiten die Namen bekannter Personen nicht einfach ohne deren Wissen öffentlich nennen sollte. Es scheint so, als habe Professor Toscano eine Verbindung zwischen Colom und einer sehr wichtigen Angelegenheit andeuten wollen.“

„Die Entdeckung von Amerika.“

„Aber diese Verbindung ist nichts Neues, Nelson. Ich habe vielmehr den Eindruck, dass Toscano auf etwas völlig anderes abzielte.“

„Und das wäre?“

„Wenn ich das wüsste, hätte ich es Ihnen schon längst erzählt.“

Moliarti rutschte auf der harten Steinbank hin und her.

„Tom, nichts von alldem hat bisher etwas mit der Entdeckung Brasiliens zu tun.“

„Natürlich nicht.“

„Aber warum hat Professor Toscano dann so viel Zeit mit der Recherche über Kolumbus verbracht? Warum hat er unser Geld mit diesem Mist verschwendet?“

„Keine Ahnung“, sagte Tomás. „Soll ich denn überhaupt mit meiner Untersuchung fortfahren? Unabhängig davon, was

Toscano herausgefunden hat, deutet alles darauf hin, dass es keine Verbindung zur Reise von Pedro Álvares Cabral und seiner angeblichen Entdeckung Brasiliens gibt.“ Er schaute Moliarti in die Augen. „Wollen Sie, dass ich weitermache?“

Der Amerikaner antwortete wie aus der Pistole geschossen.

„Selbstverständlich! Die Stiftung muss wissen, wofür Toscano all ihr Geld verpulvert hat.“

„Da wäre noch ein zweites Problem. Ich habe keine Anhaltspunkte mehr, die ich untersuchen könnte.“

„Was wollen Sie damit sagen? Was ist mit Toscanos Dokumenten und Notizen?“

„Welche Dokumente und Notizen? Ich habe doch schon alles, was er in Brasilien hatte, überprüft.“

„Einen Großteil seiner Studien hat er in Europa betrieben.“

„Ach ja? Davon wusste ich nichts. Wo denn?“

„In der Portugiesischen Nationalbibliothek und dem Nationalarchiv hier in Lissabon. Außerdem war er in Spanien und Italien.“

„Und was hat er gesucht?“

„Das hat er uns nie verraten.“

Tomás ließ seinen Blick über den Innenhof des Klosters schweifen.

„Hmm, und wo sind diese Notizen?“

„Ich nehme an, die hat seine Witwe.“

„Haben Sie sie nicht darum gebeten? Sie sind für die Nachforschungen doch von wesentlicher Bedeutung.“

Ein Zucken huschte über Moliartis Gesicht.

„Sagen wir es so, Toscanos eigenwilliges Verhalten hat zu einer gewaltigen Spannung zwischen uns geführt, und wir hatten etliche Auseinandersetzungen, weil wir Zwischenberichte von ihm haben wollten, die er uns verweigerte. Das hat sich natürlich auch auf seine Frau übertragen, zu der unsere Beziehung jetzt ähnlich schwierig ist.“

Tomás grinste.

„Sie würde bei Ihrem Anblick die Unterlagen also eher nicht herausrücken?"

Moliarti verzog die Lippen.

„Ganz genau. Und deshalb müssen Sie ihr einen Besuch abstatten."

„Ich? Aber …"

„Ja, Sie. Frau Toscano kennt Sie nicht, und sie weiß nicht, dass Sie für die Stiftung arbeiten."

„Tut mir leid, Nelson, aber das kann ich nicht. Ich gehe doch nicht in das Haus des Professors, um seine Witwe zu übertölpeln."

„Welche anderen Möglichkeiten haben wir denn?"

„Was weiß ich. Sprechen Sie mit ihr, erklären Sie ihr die Dinge."

„Das sagt sich so leicht. Die Situation ist leider schon aus dem Ruder gelaufen. Nein, Sie müssen hingehen."

„Nelson, ich kann nicht."

Moliarti blickte ihn unnachgiebig an, die Augen zu Schlitzen verengt. Er war nicht mehr der freundliche, gut gelaunte Amerikaner, sondern ein knallharter Geschäftsmann.

„Tom, wir wollen nicht noch einmal unser Geld zum Fenster rauswerfen. Haben Sie unser Bonusangebot schon wieder vergessen?"

Tomás zögerte. Er dachte an seine Tochter, ihre Gesundheit und ihre Lernschwierigkeiten.

„Dann gehen Sie gefälligst zu dieser verdammten Witwe und holen alles aus ihr raus, was Sie kriegen können", zischte Moliarti. „Verstanden?"

Sobald seine Überraschung angesichts von Moliartis plötzlichem Ausbruch abgeebbt war, kochte die Wut in Tomás auf. So konnte man nicht mit ihm umspringen. Sollte Moliarti ihn doch … Er stand auf und sah sich unschlüssig um. Da fiel sein Blick auf das marmorne Grabmal des portugiesischen Dichters Fernando Pessoa, und weil ihm nichts anderes einfiel, was er tun könnte, ging er hinüber und las folgende Inschrift:

Um groß zu sein, sei ganz: entstelle und
verleugne nichts, was dein.
Sei ganz in jedem Ding. Leg, was du bist,
in dein geringstes Tun.
So glänzt in jedem See der ganze Mond,
denn er steht hoch genug.

In diesem Moment wollte Tomás gern groß sein wie Fernando Pessoa, Moliarti zeigen, dass er ganz sei, er wollte nichts entstellen und nichts verleugnen, sondern alles, was er war und fühlte, in die Worte legen, die ihm auf der Seele brannten. Doch einige Augenblicke später, als er sich etwas beruhigt hatte und wieder klarer denken konnte, überlegte er es sich anders. Groß, so groß zu sein, war ein Luxus, den er sich nicht leisten konnte. Seine Tochter brauchte bald eine Herzoperation und einen Sonderpädagogen, den die Schule nicht bezahlen wollte, und seine Ehe …. Er schüttelte diese Gedanken ab.

Fünftausend Dollar pro Woche waren eine Menge Geld, und der Bonus von einer halben Million Dollar noch viel mehr. Und Tomás wusste, dass er es schaffen konnte, Toscanos Rätsel zu lösen.

Er biss sich auf die Zunge. Dann drehte er sich um und ging zurück zu Moliarti.

„In Ordnung“, sagte er. „Ich gehe zu Toscanos Witwe.“

X

Die enge Straße war ruhig, obwohl sie mitten in der Stadt lag. Das alte Wohnhaus stand als Relikt zwischen moderneren Gebäuden und hatte einen Hinterhof, wie man ihn sonst nur noch auf dem Land sah. Im Garten wuchsen Salat, Kohl und Kartoffeln, Hühner liefen frei herum, und es gab einen alten Schweinestall. Daneben schien ein Apfelbaum Wache zu stehen.

Tomás überprüfte die Hausnummer. Er war richtig. Zögernd sah er sich um, als wolle er nicht glauben, dass Professor Toscano hier gewohnt hatte. Aber es bestand kein Zweifel; dies war die Adresse, die man ihm an der Universität gegeben hatte. Er öffnete das Tor und betrat das Grundstück. Dann hielt er einen Moment lang inne und wartete, ob ihn ein Hund anspringen würde. Als das nicht der Fall war, atmete er tief durch und ging weiter.

Die Eingangstür stand offen, eine Klingel gab es nicht. Tomás ging hinein. In der Dunkelheit tastete er nach einem Lichtschalter, aber auch als er ihn drückte, blieb es dunkel. Er drückte noch einmal, jedoch ohne Erfolg. Eine leise Verwünschung murmelnd, wartete er, bis sich seine Augen an die Dunkelheit gewöhnt hatten. Dann erkannte er zu seiner Rechten eine vermodernde Holztreppe. Daneben, wie ein rostiger Vogelkäfig, ein alter Aufzug, der aussah, als wäre er schon seit ewigen Zeiten nicht mehr benutzt worden. Ein unangenehmer Geruch erfüllte den gesamten Flur. Das Gebäude war eine einzige Ruine kurz vor dem Zusammenbruch.

Tomás erinnerte sich, dass man ihm gesagt hatte, Toscano habe im Erdgeschoss gewohnt. Er tastete sich also den Flur entlang, bis er auf eine Tür stieß. Weil er keine Klingel fand, klopfte er. Wenig später hörte er Schritte. Dann öffnete sich die Tür einen Spalt breit, gerade so weit, wie die Sicherheitskette es zuließ. Dahinter sah Tomás eine ältere Dame mit wirren, ungekämmten Haaren in blauem Morgenmantel und beigefarbenem Pyjama.

„Ja, bitte?", sagte sie ängstlich.

„Guten Morgen. Sind Sie Frau Toscano?"

„Die bin ich. Was wollen Sie?"

„Ich komme ... im Auftrag der Universität, der Neuen Universität." Er machte eine Pause in der Hoffnung, die Frau würde dies als ausreichende Erklärung akzeptieren. Doch sie blickte ihn unverwandt an. „Es geht um die Forschungen Ihres Mannes."

„Mein Mann ist tot."

„Ich weiß, mein aufrichtiges Beileid", fügte Tomás hinzu. Er fühlte sich unwohl. „Ich ... soll genau da weitermachen, wo Ihr Mann aufgehört hat."

Die Frau schaute ihn argwöhnisch an.

„Wer sind Sie?"

„Ich bin Tomás Noronha von der Historischen Fakultät. Man hat mich gebeten, die Forschungen Ihres Mannes fortzuführen. Ihre Adresse habe ich von der Universität bekommen."

„Was haben Sie mit seinen Forschungsergebnissen vor?"

„Sie sind sehr wichtig. Immerhin war es die letzte Arbeit Ihres Mannes." Tomás spürte, dass dieses Argument der Frau einleuchten würde und setzte nach: „Sehen Sie, das Leben eines Menschen drückt sich in seiner Arbeit aus. Ihr Mann ist gestorben, aber wir können dafür sorgen, dass seine letzten Recherchen ans Tageslicht kommen. Es wäre ein Jammer, wenn sie verlorengingen, finden Sie nicht?“

Frau Toscano runzelte nachdenklich die Stirn.

„Und was beabsichtigen Sie zu tun?“

„Sie veröffentlichen, was sonst? Als Hommage an Ihren Mann. Aber das ist natürlich nur möglich, wenn es mir gelingt, seine Arbeit auch vollständig zu rekonstruieren.“

Sie war noch immer nicht überzeugt.

„Und Sie sind nicht etwa von dieser Stiftung?“

Tomás schluckte und fühlte, wie ihm kalter Schweiß auf die Stirn trat.

„Wel … Welche Stiftung?“, stammelte er.

„Die amerikanische.“

„Ich arbeite für die Neue Universität von Lissabon“, wich Tomás einer direkten Antwort aus. „Ich bin kein Amerikaner, sondern Portugiese.“

Er kramte einen Moment lang in seiner Jackentasche, dann zeigte er ihr seinen Universitätsausweis. Beruhigt entfernte Frau Toscano die Sicherheitskette und öffnete die Tür.

„Möchten Sie eine Tasse Tee trinken?“, fragte sie, während sie ihn ins Wohnzimmer führte.

„Nein, danke, ich habe gerade erst gefrühstückt.“

Das Wohnzimmer war altmodisch eingerichtet und hatte schon bessere Tage gesehen. An den Wänden hingen Tapeten mit verblasstem Blümchenmuster, und einige Ölgemälde zeigten ernst dreinblickende Männer, romantische Landschaften und alte Schiffe. Ein altes Fernsehgerät ruhte auf einem etwas wackeligen Holztisch, und sämtliche Möbel waren mit Porzellanfiguren und allerlei Nippes belegt. Dazwischen standen vereinzelte Schwarzweißfotografien eines Ehepaares mit einigen lächelnden Kindern. In der Wohnung roch es muffig, und die Bewegung hatte unzählige Staubpartikel aufgewirbelt, die wie kleine Leuchtkäfer durch die Luft tanzten. Tomás setzte sich auf das Sofa, und auch Frau Toscano nahm Platz.

„Bitte entschuldigen Sie die Unordnung“, sagte sie. „Seit Martinho tot ist, kann ich mich nicht mehr aufraffen, für Ordnung zu sorgen. Mir fehlt einfach die Energie.“

Tomás nickte mitfühlend.

„Ich möchte mir gar nicht vorstellen, wie schwer das alles für Sie ist.“

„Die Zeit kennt kein Erbarmen“, fuhr sie fort und schaute sich resigniert in ihrer Wohnung um. „Sehen Sie nur, alles ist verrottet und fällt auseinander. In ein paar Jahren wird das ganze Haus sicher abgerissen. Es war der Großvater meines Mannes, der dieses Haus Anfang des 19. Jahrhunderts entworfen und gebaut hat.“

„Wirklich?“

„Damals war es eines der schönsten Gebäude in ganz Lissabon. Wobei die Stadt natürlich noch viel kleiner war als heute … und es gab nicht so viele hässliche Hochhäuser. Nein, damals war es schön und modern, einfach herrlich.“

„Das glaube ich gern.“

Sie seufzte, strich ihren Morgenmantel glatt und klemmte sich eine Haarsträhne hinter das Ohr. Früher war sie bestimmt eine elegante Frau gewesen, jetzt jedoch wirkte sie nur noch müde.

„Aber sagen Sie mir, was ich für Sie tun kann?“

„Nun ich müsste bitte einen Blick auf alle Unterlagen und Notizen Ihres Mannes aus den letzten sechs oder sieben Jahren werfen.“

„Also die Arbeit, die er für die Amerikaner gemacht hat?“

„Ja … äh … Das heißt, ich weiß nicht. Ich würde gerne alles sehen, woran er zuletzt gearbeitet hat."

„Also die Recherchen für die Amerikaner." Sie hustete. „Wissen Sie, irgendeine Stiftung in den Vereinigten Staaten hat ihn engagiert und ihm ein Vermögen gezahlt. Er war dafür in einigen Bibliotheken und Nationalarchiven, um alte Manuskripte zu prüfen. Er hat so lange gelesen, bis ihm fast die Augen herausgefallen sind. Und er hat mit so viel altem Papier hantiert, dass seine Kleidung am Abend immer ganz staubig war. Eines Tages hatte er dann einen Durchbruch. Er war völlig aus dem Häuschen, als er nach Hause kam, ganz aufgedreht, wie ein kleines Kind. Alles, was er sagte war, ‚Madalena, ich habe etwas Außergewöhnliches entdeckt, etwas ganz Außergewöhnliches!'"

„Und was war das?", fragte Tomás aufgeregt und beugte sich zu ihr vor.

„Das hat er mir nicht gesagt. Wissen Sie, Martinho war sehr eigen. Er liebte Codes und Rätsel und konnte sich tagelang mit den kniffligsten Dingen beschäftigen, ohne ein Wort darüber zu verlieren. In diesem Fall war alles, was er sagte, ‚Madalena, noch ist es ein Geheimnis, aber wenn ich es erst einmal veröffentliche, wird es dir die Sprache verschlagen.' Ich habe ihn nicht weiter bedrängt, denn ich wusste, er würde es mir sagen, wenn es soweit wäre." Sie hustete erneut. „Irgendwann fingen die Amerikaner an, ihn zu belästigen. Sie wollten wissen, was er tat und was er entdeckt hatte. Aber Martinho gab nicht nach. Er sagte ihnen, was er auch mir gesagt hatte, sie sollten geduldig sein und warten, bis er es veröffentlichen würde. Das gefiel ihnen gar nicht, und die Sache spitzte sich zu. Einmal sind sie sogar hierher gekommen und hatten eine heftige Auseinandersetzung." Sie schüttelte sich bei der Erinnerung. „Sie waren so wütend, dass wir dachten, sie würden die Zahlungen einstellen. Aber das haben sie nicht gemacht."

„Kam Ihnen das nicht merkwürdig vor?"
„Was?"
„Dass sie weiter gezahlt haben, obwohl sie so wütend waren."
„Doch, aber Martinho sagte mir, sie hätten Angst."
„Tatsächlich?"
„Ja, das waren seine Worte."
„Wovor hatten sie Angst?"
„Das hat er mir nicht gesagt. Das ging mich ja auch nichts an. Ich denke, die Amerikaner hatten Angst, dass Martinho seine Entdeckung für sich behalten würde." Sie lächelte. „Das zeigt aber nur, wie wenig sie meinen Mann kannten. Als hätte Martinho jemals eine wichtige Arbeit in der Schublade verstauben lassen! Undenkbar!"
„Aber warum haben Sie den Amerikanern nicht jetzt, wo er tot ist, das Material gegeben? Immerhin hätte es dann veröffentlicht werden können."
„Weil Martinho sich so über sie aufgeregt hat." Sie kicherte leise und fügte hinzu, als verriete sie Tomás ein Geheimnis: „Er war zwar ein Professor, aber wenn man ihn reizte, konnte man sein blaues Wunder erleben." Sie räusperte sich. „Er hat einmal gesagt, ‚Madalena, die kriegen nichts von mir, bevor alles fertig ist. Basta. Und falls sie nochmal hier auftauchen und dich bequatschen wollen, nimm das Nudelholz und schick sie in die Wüste.' Ich kannte Martinho gut genug, um zu wissen, dass er es ernst meinte. Und das habe ich dann auch getan, als einer von ihnen tatsächlich hierher kam. Er sprach Portugiesisch mit einem starken Akzent und sagte, er würde nicht eher gehen, bis ich mit ihm spräche. Das war, als Martinho in Brasilien war. Stundenlang lauerte er vor der Tür wie ein Raubvogel. Ich dachte schon, er hätte Wurzeln geschlagen. Irgendwann habe ich dann die Polizei gerufen, und die hat ihn zum Teufel gejagt."

Tomás konnte sich ein Lachen nicht verkneifen, als er sich die Szene vorstellte.

„Und er ist später nicht wiedergekommen?"

„Nachdem Martinho gestorben war, hat er noch einmal hier herumgeschnüffelt, mich aber nicht mehr belästigt."

Tomás fuhr sich mit der Hand durchs Haar und überlegte, wie er das Gespräch auf sein eigentliches Thema lenken könnte.

„Ich bin wirklich gespannt auf die Recherchen Ihres Mannes", begann er. „Wissen Sie, wo er seine Unterlagen aufbewahrt hat?"

„In seinem Büro. Möchten Sie sie sehen?"

„Ja, sehr gern."

Sie führte ihn den dämmrigen Korridor entlang, wobei der Morgenmantel über die Dielen schleifte. Das Büro war noch unordentlicher als das Wohnzimmer. Überall stapelten sich Bücher.

„Tut mir leid, hier sieht es schrecklich aus", sagte sie und bahnte sich ihren Weg durch die Stapel. „Ich konnte mich einfach noch nicht überwinden, hier aufzuräumen."

Sie öffnete eine Schublade, dann eine andere. In einem Wandschrank fand sie schließlich, was sie suchte.

„Hier ist es", sagte sie und nahm eine große Pappschachtel heraus. Sie war bis an den Rand mit Papieren gefüllt. Obenauf lag eine grüne Mappe mit der Aufschrift *Colom*.

Tomás nahm die Schachtel, als enthielte sie einen Schatz. Einen erstaunlich schweren Schatz. Er stellte sie auf ein freies Fleckchen auf dem Fußboden und setzte sich daneben.

„Könnten Sie bitte das Licht einschalten?", bat er.

Als Madalena den Schalter betätigte, erhellte die Glühbirne den Raum nur schlecht. Ihr gelbliches Licht war gerade stark genug, um gespenstische Schatten auf den Boden zu werfen. Kaum hatte Tomás die Unterlagen herausgenommen, verlor er jegliches Zeitgefühl, er vergaß, wo er war und reagierte nicht mehr auf die Fragen seiner Gastgeberin. Er tauchte ein in eine ferne Vergangenheit, eine fast vergessene Welt. Er teilte die Unterlagen in zwei Stapel: wichtig und weniger wichtig. Er fand Auszüge aus *Die Geschichte der Katholischen Könige* von Bernaldez, *Allgemeine und natürliche Geschichte Indiens* von Oviedo, *Psalterium* von Giustiniani, *Leben und Abenteuer des Admirals Christoph Kolumbus* von Ferdinand Kolumbus sowie weitere Dokumente von Muratori, dem Fideikommiss Kolumbus', *Raccolta di documenti e studi*, *Anotaciones* und das Assereto-Dokument.

Außerdem gab es Fotokopien mehrerer Briefe von Kolumbus persönlich sowie eines Briefes von Toscanelli. Eigentlich fehlte nur Montalboddos *Paesi novamente retrovati*, aber davon wusste Tomás ja, dass Toscano es in Rio im Original gelesen hatte.

Als Tomás seine Arbeit beendet hatte, stellte er überrascht fest, dass es draußen bereits dunkel war. Er ordnete die Papiere und legte sie zurück in die Schachtel. Dann stand er auf. Plötzlich merkte er, dass ihm Rücken und Beine steif geworden waren und weh taten, sodass er mehr durch den Flur humpelte als lief. Er fand Madalena auf dem Sofa liegend. Sie war beim Lesen eingeschlafen. Das Buch lag offen auf ihrem Schoß. Tomás räusperte sich, in der Hoffnung, sie zu wecken.

„Frau Toscano“, murmelte er. „Frau Toscano.“

Sie öffnete die Augen und richtete sich auf.

„Bitte entschuldigen Sie“, sagte sie schläfrig. „Ich muss eingenickt sein.“

„Aber ich bitte Sie!“, erwiderte Tomás.

„Haben Sie gefunden, wonach Sie gesucht haben?“

„Ja“, log Tomás.

„Sie müssen ja todmüde und völlig ausgehungert sein. Einmal habe ich Ihnen etwas zu essen angeboten, aber Sie haben mich nicht einmal gehört, so vertieft waren Sie in die Unterlagen.“

„Tut mir leid, aber wenn ich mich auf etwas konzentriere, vergesse ich alles um mich herum. Die Welt könnte untergehen, und ich würde es nicht merken."

„Mein Mann war genauso. Wenn er in seine Recherchen versunken war, schien die Gegenwart jede Bedeutung für ihn verloren zu haben." Sie lächelte freundlich. Dann stand sie auf und schob ihn sanft in Richtung Küche.

„Kommen Sie. Ich habe Ihnen ein saftiges Steak gebraten."

„Das ist sehr liebenswürdig, aber das hätten Sie nicht tun sollen."

„Keine Ursache. Setzen Sie sich doch."

„Bitte entschuldigen Sie, aber ich muss los. Ich möchte Sie nur um einen Gefallen bitten."

„Welchen?"

„Ich würde gerne die Schachtel mitnehmen, um die Unterlagen zu fotokopieren. Selbstverständlich bringe ich sie vollständig zurück."

„Sie wollen die Schachtel mitnehmen?" Sie schaute Tomás unschlüssig an. „Ich weiß nicht …"

„Keine Sorge, ich bringe übermorgen alles wieder zurück. Alles."

„Also, das gefällt mir …"

Tomás zog seine Brieftasche aus dem Mantel und nahm zwei Karten heraus, die er Madalena reichte.

„Hier sind mein Ausweis und meine Kreditkarte. Die lasse ich Ihnen als Sicherheit da, bis ich in zwei Tagen alles zurückbringe."

Sie nahm die Karten und schaute sie sorgfältig an. Dann sah sie ihm in die Augen.

„In Ordnung", willigte sie ein und steckte die Karten in die Tasche ihres Morgenmantels. „Bis morgen, nicht später."

„Einverstanden“, antwortete Tomás und ging wieder ins Büro, um die Schachtel zu holen.

Als er im Flur war, hörte er Madalena fragen: „Möchten Sie auch sehen, was im Safe ist?“

Er blieb wie angewurzelt stehen und schaute über seine Schulter.

„Wie bitte?“

„Möchten Sie auch sehen, was im Safe ist?“

„Selbstverständlich!“, rief Tomás leicht frustriert. „Warum haben Sie mir das nicht schon vor ein paar Stunden gesagt?“, fügte er etwas zu heftig hinzu.

Frau Toscano schaute ihn an, ohne eine Miene zu verziehen.

„Ich wusste nicht, ob ich Ihnen trauen konnte“, antwortete sie. Dann klopfte sie auf ihre Tasche, in der seine beiden Karten steckten. Sie schaute ihm in die Augen und sagte: „Jetzt weiß ich es.“

Tomás zückte seinen Notizblock und folgte ihr durchs Wohnzimmer ins Schlafzimmer. Auch hier war es unordentlich, und das Bett nicht gemacht.

„Martinho sagte mir, das sei der Beweis.“

„Der Beweis wofür?“, fragte Tomás aufgeregt.

„Nun, ich denke, der Beweis für das, was er herausgefunden hat.“

Mit wachsender Spannung sah Tomás zu, wie sie einen Schrank öffnete und auf einen in die Wand eingelassenen Safe deutete. Der Code war zwölfstellig.

„Wie lautet die Kombination?“, fragte Tomás atemlos.

Madalena ging zu einem Nachttischchen und reichte ihm ein gefaltetes Blatt Papier.

„Hier, das ist er.“

Tomás öffnete das Blatt. Darauf standen zwei Spalten von Buchstaben und Zahlen.

W H O	F P E
T A O	F T N
E C H	O F D
U A C	U E I
L T I	S L N
5 4 5	N O G

„Das ist die Kombination?“, wunderte er sich. „Aber das sind fast alles Buchstaben, und der Safe nimmt nur Ziffern an.“

„Ja“, sagte Madalena. „Jeder Buchstabe steht für eine Zahl. Zum Beispiel *A* für 1, *B* für 2, *C* für 3 und so weiter. Verstehen Sie?“

„Natürlich.“ Er zeigte auf die Ziffern in der untersten Zeile. „Und was ist hiermit?“

Sie schaute das Blatt eine Weile lang an.

„Ich bin mir nicht sicher“, antwortete sie schließlich. „Das hat er mir nicht gesagt.“

Tomás kopierte die Kombination in sein Notizbuch. Er übertrug die Buchstaben in Zahlen und ließ die Ziffern am Schluss so, wie sie waren. Dann betrachtete er das Ergebnis:

24	**8**	**15**	**6**	**16**	**5**
20	**1**	**15**	**6**	**20**	**14**
5	**3**	**8**	**15**	**6**	**4**
21	**1**	**3**	**21**	**5**	**9**
12	**20**	**9**	**19**	**12**	**14**
5	**4**	**5**	**14**	**15**	**7**

Er gab einige Ziffern der Reihe nach in das Schloss ein, aber nichts passierte. Das überraschte ihn nicht weiter, denn der Code musste komplexer sein, als nur eine Umwandlung von Buchstaben in Zahlen. Dann probierte er es mit allerlei

Additionen und Quersummen. Erfolglos. Schließlich schaute er Madalena an und zuckte mit den Schultern.

„Das müssen wir wohl vertagen“, sagte er. „Ich nehme also erst mal die Unterlagen mit und mache Fotokopien. Morgen bringe ich Ihnen alles zurück.“ Dann zeigte er auf das Blatt mit der Buchstabenkombination. „Und ich komme wieder, sobald ich herausgefunden habe, was das hier bedeutet. Dann können wir, wenn Sie nichts dagegen haben, den Safe gemeinsam öffnen und schauen, was drin ist. In Ordnung?“

Madalena nickte und begleitete Tomás zur Tür.

XI

Den gesamten Vormittag verbrachte Tomás in der Nationalbibliothek auf der Suche nach weiteren Hinweisen. Gelegentlich probierte er auch weitere Zahlenkombinationen aus, um den Zugang zum Safe zu knacken. Gegen Mittag holte er die inzwischen fertigen Fotokopien ab und brachte Madalena die Originale zurück. Er versprach ihr, sich wieder zu melden, sobald er einen erfolgversprechenden Zahlencode gefunden hätte. Als er das Haus verließ, war es bereits ein Uhr, und Lena rief ihn auf seinem Handy an, um ihn zu sich zum Essen einzuladen.

„Wie laufen deine Recherchen?“, fragte sie zwischen zwei Bissen. „Bist du heute gut vorangekommen?“

Tomás hatte mittlerweile erkannt, dass ihr Interesse an seiner Arbeit echt war, was ihn anfangs sehr überraschte. Constanze fragte ihn nie nach seinen Recherchen. Umso mehr schmeichelte ihm Lenas Begeisterung. Außerdem hatten sie so immer genug Gesprächsstoff und eine weitere gemeinsame Leidenschaft.

„Ich habe dir noch gar nicht gesagt, dass ich gestern im Haus von Professor Toscano war und seine Frau mir erlaubt hat, all seine Dokumente und Unterlagen der letzten Jahre zu fotokopieren.“

„Super!“, rief sie fröhlich aus. „Konntest du etwas damit anfangen?“

„Ja, aber das Beste ist wohl in einem Safe versteckt.“ Er zog den Zettel mit der Buchstabenkombination aus seiner Hosentasche und zeigte ihn ihr. „Allerdings muss ich erst dieses Rätsel hier knacken, bevor ich an die Sachen komme.“

Lena beugte sich vor und inspizierte das Blatt.

„Glaubst du, du kannst es entschlüsseln?“

„Ich werde es zunächst mit einer Häufigkeitsanalyse probieren“, antwortete Tomás und zog ein Buch mit dem englischen Titel *Cryptanalysis* aus seiner Aktentasche. „Darin sind einige wichtige Häufigkeitstabellen enthalten“, sagte er und blätterte einen Moment, bis er die richtige Seite gefunden hatte. „Siehst du, hier sind Tabellen für Englisch, Deutsch, Französisch, Italienisch, Spanisch und Portugiesisch.“

„Und damit kannst du alle Chiffren entschlüsseln?“

Tomás schmunzelte.

„Nein, nur Substitutionschiffren.“

„Was meinst du damit?“

„Es gibt drei Arten von Chiffren. Die erste ist das Verbergen, da versteckt man die geheime Botschaft nach einer simplen Methode. Das älteste bekannte Beispiel dafür ist, einem Sklaven eine Botschaft auf die Glatze zu schreiben. Man wartete, bis das Haar wieder gewachsen war, dann schickte man den Sklaven mit der Botschaft auf den Weg. Der Text befand sich auf der Kopfhaut, vom Haar bedeckt.“

„Das würde bei mir schon mal nicht funktionieren“, sagte Lena lächelnd und fuhr sich durch ihre üppigen Locken. „Was ist mit den anderen Arten?“

„Die zweite Methode ist eine Transpositionschiffre, zum Beispiel ein Anagramm, wie das, was ich in Rio entschlüsselt habe. *Moloc* heißt, von rechts nach links gelesen, *Colom*. Bei sehr kurzen Aussagen, vor allem solchen, die nur aus einem Wort bestehen, sind diese Chiffren relativ leicht zu entschlüsseln, aber mit zunehmender Anzahl der Zeichen explodiert die Zahl der möglichen Kombinationen, und es wird entsprechend schwieriger, den Code zu knacken. So kann ein Satz aus nur 36 Zeichen auf mehrere Milliarden unterschiedliche Arten wiedergegeben werden. Dann braucht man ein System, um die Anordnung zu entschlüsseln, wie bei *ninundia omastoos*. Das besteht aus 16 Buchstaben, für die es ein paar Millionen Kombinationsmöglichkeiten gibt. Zum Glück habe ich Toscanos Zettel, auf dem er sein Verschlüsselungsmuster notiert hatte, gefunden, sonst …"

„Du bist ein Genie", sagte Lena bewundernd. Sie deutete auf die Chiffre, die den Schlüssel zum Safe enthielt. „Und was ist damit? Ist das eine Transpositionschiffre?"

„Das bezweifle ich. Ich tippe eher auf die dritte Methode: eine Substitutionschiffre."

„Wie kommst du darauf?"

„Wegen der Anordnung der Zeichen. Es wirkt alles so willkürlich, durcheinandergewürfelt."

Lena kaute auf ihrer Unterlippe.

„Und wie funktioniert so eine Substitution genau?"

„Dabei werden nach einem zuvor festgelegten Schlüssel Buchstaben durch andere ersetzt. Nehmen wir einmal das Wort *Hut*. Wenn wir festlegen, dass ein *h* zu *t*, ein *u* zu *x* und ein *t* zu *r* wird, heißt *Hut* dann plötzlich *txr*. Wenn man einmal den Chiffrierschlüssel hat, kann jeder die Nachricht lesen."

„Ist dieses Chiffriersystem verbreitet?"

„Ja, sehr. Die erste bekannte Substitutionschiffre ist das sogenannte Caesar-Alphabet, bei dem einfach der Anfang des normalen Alphabets um drei Buchstaben verlegt wurde. Aus *a* wurde somit *d*, aus *b* wurde *e*, und so weiter. Im 4. Jahrhundert nach

Christus empfahl der indische Gelehrte Vatsyayana Mallanaga im *Kamasutra* den Frauen, für den Schriftverkehr mit ihren Liebhabern die Kunst der geheimen Kommunikation zu lernen. Heutzutage gibt es Chiffrierverfahren, die derart komplex sind, dass sie nur mit Hilfe von Hochleistungscomputern, die mehrere Millionen Kombinationen pro Sekunde testen, entschlüsselt werden können."

Lena betrachtete Toscanos Code aufmerksam.

„Wenn du denkst, dass das eine Substitutionschiffre ist, wie willst du vorgehen? Kennst du etwa den Chiffrierschlüssel?"

„Nein."

„Was hast du dann vor?"

„Ich probiere die Häufigkeitstabellen."

Lena starrte ihn verständnislos an.

„Helfen die dir denn, das Alphabet zu finden?"

„Nein", wiederholte Tomás und schüttelte den Kopf. „Aber sie sind ein wichtiges Hilfsmittel. Die Idee dazu hatten arabische Schriftgelehrte, die Mohammeds Offenbarungen im Koran untersuchten. Bei einem Versuch, die Offenbarungen des Propheten chronologisch zu ordnen, beschlossen die muslimischen Theologen, die Häufigkeit zu ermitteln, mit der jedes Wort und jeder Buchstabe im Koran vorkamen. Sie erkannten, dass bestimmte Buchstaben häufiger waren als andere. Zum Beispiel sind *a* und *l*, die den bestimmten Artikel *al* ergeben, die häufigsten Buchstaben im arabischen Alphabet."

„Und was besagt das?"

„Stell dir vor, eine Chiffre wurde ursprünglich auf Arabisch geschrieben. Wenn wir wissen, dass *a* und *l* die häufigsten Buchstaben in dieser Sprache sind, heißt das, dass wir zunächst die beiden häufigsten Buchstaben in der Chiffre identifizieren müssen. Nehmen wir an, das wären *t* und *d*. Die Chancen stehen gut, dass der erste Schritt zur

Entschlüsselung darin besteht, *t* und *d* durch a und *l* zu ersetzen."

„Ich bin beeindruckt", sagte Lena.

„Das System funktioniert natürlich nur bedingt, denn kaum ein verschlüsselter Text enthält die Buchstaben exakt in der Häufigkeit, wie sie in den Tabellen steht. Das gilt ganz besonders für kurze Texte. Nehmen wir nur ‚Fischers Fritz fischt frische Fische, frische Fische fischt Fischers Fritz.' Hier kommen die Buchstaben *f*, *i*, *s*, *c*, *h* und *t* überdurchschnittlich oft vor. Für längere Texte sind die Tabellen jedoch recht zuverlässig. Unser Text hier ist allerdings ziemlich kurz."

„Aus wie vielen Buchstaben besteht der Code?"

„Aus nur sechsunddreißig. Das heißt, dreiunddreißig Buchstaben und drei Ziffern. Das ist nicht viel."

„Und jetzt?", fragte Lena.

„Ich muss meinen Ansatz ändern." Tomás öffnete sein Notizbuch und untersuchte die Seite, auf der er den Code notiert hatte. „Das erste Problem besteht darin herauszufinden, in welcher Sprache der Text verfasst ist."

„Ist es denn nicht Portugiesisch?"

„Schon möglich", sagte er. „Allerdings war Toscanos erste Chiffre ein lateinisches Sprichwort. Er könnte den Code genauso gut wieder in Latein oder einer anderen Sprache verschlüsselt haben."

„Und was willst du genau tun?"

„Nun, ich habe den Text analysiert. Der häufigste Buchstabe ist das *o*, das viermal vorkommt, gefolgt von *e*, *f*, *n* und *t*, die jeweils dreimal auftauchen. Ich habe sie jeweils in unterschiedlichen Kombinationen durch *a*, *e*, *o*, *r* und *s*, die häufigsten Buchstaben im Portugiesischen, ersetzt."

„Hat das etwas gebracht?"

„Nein."

Lena schaute die Tabelle an.

„Und wenn es in einer anderen Sprache geschrieben ist?“

„Das würde bedeuten, dass es keine Substitutionschiffre ist, aber …“ Er hielt mitten im Satz inne, überrascht von dem, was er selbst gesagt hatte.

„Was, aber?“, wollte Lena wissen.

Tomás sagte einen Moment lang nichts, sondern blickte nur auf das Blatt Papier. Er fuhr sich mit der Hand über den Mund und versuchte, sich zu konzentrieren.

„Was ist?“, wiederholte Lena.

Tomás schaute erst sie und dann den Code an. Schließlich sagte er: „Vielleicht ist es gar keine Substitutionschiffre.“

„Nein? Was denn sonst?“

„Eins, zwei, drei, vier, fünf …“, murmelte er und fuhr mit dem Finger über die Buchstaben. „Dreizehn“, sagte er und schrieb die Zahl in sein Notizbuch. Dann fing er wieder an zu zählen, diesmal bis zwanzig, und schrieb die Zahl ebenfalls auf. „Hmm“, sagte er stirnrunzelnd und nahm das Buch mit der Häufigkeitstabelle zur Hand.

„Was ist denn nun?“, fragte Lena noch einmal.

Tomás deutete auf eine Zahl in der Tabelle.

„Siehst du das?“

„Ja“, sagte Lena „Achtundvierzig Prozent. Was bedeutet das?“

Tomás lächelte.

„Das ist die Häufigkeit von Vokalen in portugiesischen Texten“, erklärte er aufgeregt. Dann deutete er auf andere Zahlen im Buch. „Schau, nur im Italienischen ist die Häufigkeit der Vokale genauso hoch. Im Spanischen liegt sie bei siebenundvierzig, im Französischen bei fünfundvierzig, und im Englischen und Deutschen bei vierzig Prozent.“

„Und?“

„Rate mal, wie viele Vokale in Professor Toscanos Chiffre enthalten sind?“

„Nun sag schon.“

„Dreizehn. Und zwanzig Konsonanten. Sprich, 39,4 Prozent der dreiunddreißig Buchstaben sind Vokale.“ Er schaute sie auffordernd an. „Weißt du, was das bedeutet?“

„Dass es nicht in Portugiesisch geschrieben ist?“

„Wahrscheinlich nicht“, bestätigte Tomás. „Und ich denke außerdem, dass es sich um ein weiteres Anagramm handelt. Eine Substitutionschiffre wirkt in der Regel chaotischer. Hier jedoch entspricht die Häufigkeit der Buchstaben annähernd der mancher europäischer Sprachen, weshalb ich denke, dass es sich nicht um eine Substitution handelt, sondern vielmehr um eine Transposition.“

„Wie bei *Moloc*?“

„Ja, wobei es diesmal ein komplexeres Muster ist und der Text wahrscheinlich weder in Portugiesisch noch Italienisch verfasst wurde, denn dafür sind es zu wenige Vokale.“

„Was hast du jetzt vor?“

„Ich muss die Zusammenhänge zwischen Vokalen und Konsonanten überprüfen. Wenn ich erst einmal weiß, welche Sprache Professor Toscano verwendet hat, erklärt sich hoffentlich auch das Muster. Bei *Moloc* war es lediglich eine symmetrische Spiegelung, bei der man von rechts nach links lesen musste. Aber hier ist es nicht symmetrisch.“ Er deutete auf die Buchstabenkolonnen. „*WHO*“, las er die erste Zeile der linken Spalte. „Das könnte Englisch sein. Aber *FPE* oder, von rechts nach links, *EPF*, bedeutet gar nichts.“

„Und wenn wir es von oben nach unten probieren?“

„Es kann jedes beliebige Muster sein. Von links nach rechts, von oben nach unten, von unten nach oben, diagonal, in Schlangenlinien, im Rösselsprung …“

„WTEUL5“, murmelte Lena, während sie die linke Spalte von oben nach unten las.

Tomás betrachtete das Blatt aufmerksam und nahm einen Bleistift zur Hand.

„Vielleicht schreiben wir mal die beiden Zeilen zusammen“, sagte er und schrieb auf die nächste freie Seite seines Notizbuchs die Buchstaben statt in zwei Dreierpäckchen in einem einzigen Block. Das Ergebnis sah immer noch verwirrend aus.

W	**H**	**O**	**F**	**P**	**E**
T	**A**	**O**	**F**	**T**	**N**
E	**C**	**H**	**O**	**F**	**D**
U	**A**	**C**	**U**	**E**	**I**
L	**T**	**I**	**S**	**L**	**N**
5	**4**	**5**	**N**	**O**	**G**

„*WHOFPE*“, versuchte Lena, die erste Zeile zu lesen. Dann las sie sie von rechts nach links. „*EPFOHW*.“ Anschließend die zweite und dritte Zeile. „*TAOFTN. ECHOFD. Tao* und *echo* sind beides Wörter. Aber der Rest der Zeile ergibt keinen Sinn.“ Sie schaute Tomás an. „*OLEFTP*“, fuhr sie fort. „Schau, *LEFT*, das ist noch ein Wort, diesmal ein englisches!“

Gemeinsam suchten sie weiter nach Trigrammen, häufigen dreibuchstabigen Worten oder Silben wie *the*, *and*, *now*, *cat* und *cue*. In der rechten Spalte ergaben sogar alle sechs Buchstaben ein Wort.

„*Ending*“, murmelte er.

Plötzlich lächelte er. *Pending.* Wenn man es um die Ecke las, ergab sich *pending*, was so viel bedeutete wie ‚ausstehend, schwebend‘. Er unterstrich die entsprechenden Buchstaben.

W H O F P E

T A O F T N

E C H O F D

U A C U E I

L T I S L N

5 4 5 N O G

„Das ist es!“, rief er begeistert. „Ich hab’s!“

„Was hast du?“, drängte Lena ihn neugierig.

„Den ersten Schritt zur Lösung.“ Er deutete auf die unterstrichenen Buchstaben. „Siehst du? Da steht *pending*.“

„Wow, in der Tat.“ Dann runzelte sie die Stirn. „Aber das *P* steht doch nicht in derselben Zeile.“

„Das liegt an dem Muster“, erklärte Tomás erregt. „Es scheint, als müsse man die Buchstaben in einer bestimmten Abfolge aneinanderreihen.“ Er nahm einen Bleistift zur Hand. „Wenn wir hinter dem *G* nach links weiterlesen, steht da *on545*. Zusammen ergibt das *pending on 545*.“ Er inspizierte die übrigen Zeilen. „Und hier steht ja noch *LEFT*, von unten nach oben geschrieben.“ Er kratzte sich hinter dem Ohr. „Hmm, *left pending on 545*.“ Indem er die Buchstaben von hinten nach vorne und um mehrere Ecken verfolgte, hellte sich sein Gesicht immer mehr auf. Dann notierte er das Ergebnis:

WHATECHOOFFOUCAULTISLEFTPENDINGON545?

Er betrachtete die Zeile und schrieb sie anschließend mit Leerzeichen an den richtigen Stellen erneut auf. Als er fertig war, schaute er Lena mit einem triumphierenden Grinsen an.

„Voilà!“

Lena betrachtete das Ergebnis und war fasziniert davon, dass der undurchdringliche Buchstabensalat wie von Geisterhand einen sinnvollen Satz ergeben hatte.

WHAT ECHO OF FOUCAULT IS LEFT PENDING ON 545?

„Welches Echo von Foucault schwingt bei 545?“, übersetzte Lena. „Was bedeutet das?“

„Das weiß ich nicht“, sagte Tomás achselzuckend. „Aber ich kenne jemanden, der es mir vermutlich sagen kann.“

XII

Die Möwen kreisten tief über dem Meer, und ihre heiseren Schreie übertönten die Wellen, die rhythmisch an den Sandstrand von Carcavelos schwappten. Der Himmel war grau, und es wehte ein kalter Wind. Dementsprechend befanden sich nur eine Handvoll Surfer, zwei oder drei Ehepaare und ein alter Mann mit seinem Hund am Strand, der blass und verloren wirkte und mit nichts an das überbordende Leben erinnerte, das hier im Sommer herrschte.

In dem Strandlokal, das Tomás zehn Minuten zuvor betreten hatte, brachte der Kellner ihm eine Tasse heißen Kaffee. Tomás trank einen Schluck und warf einen Blick auf seine Uhr. Es war 20 Minuten vor vier. Sein Kollege von der Philosophischen Fakultät war zehn Minuten im Verzug. Er seufzte. Am Abend zuvor hatte er Alberto Saraiva angerufen und ihn um ein Treffen gebeten. Dass Saraiva ihn zwei Tage vor Weihnachten tatsächlich noch empfing, grenzte fast an ein Wunder. Allerdings war der Mann seit eh und je Single und regelrecht mit seiner Arbeit verheiratet.

Saraiva lebte in Carcavelos, nur einen Steinwurf vom Strand entfernt. Und selbst im Winter war der Strand ein deutlich angenehmerer Treffpunkt als ein kleines Büro in der Universität.

„Entschuldige die Verspätung, mein Lieber", hörte er kurz darauf hinter sich. Erleichtert stand Tomás auf, und die beiden schüttelten sich herzlich die Hand. Saraiva war um die fünfzig, mit lichtem grauen Haar, dünnen Lippen und einem leichten Schielen, das Tomás an Jean-Paul Sartre denken ließ. Alberto Saraiva wirkte extravagant, fast schon ein wenig verrückt. Immer, wenn Tomás ihn sah, musste er schmunzeln. Ein sympathisches, chaotisches Genie. Sein exzentrisches Äußeres stand dem Philosophen gut zu Gesicht, es war wie ein Markenzeichen und stammte noch aus der Zeit, als er an der Sorbonne seine Doktorarbeit über den französischen Dekonstruktivismus geschrieben hatte.

„Hallo Alberto", begrüßte Tomás ihn. „Setz dich." Er deutete auf den Stuhl neben sich. „Möchtest du etwas trinken?"

Saraiva nahm Platz und zeigte auf Tomás' Tasse.

„Ich nehme auch einen Kaffee."

Tomás gab dem Kellner ein Zeichen und bestellte einen weiteren Kaffee.

Saraiva atmete tief ein, er füllte seine Lungen mit der salzigen Seeluft und schaute sich um.

„Ich liebe es hier im Winter", sagte er, wobei er jede Silbe sorgfältig aussprach, als rezitiere er ein Gedicht, bei dem nur die richtige Wortmelodie diesem Ort gerecht werden konnte. „Diese unbeschreibliche Ruhe und Stille inspirieren mich. Sie geben mir Energie, erweitern meinen Horizont, nähren meine Seele."

„Kommst du oft hierher?"

„Nur im Herbst und Winter, wenn der Sommertrubel zu Ende ist." Er verzog angewidert den Mund. Als der Kellner seinen Kaffee brachte und die Tasse vor ihn auf den Tisch stellte, hellte sich seine Miene jedoch schlagartig auf. „Hier ist der beste Ort, um mich in die Arbeiten von Jacques Lacan,

Jacques Derrida, Jean Baudrillard, Gilles Deleuze, Jean-François Lyotard, Maurice Merleau-Ponty, Michel Foucault, Paul ..."

„Wo du schon von Michel Foucault sprichst", unterbrach Tomás seinen Redeschwall. „Über ihn würde ich mich gern mit dir unterhalten, Alberto."

Saraiva sah ihn mit großen Augen an, als hätte Tomás durch das bloße Nennen dieses Namens eine Blasphemie begangen.

„*Michel* Foucault?"

„Ja, Michel Foucault", antwortete er sachlich. „Für meine aktuellen Recherchen bin ich auf seinen Namen gestoßen, frag mich bitte nicht, wieso. Ich bin auch nicht ganz sicher, wonach ich suche, aber irgendetwas im Zusammenhang mit ihm ist für meine Forschung wichtig. Was kannst du mir über ihn erzählen?"

Saraiva breitete theatralisch seine Arme aus und zog die Schultern hoch als Zeichen dafür, dass es so viel zu sagen gab, dass er gar nicht wisse, womit er anfangen solle.

„Oh, Michel Foucault! Er war der größte Philosoph nach Immanuel Kant. Hast du die *Kritik der reinen Vernunft* gelesen?"

„Ähm ... nein."

Saraiva seufzte.

„Das ist der wichtigste philosophische Text aller Zeiten, mein Lieber", verkündete er, ohne seinen Blick von Tomás abzuwenden. „Kant bemerkte, dass wir die Welt nicht erkennen, wie sie ist, sondern dass die Welt uns nur so erscheint, wie wir sie erkennen. Wir erkennen nicht die Dinge an sich, sondern nur unsere Wahrnehmung von ihnen. Diese Wahrnehmung ist für uns Menschen einzigartig und unterscheidet unsere Erkenntnis der Welt deutlich von der einer Fledermaus. Menschen sehen Bilder, während Fledermäuse anhand von Echoortung navigieren. Menschen sehen Farben, Hunde dagegen nur Schwarz und Weiß.

Keine dieser Erfahrungen ist wirklicher als eine andere. Sie sind lediglich anders. Niemand verfügt über die *eine* Wahrheit, und jeder hat eine andere Vorstellung von ihr. Wenn wir an das bekannte Höhlengleichnis von Platon denken, heißt das soviel wie, dass wir alle in einer Höhle sitzen und unsere Wahrnehmung nicht über die engen Grenzen der Höhlenwände hinaus ragt." Er blickte Tomás in die Augen. „Verstehst du, was ich meine?"

Nachdenklich beobachtete Tomás, wie eine Welle weißen Schaum auf den Sand spülte. Er nickte.

„Ja. Sagt Foucault das gleiche?"

„Michel Foucault war stark von Kant beeinflusst und gelangte zu der Erkenntnis, dass es nicht eine einzige Wahrheit, sondern mehrere Wahrheiten gibt."

Tomás runzelte die Stirn.

„Was soll das heißen? Wenn ich sage, dass dieser Stuhl hier aus Holz besteht, sage ich dann nicht die Wahrheit?" Er deutete aufs Meer hinaus. „Und wenn ich sage, dass der Ozean blau ist, ist das dann etwa auch nicht die Wahrheit?"

Saraiva lächelte. Er war in seinem Element.

„Das ist ein Problem, das die Phänomenologen mit der *Kritik der reinen Vernunft* zu lösen hatten. Das Wort *Wahrheit* musste neu definiert werden. Edmund Husserl, einer der Begründer der Phänomenologie, sagte, dass kein Urteil je objektiv ist, sondern immer nur eine subjektive Wahrnehmung der betreffenden Sache."

„Hm, das überzeugt mich nicht", sagte Tomás. „Für mich klingt das wie Wortklauberei."

„Das ist es aber nicht", entgegnete Saraiva. „Denk nur an dein eigenes Fachgebiet, die Geschichte. In den Geschichtsbüchern ist die Rede von dem lusitanischen Führer Viriathus und seinem Widerstand gegen die Römer. Wie kann ich sicher sein, dass Viriathus tatsächlich gelebt hat? Doch nur durch Texte, die von ihm berichten. Aber was ist, wenn diese Texte erfunden sind? Ich bin sicher, du weißt besser als ich, dass ein historischer Text nicht unbedingt von der Wahrheit handelt, sondern vielmehr Berichte über die Wahrheit wiedergibt, und diese Berichte können fehlerhaft sein, wenn nicht gar erfunden. Von daher ist die Wahrheit in historischen Abhandlungen nicht objektiv, sondern subjektiv. Schon Karl Popper bemerkte, dass nichts definitiv wahr ist; es gibt lediglich Dinge, die definitiv falsch sind und andere, die vorläufig als wahr gelten."

„Das trifft auf alles zu", wandte Tomás ein. „Das ist nicht wirklich eine Antwort auf meine Frage." Er deutete in die Ferne. „Der Ozean, den ich dort sehe, ist blau. Was soll das Gerede, dass das eine subjektive Wahrheit sei?" Er schürzte seine Lippen. „Soweit ich weiß, ist es objektiv wahr, dass das Meer blau ist."

„Das Meer ist nicht blau – unsere Augen nehmen es als blau wahr, weil das Wasser kurzwelliges, also blaues, Licht besser reflektiert als die anderen Farben des Spektrums. Das Meer *erscheint* uns lediglich als blau. Das ist das eigentliche Problem mit der Wahrheit: Unsere Sinne können uns leicht täuschen, der Verstand kann uns zu falschen Schlussfolgerungen führen, auch unser Gedächtnis kann uns einen Streich spielen, und wir haben keinen Zugang zur Sache selbst. Wenn wir den Ozean anschauen, sehen wir ihn als blau, aber wenn ein Hund das Meer betrachtet, nimmt er es als schwarz wahr, weil er farbenblind ist. Weder wir noch er haben Zugang zur Sache selbst, sondern nur zu unserer Wahrnehmung von ihr. Wir haben keinen Zugang zur objektiven Wahrheit, sondern nur zu etwas weniger Eindeutigem: der subjektiven Wahrheit."

Tomás rieb sich die Augen.

„Kommt hier Foucault ins Spiel?"

„Michel Foucault hat auf diesen Erkenntnissen aufgebaut. Er zeigte, dass jeder Anspruch auf Wahrheit von der zur Zeit ihrer Äußerung vorherrschenden Meinung abhängig ist. Er kam zu dem Schluss, dass Wissen und Macht so intrinsisch miteinander verbunden sind, dass er sie als Macht/Wissen bezeichnete, als wären sie zwei Seiten ein und derselben Medaille. Letztlich dreht sich seine gesamte Arbeit um diese Kernaussage." Er schaute Tomás herausfordernd an. „Hast du jemals etwas von Michel Foucault gelesen?"

„Um ehrlich zu sein, nein", sagte Tomás zögernd, weil er befürchtete, seinen Kollegen zu beleidigen.

Saraiva schüttelte missbilligend den Kopf.

„Erzähl mir bitte mehr von ihm."

„Was möchtest du hören, mein Lieber? Er wurde 1926 geboren und war schwul. Nachdem er Martin Heidegger für sich entdeckt hatte, stieß er auf Friedrich Nietzsche und seine Theorie über die zentrale Rolle der Macht bei allen Tätigkeiten des Menschen. Diese Erkenntnis hat ihn stark geprägt. Er kam zu dem Schluss, dass Macht allem anderen zugrunde liegt und untersuchte die Art und Weise, in der sich Macht durch Wissen manifestiert, indem das Wissen als Mittel der sozialen Kontrolle eingesetzt wird. Das Konzept Macht/Wissen."

„Wo steht das geschrieben?"

„In mehreren Büchern. In *Ordnung der Dinge* analysiert er beispielsweise die vorherrschenden Ansichten und Vorurteile, die die Gedanken einer beliebigen Ära bestimmen. Das war vielleicht Michel Foucaults kantischstes Werk, in dem er Worte als eine Manifestation der Wahrheit sieht, während die Dinge selbst die eigentliche Wirklichkeit darstellen. Dieses Buch hat in gewisser Weise dazu beigetragen, die Vorstellung von einer absoluten Wahrheit zu zerstören. Denn wenn unsere Gedanken immer von den vorherrschenden Ansichten und Vorurteilen unserer Ära bestimmt werden, ist es unmöglich, eine objektive Wahrheit zu erkennen."

„Das hat Kant gesagt, nicht wahr?"

„Selbstverständlich. Deshalb betrachten viele Leute Michel Foucault auch als zweiten Immanuel Kant, obwohl Foucault diese Ideen in einen neuen Zusammenhang gestellt hat", erklärte Saraiva, wobei er Wert darauf legte, seinen Lieblingsphilosophen nicht als Plagiator dastehen zu lassen. „Ich erzähle dir mal eine Anekdote. Als er eingeladen wurde, eine Vorlesung am Collège de France zu halten, wurde er nach seinem akademischen Titel gefragt. Weißt du, was er geantwortet hat?"

Tomás zuckte die Achseln.

„Professor für die Geschichte von Gedankensystemen", sagte Saraiva und schüttelte sich vor Lachen. „Sie müssen ihn für völlig verrückt gehalten haben." Sein Lachen ging in ein zufriedenes Seufzen über. „Michel Foucault definierte Wahrheit als ein Konstrukt, ein Produkt des Wissens zu einer bestimmten Zeit, und das übertrug er auf andere Denkmodelle. Er war der Auffassung, ein Autor sei nicht bloß jemand, der Bücher schreibt, sondern auch das Ergebnis einer Reihe von Faktoren wie Sprache, aktueller literarischer Ausbildung sowie einiger anderer gesellschaftlicher und historischer Aspekte. Mit anderen Worten, ein Autor sei nichts weiter als das Ergebnis bestimmter Umstände."

„Aha!", rief Tomás anerkennend, auch wenn er das, was Saraiva gesagt hatte, weder besonders innovativ noch außergewöhnlich fand, doch er wollte die Begeisterung seines Kollegen nicht dämpfen. „Was noch?"

Mit in die Ferne gerichtetem Blick, begann der Philosophieprofessor einen ausführlichen Bericht über die Arbeit Michel Foucaults.

„Das ist alles“, sagte er schließlich. „Zwei Wochen nach Abschluss seines Manuskripts für den dritten Band von *Sexualität und Wahrheit* brach Michel Foucault zusammen und kam ins Krankenhaus. Er hatte AIDS. Er starb im Sommer 1984. Nun, warum interessierst du dich so für ihn?“

„Ich versuche, ein Rätsel zu lösen.“

„Ein Rätsel, in dem es um Michel Foucault geht?“

Tomás fuhr sich mit der Hand über das Gesicht und nickte geistesabwesend. Er ließ seinen Blick über den riesigen Ozean schweifen, dessen Wasser glitzerte, als sei die Oberfläche mit unzähligen Diamanten besetzt. Zu seiner Rechten tauchte die Sonne langsam ins Meer und verschwand hinter einer Wolkenbank.

„Was ist das für ein Rätsel?“

Tomás schaute Saraiva zögernd an. Sollte er es ihm sagen? Viel zu verlieren hatte er ja nicht. Er blätterte in seinem Notizbuch, bis er die richtige Seite gefunden hatte, und zeigte sie Saraiva. Dieser beugte sich über das Blatt und starrte den merkwürdigen Satz an:

WELCHES ECHO VON FOUCAULT SCHWINGT BEI 545?

„Was in drei Teufels Namen hat das zu bedeuten?“ Er schaute Tomás an. „Was soll das für ein Echo sein, das da schwingt?“

„Ich weiß es nicht. Sag du es mir.“

Saraiva betrachtete die Frage eine Weile lang aufmerksam.

„Mein Lieber, ich habe nicht die geringste Ahnung. Vielleicht geht es um ein Echo auf Michel Foucault?“

„Das klingt interessant“, murmelte Tomás nachdenklich. Dann zog er die Stirn in Falten und schaute seinen Kollegen gespannt an. „Weißt du, ob jemand Foucaults Aussagen wie ein Echo wiederholt hat?“

„Nein, nicht, dass ich wüsste. Wenn überhaupt, dann hat Michel Foucault die Aussagen von Immanuel Kant wiederholt, nicht umgekehrt."

„Aber hatte Foucault nicht auch seine Anhänger?"

„Michel Foucault hatte viele Anhänger!"

„Und diese Anhänger ‚schwingen nicht vielleicht noch bei 545'?"

„Dazu kann ich wahrlich nichts sagen, weil ich nicht weiß, was es bedeutet. Was ist dieses ‚545'?"

Tomás wandte kein Auge von seinem Kollegen.

„Dir kommt nichts davon irgendwie bekannt vor?"

Saraiva schüttelte den Kopf.

„Nichts", sagte er. „Überhaupt nichts. Worum geht es bei der ganzen Sache?"

Tomás klappte theatralisch sein Notizbuch zu und seufzte.

„Ich verspreche, dir alles zu erzählen, wenn es vorbei ist, in Ordnung?"

Saraiva notierte sich die merkwürdige Frage und steckte den Zettel in seine Brieftasche.

„Ich schaue noch mal in meinen Büchern nach", versprach er. „Vielleicht fällt mir ja etwas auf."

„Vielen Dank", sagte Tomás.

„Was hast du jetzt vor?"

„Ich gehe in eine Buchhandlung und kaufe mir Foucaults Bücher, um selbst auch nach dem Schlüssel zu suchen. In irgendeinem winzigen Detail verbirgt sich wahrscheinlich die Lösung für mein Problem."

Sie verließen das Restaurant und verabschiedeten sich auf dem Parkplatz.

„Michel Foucault war ein merkwürdiger Charakter", sagte Saraiva, bevor er in seinen Wagen stieg.

„In welcher Hinsicht?"

„Weißt du, was er einmal über seine Arbeit im Hinblick auf die Suche nach der Wahrheit gesagt hat?“

„Nein, was?“

„Dass er sein ganzes Leben lang nichts anderes getan habe, als Fiktion zu schreiben.“

XIII

Direkt über dem Meer erhob sich das malerische Viertel Alfama, dessen farbenfrohe und etwas heruntergekommene Fassaden seiner alten Häuser bisweilen hinter Unmengen von Topfpflanzen und zum Trocknen aufgehängter Wäsche zu verschwinden schienen. Tomás würdigte die quirlige Umgebung keines Blickes. Zielstrebig und mit gesenktem Kopf marschierte er zum höchsten Punkt, auf dem die einstige Festungsanlage des Castelo do São Jorge lag. Dort war er am Neujahrstag mit Moliarti verabredet, um ihn über seine jüngsten Fortschritte auf dem Laufenden zu halten. Sein Treffen mit Saraiva hatte Tomás' Neugier, was Toscanos Entdeckungen mit Michel Foucault zu tun haben könnten, nur verstärkt. Er wusste, dass er diese Beziehung entschlüsseln musste, um Zugang zu Toscanos Arbeit zu erhalten. Und, wichtiger noch, um den Code zum Safe zu knacken.

Moliarti winkte ihm von der Terrasse des Burgcafés zu. Er hatte einen Tisch zwischen einem alten Olivenbaum und einer riesigen Kanone aus dem 16. Jahrhundert gewählt. Tomás ging zu ihm, auch wenn der leichte Wind und die grauen Wolken nicht dazu einluden, lange draußen zu sitzen.

Nachdem sie ihr Essen bestellt hatten, eröffnete Moliarti das Gespräch.

„Sie kommen also mit Ihren Recherchen gut voran?"

„Ja, absolut", antwortete Tomás. „Mein größtes Problem besteht zurzeit darin, an Professor Toscanos Safe zu gelangen. Den Zugangscode hat er als Rätsel hinterlassen. Der Safe könnte jedenfalls alle Informationen enthalten, die ich brauche."

„Können Sie ihn nicht einfach aufbrechen?"

„Was?", lachte Tomás über die Dreistigkeit des Amerikaners. „Natürlich nicht. Das würde seine Witwe nie erlauben."

„Warum stehlen Sie das Ding nicht einfach?"

Moliarti schien kein Verständnis für Tomás' Ehrlichkeit zu haben.

„Mein Gott, Nelson. Ich bin ein Universitätsdozent, kein Dieb. Wenn Sie den Safe stehlen oder aufbrechen wollen, engagieren Sie gefälligst jemand anderen. Das ist nichts für mich."

Moliarti seufzte.

„Okay, okay. Vergessen Sie, was ich gesagt habe."

„In Ordnung", sagte Tomás. „Anhand der Fotokopien, die ich bei Toscano und in den Bibliotheksauszügen von Lissabon, Rio, Genua und Sevilla gefunden habe, steht zweifelsfrei fest, dass Professor Toscano den größten Teil seiner Recherchen mit der Herkunft von Christoph Kolumbus verbracht hat. Es scheint, als hätten ihn die Dokumente, die ihn mit Genua in Verbindung bringen, besonders interessiert. Deren Glaubwürdigkeit hat ihn sehr beschäftigt."

„Einen Moment, Tom", unterbrach ihn Moliarti. „Verstehe ich es richtig, dass Toscanos Recherchen nichts mit der Entdeckung von Brasilien zu tun hatten?"

„Ich glaube, zu Beginn des Projekts hat er sich durchaus damit beschäftigt. Im Laufe seiner Forschungen scheint er jedoch auf etwas gestoßen zu sein, das ihn auf eine neue Spur brachte."

„Was?"

„Das weiß ich noch nicht."

Moliarti schüttelte den Kopf.

„Dieser Hurensohn!“, zischte er.

„Wollen Sie hören, was ich herausgefunden habe?“, fragte Tomás vorsichtig.

„Ja, bitte.“

„Gut, schauen wir einmal, welche Dokumente Kolumbus mit Genua in Verbindung bringen.“ Tomás beugte sich über seine Aktentasche und zog einen Stapel Fotokopien heraus. „Ein wiederkehrendes Problem mit den Dokumenten über Kolumbus' Herkunft ist ihre Glaubwürdigkeit. Die Originale sind nicht erhalten, und wir wissen nicht, wie sorgfältig und mit welcher Absicht die Schreiber zu Werke gegangen sind. In manchen Fällen wurden Dokumente gezielt gefälscht, während in anderen, wahrscheinlich sogar den meisten, bestimmte Aspekte absichtlich oder unabsichtlich verändert wurden. Wie Sie wissen, kann manchmal bereits ein falsches Komma die Bedeutung eines Satzes auf den Kopf stellen.“

„Also, was haben Sie?“

„Wie ich Ihnen schon beim letzten Mal erzählt habe, schickte der Venezianer Angelo Trevisan einem Landsmann im Jahr 1501 eine italienische Übersetzung einer frühen Ausgabe von Peter Martyrs *De orbe novo decades*, in der er seine Freundschaft mit ‚Christophoro Colombo Zenoveze‘ erwähnte und so erstmals einen klaren Bezug zwischen Kolumbus und Genua herstellte.“

„Hmmm.“

„Professor Toscano zweifelte jedoch an der Glaubwürdigkeit von Teilen dieser Ausgabe und verwies in seinen Notizen auf den Gelehrten Enrique Bayerri y Bertomeu. Ich habe dessen Texte gelesen und gesehen, dass er die Echtheit von Martyrs Text bezweifelt, weil er gezielt für ein italienisches Publikum verfasst zu sein scheint. *De orbe novo* ist ein geradezu reißerischer Text, wie diejenigen, die Amerigo Vespucci über die Neue Welt veröffentlichte. Darin geht es nicht notwendigerweise um die Wahrheit, sondern um das, was die Leser lesen wollten. Und die Italiener wollten lesen, dass ein Italiener Amerika entdeckt hat."

„Ich verstehe", murmelte Moliarti und kratzte sich am Kinn. „Was gibt es sonst noch?"

Tomás nahm einige Fotokopien zur Hand.

„1516, zehn Jahre nach Kolumbus' Tod, veröffentlichte der Genueser Mönch Agostino Giustiniani einen Text in mehreren Sprachen mit dem Titel *Psalterium Hebraeum, Graecum, Arabicum, et Chaldaeum*, der eine Fülle bis dato unbekannter Informationen enthielt. Giustiniani zufolge ist der Mann, der Amerika entdeckt hatte – ein gewisser Christophorus Columbus – *patria Genuensis* ‚genuesischer Abstammung', *vilibus ortus parentibus*, also ‚von bescheidener Herkunft' gewesen und sein Vater ein *carminatore* oder Wollkämmer, den er nicht beim Namen nannte. Laut Giustiniani war auch Kolumbus ein Wollkämmer, der nur eine rudimentäre Ausbildung genossen hatte. Es heißt, er habe vor seinem Tod ein Zehntel seines Einkommens der genuesischen Banco di San Giorgio vermacht. In einem zweiten Werk, *Castigatissimi Annali di Genova*, das 1537 postum veröffentlicht wurde, wiederholte Giustiniani diese Aussage, wobei er lediglich den Beruf des Christophorus Columbus änderte. Er war nicht länger ein Wollkämmer, sondern ein Seidenweber."

„Das entspricht dem, was wir heute über Kolumbus wissen."

„Zu wissen glauben", korrigierte Tomás. „In seinen Notizen erwähnte Toscano einige Ungereimtheiten, die er in den von Giustiniani in *Psalterium* und *Castigatissimi Annali* präsentierten Angaben gefunden hatte. Erstens kann Kolumbus der Banco di San Giorgio nicht ein Zehntel seines Einkommens vermacht haben, weil er mittellos war, als er starb. Ein Zehntel von nichts ist nichts.“ Er lächelte. „Aber das ist nur ein amüsantes Detail. Viel wichtiger ist die Behauptung, Kolumbus sei ein ungebildeter Seidenweber gewesen, weil das ein paar entscheidende Fragen aufwirft. Wenn er ein ungebildeter Seidenweber war, wo zum Teufel hat er dann all sein Wissen über Kosmographie und die Seefahrt erworben, mit denen er später in unbekannte Meere aufbrach? Wie ist es möglich, dass ihm nicht nur ein einziges Schiff anvertraut wurde, sondern eine gesamte Flotte? Wie kann er den Titel eines Admirals erworben haben? Ist es wahrscheinlich, dass ein einfacher Bürger wie er Dona Filipa Moniz Perestrello heiratete, eine portugiesische Adlige und Verwandte des Generals Nuno Álvares Pereira, und zwar in einer Zeit der sozialen Klassenunterschiede, in der Adlige und einfache Bürger nicht untereinander heirateten? Wie konnte ein ungebildeter Mann Zugang zum Hof des großen Königs Johann II. erhalten, dem damals mächtigsten und kenntnisreichsten Monarchen der Welt?“ Er hielt Toscanos Kopien in die Höhe. „Für mich steht fest, dass Toscano nichts davon für glaubwürdig hielt. Außerdem kannte Giustiniani Kolumbus nicht persönlich. All seine Informationen sind aus zweiter Hand. Kolumbus' eigener Sohn Ferdinand bezeichnete Giustiniani als falschen Historiker und führte einige leicht überprüfbare Sachfehler an, mit dem Verweis, dass der Genueser Autor auch falsche Informationen verbreitet habe über ‚eine wenig bekannte Angelegenheit‘ – eine rätselhafte Formulierung aus Ferdinands Buch, die sich vermutlich auf die Herkunft seines Vaters bezieht.“

„Aha“, knurrte Moliarti. „Ist das alles?“

Tomás schüttelte den Kopf und zog ein Buch aus seiner Aktentasche.

„Wenden wir uns nun dem wichtigsten Zeugen nach Kolumbus selbst zu“, sagte er, „und zwar Ferdinand, dem zweiten

Sohn des Admirals, der aus seiner Beziehung mit der Spanierin Beatriz de Harana hervorgegangen ist und das Buch *Leben und Abenteuer des Admirals Christoph Kolumbus* verfasst hat." Er hielt das Buch in die Höhe. „Das sollte nun wahrlich eine Fundgrube an Informationen sein, denn niemand wird ernsthaft bezweifeln, dass Ferdinand seinen Vater kannte. Er hatte Zugang zu vertraulichen Informationen. Und Ferdinand machte unmittelbar klar, dass er diese Biografie geschrieben hat, um wichtige Fakten, die in anderen Biografien falsch dargestellt worden waren, zu korrigieren."

„Aber bestätigte Ferdinand denn, dass sein Vater aus Genua stammte?"

„Nun, nicht wirklich. Er schrieb, dass er selbst dreimal nach Italien gereist sei, und zwar 1516, 1529 und 1530, um herauszufinden, ob an den damals kursierenden Informationen etwas Wahres dran sei. Er suchte nach Verwandten, sprach mit Menschen, deren Nachname Colombo war, und er durchforstete die öffentlichen Archive. Nichts. Bei keinem seiner drei Besuche in Genua fand er eine Spur eines Verwandten. Dennoch lokalisierte er die Ursprünge seines Vaters in Italien, genauer gesagt auf dem Friedhof von Piacenza, wo er Grabplatten mit Waffensymbolen von Menschen namens Colombo gesehen habe. Ferdinand gab an, seine Vorfahren seien von illustrer Herkunft gewesen, auch wenn seine Großeltern in Armut gestorben seien, und er widerlegte die Behauptung, dass sein Vater ungebildet gewesen sei, indem er schrieb, dass nur ein gelehrter Mensch präzise Seekarten zeichnen oder große Taten vollbringen könne. In *Leben und Abenteuer des Admirals Christoph Kolumbus* nannte Ferdinand außerdem Einzelheiten zur Ankunft seines Vaters in Portugal. Er sagte, diese Aufnahme verdankte sein Vater ‚einem angesehenen Mann aus seiner Familie mit Namen Colombo', den

Ferdinand als Colombo den Jüngeren bezeichnete. Während einer Seeschlacht, irgendwo zwischen Lissabon und dem Kap St. Vincent in der Algarve, soll der Admiral zwei Seemeilen vom Land entfernt ins Wasser gesprungen und ans Ufer geschwommen sein, wobei er sich an ein Ruder klammerte. Dann sei er nach Lissabon gegangen, wo laut Ferdinand ‚viele seiner Genueser Landsleute' lebten."

„Da haben Sie es!", rief Moliarti triumphierend. „Der Beweis durch Kolumbus' eigenen Sohn."

„Ich würde Ihnen gerne zustimmen", sagte Tomás vorsichtig, „wenn wir sicher sein könnten, dass es wirklich Ferdinand war, der das geschrieben hat."

Moliarti riss verwundert die Augen auf.

„Wie? War er es etwa nicht?"

Tomás warf einen Blick auf seine Notizen.

„Wie es aussieht, hatte Professor Toscano da seine Zweifel."

„Inwiefern?"

„In dem Text gibt es einige merkwürdige Widersprüche und Ungereimtheiten", antwortete Tomás. „Beginnen wir mit dem Manuskript selbst. Ferdinand hat das Buch zwar abgeschlossen, aber nicht veröffentlicht. Er starb, ohne Nachfahren zu hinterlassen, sodass das Manuskript an seinen Neffen Luís de Colón, den ältesten Sohn seines portugiesischen Halbbruders Diego, ging. 1569 kontaktierte ein vornehmer Genueser namens Baliano de Fornari Luís de Colón und bot ihm an, *Leben und Abenteuer des Admirals Christoph Kolumbus* in drei Sprachen zu veröffentlichen: Latein, Spanisch und Italienisch. Ferdinands Neffe stimmte zu und übergab dem Mann das Manuskript. 1576 veröffentlichte Fornari die italienische Version, damit ‚diese Geschichte, deren Ruhm dem Staat Genua, der Heimat des großen Entdeckers, gebührt, in aller Welt bekannt werde'. Er vergaß die anderen beiden Ausgaben und zauberte das Originalmanuskript weg." Tomás hielt Moliarti die spanische Ausgabe von Ferdinands Buch vor die Nase. „Was wir hier haben, ist eine Übersetzung aus dem Italienischen, das wiederum eine Übersetzung aus dem Spanischen war und von einem Genueser beauftragt wurde, der seinem Heimatstaat zu Ruhm verhelfen wollte." Er legte das Buch auf den Tisch. „Es sind also letztlich auch wieder nur Informationen aus zweiter Hand."

Moliarti rieb sich genervt die Augen.

„Was gibt es sonst noch für Ungereimtheiten?"

Der Kellner brachte ihnen ihr Essen.

„Zunächst einmal ist da der Hinweis auf die Grabplatten mit den Waffensymbolen und Inschriften in Piacenza. Wenn man den dortigen Friedhof besucht, findet man zwar tatsächlich solche Gräber, aber darauf steht als Nachname Colonna." Tomás lächelte. „Professor Toscano scheint der Ansicht gewesen zu sein, dass der Genueser Übersetzer den Namen Colón in latinisierter Version zu Colonus statt zu Columbus verändert hat, was jedoch der Geschichte widerspricht, die Gräber gehörten zur Familie Colombo."

„Aber hat Ferdinand nicht geschrieben, sein Vater sei wegen eines gewissen jungen Columbus ins Meer gesprungen, der ein Verwandter von ihm gewesen sei?"

Tomás schmunzelte.

„Wegen Colombo dem Jüngeren, Nelson." Er blätterte in *Leben und Abenteuer des Admirals Christoph Kolumbus*. „Ja, das steht in dem Buch, aber es ist nur ein weiterer Widerspruch. Colombo der Jüngere war ein Seeräuber, dessen Name nicht einmal Colombo lautete. Er hieß Jorge Bissipat, dem die Italiener nur den Spitznamen Colombo der Jüngere gegeben hatten, um ihn von Colombo dem Älteren zu unterscheiden, dem Franzosen Guillaume de Casenove Coullon."

„Was für ein Durcheinander!"

„Ich weiß. Und genau darum geht es. Wie soll Colombo der Jüngere zur Familie mit dem gleichen Namen wie Ferdinands Vater gehört haben, wenn Colombo nicht sein Nachname, sondern bloß ein Spitzname war? Nein, auch da hatte der Übersetzer seine Hand im Spiel und eigenmächtig eine Verwandtschaftsbeziehung zwischen Christoph Kolumbus und Colombo dem Jüngeren eingebaut, die offensichtlich gar nicht bestand."

Moliarti lehnte sich auf seinem Stuhl zurück und runzelte die Stirn. Dann schob er seinen Teller ein Stück von sich weg.

„Gut, aber egal, ob er nun Colonna oder Colombo hieß und aus Piacenza oder Genua kam, Tatsache ist doch, dass Ferdinand bestätigte, dass sein Vater aus Italien stammte."

„Mir scheint, dass Professor Toscano auch *daran* zweifelte", wandte Tomás ein. „In seinen Notizen neben dem Hinweis auf Piacenza als Kolumbus' wahre Heimatstadt in *Leben und Abenteuer des Admirals* notierte er nämlich, dass die Person, die aus Piacenza kam, nicht der Entdecker selbst gewesen sei, sondern ein Vorfahre von Filipa Moniz Perestrello, der portugiesischen Frau von Kolumbus und Mutter seines Sohnes Diego. Toscano schien zu glauben, dass Ferdinand im ursprünglichen Text Piacenza mit Filipa in Verbindung gebracht hatte, doch der italienische Übersetzer ersetzte Filipa durch Christoph. So hat Toscano den italienischen Ausdruck *traduttori, tradittori* am Rand notiert, was so viel bedeutet wie ‚Übersetzer, Verräter'."

„Das ist rein spekulativ."

„Stimmt, aber fast alles über Kolumbus ist spekulativ. Sein gesamtes Leben stellt sich voller Widersprüche dar." Tomás deutete erneut auf Ferdinands Buch. „Lassen Sie mich Ihnen einige weitere Ungereimtheiten erklären, die Toscano gefunden hat, zum Beispiel Ferdinands Geschichte, sein Vater sei an Land geschwommen und anschließend nach Lissabon gegangen, weil er gewusst habe, dass viele seiner Genueser Landsleute in dieser Stadt lebten."

„Daran gibt es ja wohl nichts zu rütteln."

„Aber denken Sie einmal nach, Nelson. Ein paar Seiten früher hat Ferdinand erklärt, er sei dreimal nach Genua gereist und habe nie auch nur einen einzigen Verwandten dort gefunden. Soll nicht Ferdinand selbst gesagt haben, dass sein Vater ursprünglich aus Piacenza stammte? Wieso sollte er uns dann glauben machen wollen, dass sein Vater Genueser war?" Tomás wedelte mit den Notizen des Professors. „Auch hier scheint Professor Toscano den Übersetzer zu verdächtigen, denn er schrieb erneut *traduttori, tradittori* an den Rand." Er zeigte Moliarti ein paar andere Fotokopien. „In der Tat gibt es in *Leben und Abenteuer des Admirals* so viele Widersprüche, dass Pater Alejandro de la Torre y Velez, Domherr von Salamanca und ein Kenner von Ferdinands Buch, ebenfalls zu dem Schluss kam, dass ‚jemand daran herumgepfuscht und es verändert hat'."

„Sie sagen also, dass alles falsch ist?"

„Nein. *Leben und Abenteuer des Admirals* wurde eindeutig von Ferdinand geschrieben. Das steht außer Zweifel. Aber im veröffentlichten Text finden sich gewisse Widersprüche und Merkwürdigkeiten, für die es nur zwei mögliche Erklärungen gibt. Entweder hatte Ferdinand den Verstand verloren, was nicht sehr wahrscheinlich ist, oder jemand hat wesentliche Einzelheiten im Manuskript verändert und an den Geschmack der italienischen Leser, für die das Buch gedacht war, angepasst."

„Wer?"

„Ist das nicht offensichtlich? Es kann nur Baliano de Fornari gewesen sein, der Genueser, der von Luís de Colón das Manuskript erhielt und nur die italienische Übersetzung veröffentlichte, wobei er offen zugab, ‚dem Staat Genua, der Heimat des großen Entdeckers, in aller Welt zu Ruhm verhelfen zu wollen'."

Moliarti forderte ihn ungeduldig auf weiterzuerzählen.

„Kommen wir nun zum wichtigsten Zeugen überhaupt", sagte Tomás.

„Und der wäre?"

„Kolumbus persönlich."

„Was hat er gesagt?"

Tomás legte die Fotokopien ordentlich zurück in seine Aktentasche und holte tief Luft.

„Wir wissen heute, dass Kolumbus zeitlebens seine Vergangenheit geheimgehalten hat. Wir nennen ihn Kolumbus, obwohl es kein einziges Dokument gibt, in dem er sich selbst so nennt. Nicht ein einziges. In den wenigen erhaltenen Manuskripten bezeichnete Kolumbus sich stets als Colom oder Colón. Soweit wir wissen, hat der Mann, den wir heute Christoph Kolumbus nennen, diesen Namen nie selbst verwendet, vielmehr hat er seine Herkunft absichtlich verschleiert."

„Soll das heißen, er hat nie gesagt, wo er geboren wurde?"

„Sagen wir es so: Kolumbus war immer sehr darauf erpicht, seine Herkunft zu verbergen, doch es gibt eine Ausnahme." Er hielt einige Fotokopien in die Höhe. „Sein *Mayorazgo*."

„Sein *Mayor*-was?"

„*Mayorazgo*. Sein Erbfolgevertrag. Dieses Testament wurde am 22. Februar 1498 ausgestellt, kurz bevor Kolumbus zu seiner dritten Reise in die Neue Welt aufbrach. Darin sind die Rechte seines ersten Sohns Diego festgelegt." Tomás überflog den Text. „In diesem Dokument erinnerte Kolumbus die Krone an seine Verdienste für die Nation und appellierte an die Katholischen Könige und ihren ältesten Sohn, Prinz Johann, seine Rechte zu wahren und ‚meine Einkünfte als Admiral der Weltmeere für alles westlich einer imaginären

Linie, die Eure Hoheit zu ziehen befohlen hatte und die hundert Meilen jenseits der Azoren und ebenso weit jenseits der Kapverdischen Inseln von Pol zu Pol verläuft', zu sichern. Kolumbus verfügte, dass seine Rechte auf seinen ältesten Sohn Diego übergehen sollten, ‚ein Mann von rechtmäßiger Herkunft, der den Namen Colón trägt, den er von seinem Vater und seinen Vorfahren geerbt hat'. Falls Diego ohne männliche Nachfahren sterben sollte, würden seine Rechte an seinen Halbbruder Ferdinand fallen, danach an Kolumbus' Bruder Bartolomeu, dann seinen anderen Bruder und so weiter, solange es männliche Nachfolger gab." Tomás schaute Moliarti direkt an. „Beachten Sie, dass Kolumbus von Diego nicht gesagt hat ‚der den Namen Columbus von seinem Vater und seinen Vorfahren geerbt hat', sondern ‚der den Namen Colón trägt'."

„Ich verstehe", sagte Moliarti zähneknirschend. „Aber wo stammte er nun tatsächlich her?"

„Dazu komme ich gleich", antwortete Tomás und bedeutete Moliarti, sich noch etwas zu gedulden. „Sein Testament verfügte auch, dass ein Teil der Einkünfte, auf die Kolumbus als Admiral der Weltmeere ein Anrecht hatte, bei der Bank Santo Giorgio hinterlegt werden sollte, und er lieferte strikte Anweisungen, wie seine Erben alle Dokumente zu unterzeichnen hätten. Kolumbus wollte nicht, dass sie ihren Nachnamen verwendeten, sondern lediglich den Titel *el Almirant* unter einer merkwürdigen Pyramide von Initialen und Punkten setzten." Tomás deutete auf eine weitere Kopie. „Hier ist der Teil, der Sie so brennend interessiert, Nelson. Genauer gesagt, Sie und Toscano. Es gibt eine Stelle in seinem Testament, an der Kolumbus etwas Ungewöhnliches schreibt. Er erinnert die Katholischen Könige daran, dass er ihnen in Kastilien gedient habe, obwohl er aus Genua stamme."

„Aha!“, rief Moliarti aus und schlug mit der Faust auf den Tisch. „Da haben wir’s!“

„Immer mit der Ruhe“, sagte Tomás lachend. „An einer anderen Stelle seines Testaments drängt er seine Erben, es möge immer eine Person ihrer Erblinie in Genua bleiben, ‚insofern als ich dort geboren wurde und von dort abstamme‘.“

„Na also! Was ist daran noch unklar?“

„Nichts“, stimmte Tomás schmunzelnd zu. „Falls es denn stimmt.“

Eine dunkle Wolke schien sich auf Moliartis Gesicht auszubreiten. Sein Lächeln erstarb, sein Unterkiefer klappte nach unten, und seine Augen drohten, aus ihren Höhlen zu treten.

„Was zum Teufel soll das?“, sagte er schließlich aufbrausend. „Wollen Sie damit sagen, dass alles falsch ist? Passen Sie auf, Mann. Ich lasse mich nicht verarschen!“

„Hey, Nelson“, versuchte Tomás, den wütenden Amerikaner zu beschwichtigen. „Bleiben Sie ruhig, ich sage nicht, dass etwas wahr oder falsch ist. Alles, was ich mache, ist, Dokumente und Zeugenaussagen abzuwägen, Professor Toscanos Notizen auszuwerten und seine Gedankengänge zu rekonstruieren. Das ist es doch, wofür Sie mich bezahlen, nicht wahr? Nun, der Professor hat gewisse Aspekte der herkömmlichen Biografie von Christoph Kolumbus stark angezweifelt. Und ich mache nichts anderes, als Ihnen die Glaubwürdigkeit der betreffenden Quellen zu erklären. Wenn wir alle Dokumente und Aussagen als wahr akzeptieren wollten, ergäbe die Lebensgeschichte Kolumbus’ keinen Sinn. Er wäre an mehreren Orten und an unterschiedlichen Tagen geboren und hätte fast ein Dutzend Nachnamen. Das ist unmöglich. Letzten Endes müssen Sie selbst entscheiden, was Sie als wahr und was als falsch erachten. Wenn Sie wollen, dass Kolumbus Genueser war, ignorieren Sie einfach alle Widersprüche und Unklarheiten in den Dokumenten.

Für das Gegenteil gilt das gleiche. Aber ich habe nicht vor, die Genueser Hypothese zu demontieren. Um ehrlich zu sein, ist mir die Herkunft von Christoph Kolumbus ziemlich egal." Er machte eine kurze Pause. „Alles, was ich versuche ist, Professor Toscanos Recherchen zu rekonstruieren, denn dafür haben Sie mich doch engagiert."

„Sie haben recht", lenkte Moliarti deutlich ruhiger ein. „Tut mir leid, ich sollte mich nicht so aufregen. Fahren Sie fort."

„In Ordnung", sagte Tomás. „Wie schon gesagt, gab Kolumbus in seinem Testament zwei ausdrückliche Hinweise darauf, dass Genua seine Geburtsstadt gewesen ist."

„Er hat also zweimal ausdrücklich gesagt, er sei in Genua geboren worden?"

„Korrekt", stimmte Tomás zu. „Jetzt hängt alles davon ab, wie glaubwürdig dieses Dokument ist. Es gibt eine vom König ratifizierte Version dieses Erbfolgevertrags aus dem Jahr 1501, die erst 1925 entdeckt wurde und sich jetzt im spanischen Generalarchiv von Simancas befindet. Ich habe hier eine Kopie der beglaubigten Abschrift seines Testaments, das im sogenannten Indienarchiv in Sevilla aufbewahrt wird." Er hielt Moliarti einige Kopien hin. „Ich nehme an, diese Kopie stand im Mittelpunkt des *Pleito Sucessorio*, eines überaus wichtigen Gerichtsverfahrens, das 1578 eröffnet wurde, um die rechtmäßige Erbfolge des Admirals nach dem Tod von Don Diego, seinem Urenkel, festzulegen. Dabei dürfen wir nicht vergessen, dass im Erbfolgevertrag festgeschrieben war, dass alle Erben männlich sein und den Namen Colón tragen müssen. Das Gericht entschied jedoch entgegen dieser ausdrücklichen Verfügung, dass auch der Name Colombo gültig sei, eine Nachricht, die sich wie ein Lauffeuer durch Italien verbreitete. Da Christoph Kolumbus ein Anrecht auf einen Teil aller Einkünfte aus dem Handel mit Indien hatte, ließ die Nachricht, dass jeder mit dem

Namen Colombo ein potentieller Erbe sein konnte, in Italien die Kandidaten wie Pilze aus dem Boden schießen. Wie sich herausstellte, war der Name Cristoforo Colombo in Italien recht verbreitet, weshalb das Gericht verfügte, dass alle Kandidaten in ihrem Stammbaum einen Bruder Bartolomeo, einen anderen Bruder Jacobo und einen Vater namens Domenico aufweisen mussten. Daraufhin meldeten sich mehrere Kandidaten, darunter ein gewisser Baldassare Colombo aus Cuccaro Monferrato. Im Rahmen des Prüfverfahrens legte der spanische Anwalt Verástegui eine Kopie des Erbfolgevertrags vor, der am 22. Februar 1498, dem Tag, an dem das Testament aufgesetzt wurde, von Prinz Johann unterzeichnet worden war."

„Wer ist dieser Prinz Johann?"

„Der älteste Sohn der Katholischen Könige."

„Sie haben also eine beglaubigte Kopie mit der Unterschrift des Kronprinzen und zweifeln immer noch an der Echtheit des Dokuments?"

„Nelson", wandte Tomás vorsichtig ein. „Prinz Johann starb am 4. Oktober 1497."

„Ja, und?"

„Wie kann er da 1498 noch ein Dokument unterzeichnet haben?" Er zwinkerte Moliarti zu. „Na?"

Moliarti kniff die Augen zusammen und sagte einen Moment lang gar nichts, während er Tomás fixierte und über dessen Worte nachdachte.

„Nun ja, … also ...", brummte er schließlich.

„Dies, mein lieber Nelson, ist ein echtes Problem. Es untergräbt vollständig die Glaubwürdigkeit des *Mayorazgo*. Allerdings ist es nicht die einzige Ungereimtheit in dem Dokument."

„Es gibt noch mehr?"

„Selbstverständlich. Hier, schauen Sie." Tomás zeigte Moliarti eine der Fotokopien. Dann las er vor: „Und ich bete für den König und die Königin, unsere gerechten Herrscher, sowie Prinz Don Johann, ihren erstgeborenen Sohn und unseren Herrn.“ Er machte eine kurze Pause. „Hier ist es das gleiche Problem. Kolumbus spricht von Prinz Johann, als wäre er noch am Leben, obwohl er im Jahr zuvor mit nur neunzehn Jahren gestorben war. Das war ein derart großes Ereignis, dass der gesamte Hofstaat Trauer trug, öffentliche und private Einrichtungen vierzig Tage lang geschlossen und die Symbole der Trauer an Wänden und Toren der spanischen Städte angebracht wurden. Wie wäre es zu erklären, dass der Admiral, der dem Hof und insbesondere der Königin sehr nahe stand, unter diesen Umständen nichts vom Tod des Prinzen wusste?“

Er lächelte und schüttelte den Kopf.

„Und so geht es weiter“, fuhr Tomás fort. „Der genannte Don Diego oder jeder andere Erbe dieses Nachlasses erhält meine Einkünfte als Admiral der Weltmeere für allen Handel westlich einer imaginären Linie, die Eure Hoheit zu ziehen befohlen hatte und die hundert Meilen jenseits der Azoren und ebenso weit jenseits der Kapverdischen Inseln von Pol zu Pol verläuft.“ Er blickte Moliarti herausfordernd an. „Nehmen wir nur all die Ungereimtheiten in dieser kurzen Passage. Erstens, wie um Himmels Willen hätte Christoph Kolumbus die Azoren und die Kapverdischen Inseln auf dem gleichen Breitengrad verorten können? Ist es möglich, dass dem Mann, der Amerika entdeckt und der diese beiden portugiesischen Archipele persönlich besucht hat, ein solch eklatanter Irrtum unterlaufen wäre? Zweitens dürfen wir nicht vergessen, dass diese 100 Meilen eine Bezeichnung aus der päpstlichen Bulle *Inter caetera* von 1493 sind, aus der später der Vertrag von Alcaçovas hervorging. Als der *Mayorazgo* unterzeichnet wurde, war jedoch bereits der Vertrag von Tordesillas in Kraft. Wie wäre es zu erklären, dass der Admiral einen Ausdruck aus einem veralteten Vertrag verwendet hätte? Sollte er den Verstand verloren haben? Drittens heißt es, ‚westlich einer imaginären Linie, die Ihre Hoheit zu ziehen befohlen hatte', zu einer Zeit, als Königin Isabella noch lebte. Sie starb erst sechs Jahre später, im Jahr 1504. Es wäre undenkbar gewesen, dass Kolumbus die Katholischen Könige nicht gemeinsam erwähnt hätte. Wie Sie in jedem beliebigen Dokument der damaligen Zeit lesen können, wurden sie stets als Eure Hoheiten im Plural bezeichnet. Sollte Kolumbus beschlossen haben, die Königin zu beleidigen, indem er so tat, als gäbe es sie nicht? Oder sollte dieses Dokument von einem nachlässigen Fälscher nach 1504 geschrieben worden sein, als es in der Tat nur noch einen König gab?"

„Okay, okay, ich hab's verstanden", sagte Moliarti kleinlaut. „Ist das jetzt endlich alles?"

„Nein, es gibt noch mehr. Die Tatsache, dass in diesem Testament gleich zweimal von Genua die Rede ist, verdient Beachtung. Umso mehr, als es beide Male heißt, Genua sei Kolumbus' Geburtsstadt gewesen." Tomás lehnte sich auf seinem Stuhl zurück und strich die Fotokopien glatt. „Bedenken Sie, dass Kolumbus sein Leben lang ein Geheimnis um seine Herkunft gemacht hat. Das ging so weit, dass der Kriminologe Cesare Lombroso, einer der größten Detektive des 19. Jahrhunderts, ihn als paranoid bezeichnete. Je berühmter Kolumbus wurde, desto weniger wollte er, dass die Menschen etwas über seine Herkunft und seine Familie erfuhren. Und nach all den Jahren der Heimlichtuerei soll dieser Mann urplötzlich seine Meinung geändert und in seinem Testament gleich zweimal Genua ausdrücklich als seinen Geburtsort bezeichnet haben? Halten Sie das für realistisch?"

Moliarti schnaubte.

„Das heißt also, dieses Testament ist eine Fälschung, nicht wahr?"

„Das ist jedenfalls der Schluss, zu dem der spanische Hof gekommen ist, Nelson. Und Kolumbus' Nachlass ging an Dom Nuno aus Portugal, einen seiner Enkelsöhne." Er verschränkte die Arme vor der Brust. „Hören Sie gut zu, was ich Ihnen jetzt sagen werde. Es gab ein echtes Testament, aber das ging verloren. Einige Historiker, wie der Spanier Salvador de Madariaga, glauben, dass das vorliegende Testament zwar gefälscht ist, aber in vielen Aspekten auf dem verlorenen Originaldokument beruht." Er warf einen Blick auf seine Unterlagen. „Diese Meinung teilte auch der Historiker Luís Ulloa, der herausfand, dass die gefälschte Kopie des *Mayorazgo*, den der Anwalt Verástegui vorgelegt hatte, sich vorübergehend im Besitz von Luísa de Carvajal befunden hatte, der Frau von Luís Buzon, einem stadtbekannten Fälscher."

„Was hielt Professor Toscano von der ganzen Sache?"

„Er glaubte eindeutig auch, dass dieses Testament anhand des echten Testaments gefälscht wurde. Wie schon gesagt, wollte jeder Kolumbus' Erbe sein, und unter solchen Umständen, bei denen es um so viel Geld ging, war es nur verständlich, dass auch Betrüger auf den Plan traten. Es ist gut möglich, dass dieser Luís Buzon das Testament – übrigens sehr geschickt – gefälscht hat, wobei er die unverfänglichen Passagen akkurat kopiert und nur die wesentlichen Stellen geändert hat. Sie müssen zugeben, dass es merkwürdig ist, dass dieses Testament nicht schon 1506 auftauchte, als Kolumbus starb, sondern erst 1578, mehr als 70 Jahre später, als es auch noch der Partei, die es vorlegte, große Vorteile brachte. Wie können wir unter diesen Umständen irgendetwas, das in diesem Testament steht, glauben?"

Moliarti zuckte resigniert mit den Schultern.

„Vergessen wir also den *Mayorazgo*. Gibt es sonst noch irgendwelche wichtigen Dokumente?"

„Es gibt andere, die angeblich aus derselben Zeit stammen aber noch später ans Tageslicht kamen, insbesondere im 19. Jahrhundert. Auf die darin enthaltenen Ungereimtheiten gehe ich in dem Bericht ein, den ich Ihnen schicken werde. Ich schlage vor, dass wir uns hier auf den wichtigsten konzentrieren, in Ordnung?"

„Einverstanden."

„1799 veröffentlichte der Genueser Filippo Casoni die *Annali della repubblica di Genova*, in denen auch der Stammbaum des Seidenwebers Cristoforo Colombo enthalten war. Da es noch zu klären galt, ob der Nachname des Entdeckers Colom oder Colón lautete, umging Casoni diese Frage und beschloss, dass Colombo eine Variation dieses Namens sei und ‚aus der Familie Colom' bedeutete. Dies war ein kühner Schritt, dem eine wahre Flut offizieller Texte folgte. Die bedeutendste Entdeckung wurde 1904 im Wissenschaftsjournal *Giornale storico e letterario della Liguria* angekündigt, demzufolge der Genueser Oberst Ugo Assereto behauptete, eine notarielle Urkunde vom 25. August 1479 gefunden zu haben, die Christoph Kolumbus' Aufbruch nach Lissabon für den nächsten Tag dokumentierte. Das Assereto-Dokument, wie es heute heißt, gab Kolumbus' Alter als *annorum viginti septem vel circa* an, also ungefähr 27 Jahre, was bedeuten würde, dass er 1451 geboren wurde."

„Wollen Sie nun etwa doch sagen, dass alles falsch ist?", fragte Moliarti gereizt.

„Nelson", sagte Tomás lächelnd. „Glauben Sie wirklich, ich könnte so grausam sein?"

„Ja."

„Sie irren sich, Nelson. Das liegt mir fern."

Auf Moliartis Gesicht machte sich vorsichtige Erleichterung breit.

„Gut."

„Allerdings ...“

„Oh, nein!“

„Wir müssen immer die Glaubwürdigkeit aller Dokumente prüfen, sie kritisch hinterfragen, die Absicht ihrer Verfasser berücksichtigen und sichergehen, dass es keine Widersprüche gibt.“

„Heißt das etwa, dass es in diesem Dokument ebenfalls Unstimmigkeiten gibt?“

„Ja, leider.“

Moliarti warf entnervt seinen Kopf in den Nacken.

„Verdammt!“

„Erstens sind die Unterlagen nicht aufgetaucht, als sie vermeintlich erstellt wurden, sondern erst viel später. In seinen Notizen hat Professor Toscano dazu den französischen Ausdruck notiert, *le temps qui passe, c'est l'évidence qui s'efface*. Das heißt so viel wie, je mehr Zeit vergeht, desto mehr Beweise verschwinden. In diesem Fall scheint allerdings das Gegenteil wahr zu sein. Je mehr Zeit vergeht, desto mehr Beweise tauchen auf.“

„Wollen Sie damit sagen, die notariellen Unterlagen sind alle gefälscht?“

„Nein, das sage ich nicht. Sie beweisen durchaus, dass es in Genua einen Seidenweber Cristoforo Colombo gab, der zwei Brüder namens Bartolomeu und Jacobo hatte und deren Vater Domenico Colombo ein Wollkämmer war. Das ist höchstwahrscheinlich richtig, und niemand bestreitet es. Was die Unterlagen jedoch nicht beweisen ist, dass dieser Seidenweber aus Genua dieselbe Person ist, die Amerika entdeckte. Es gibt nur eine einzige Akte, die dies behauptet und eindeutig den Zusammenhang zwischen dem Genueser Colombo und dem Iberer Colom herstellt.“ Tomás reichte Moliarti ein paar Fotokopien. „Nämlich das Assereto-Dokument.“

„Lassen Sie mich raten“, sagte Moliarti sarkastisch. „Dieses Dokument ist nicht vollständig glaubwürdig.“

„In der Tat“, bestätigte Tomás. „Versuchen wir einmal, das Gesamtbild zu rekonstruieren, wobei wir immer bedenken müssen, dass Dokumente mit Hinweis auf Kolumbus in Genua erst während des 19. Jahrhunderts wie Pilze aus dem Boden schossen. Als der große Entdecker 1493 von seiner ersten Reise in die Neue Welt zurückkehrte, schrieben die genuesischen Botschafter in Barcelona, Francesco Marchesi und Giovanni Grimaldi, zwar eine entsprechende Nachricht nach Genua, vergaßen jedoch ein winziges, scheinbar unwichtiges Detail: dass der Admiral ein Landsmann von ihnen war. Auch sonst machte sich niemand in Genua die Mühe, sie daran zu erinnern. Halten Sie das für glaubwürdig? Aber da ist noch mehr. 1492, als Amerika entdeckt wurde, lebte der Vater des Seidenwebers Cristoforo Colombo noch. Es gibt jedoch keinen einzigen Eintrag, der besagt, dass er oder ein Familienmitglied, Nachbar, Freund oder Bekannter diese Tat gefeiert oder auch nur wahrgenommen hätte. Vielmehr gibt es offizielle Unterlagen in Genua, die belegen, dass Domenico Colombo 1499 völlig verarmt starb. Sein gesamtes Vermögen war verpfändet, doch der Admiral ignorierte seinen verarmten Vater bis zu dessen Tod. Umgekehrt klopfte auch keiner der vielen Gläubiger bei dem berühmten Sohn an, damit er die Schulden seines Vaters begliche. Umso bemerkenswerter, dass während des *Pleito Sucessorio*, dem 1548 entbrannten Erbfolgestreit nach dem Tod seines Enkelsohns, unzählige Kandidaten aus ganz Ligurien nach Spanien kamen, die alle behaupteten, Kolumbus' Verwandte zu sein.“ Tomás schaute Moliarti schelmisch an. „Raten Sie mal, wie viele dieser Kandidaten aus Genua stammten.“

„Keine Ahnung.“

Tomás legte seinen Zeigefinger und Daumen zusammen. „Null, Nelson.“ Er ließ die Antwort nachwirken. „Nicht ein einziger Kandidat kam aus Genua." Dann holte er noch einmal tief Luft. „Wir müssen jedoch immer im Hinterkopf behalten, dass die historischen Recherchen zur damaligen Zeit gefährlich mit den politischen Interessen verknüpft waren. Die Italiener befanden sich mitten in einem Prozess der nationalen Vereinigung und Bestätigung, angeführt von dem Ligurier Giuseppe Garibaldi. Dann kamen die ersten Theorien auf, dass Kolumbus möglicherweise kein Italiener war. Für den neuen Staat war das nicht hinnehmbar. Der Genueser Kolumbus war ein Symbol der Einheit und des Stolzes für die Millionen Italiener der jungen Nation sowie für all jene, die in die Vereinigten Staaten, nach Brasilien und Argentinien emigriert waren. Die Debatte wurde chauvinistisch. In diesem politischen und gesellschaftlichen Umfeld geriet die Genueser Theorie plötzlich ins Wanken. Einerseits tauchten viele Dokumente auf, die belegten, dass ein Cristoforo, ein Domenico, ein Bartolomeo und ein Jacobo in der Stadt gelebt hatten, aber es ließ sich nicht zweifelsfrei beweisen, dass es zwischen ihnen und dem Entdecker eine Verbindung gab. Abgesehen davon schien ein solcher Zusammenhang absurd zu sein, schließlich war der Genueser Colombo ein ungebildeter Weber und der Iberer Colom ein in Kosmographie, Seefahrt, Fremdsprachen und Schriftkorrespondenz versierter Admiral. In Anbetracht dessen, was auf dem Spiel stand, insbesondere in politischer Hinsicht und vor dem Hintergrund des italienischen Nationalismus, schien das nicht akzeptabel. Dann tauchte wie durch eine glückliche Fügung das Assereto-Dokument auf und lieferte den nötigen Beweis. Allein die Tatsache, dass dieses Dokument genau dann auftauchte, als es benötigt wurde, ist äußerst verdächtig. Noch verdächtiger ist jedoch, dass Oberst Assereto bald darauf vom italienischen Staat für sein Verdienst für die Nation geehrt und zum General befördert wurde."

„Das mag ja alles stimmen, dennoch sind das nichts als Vermutungen. Oder gibt es bei dem von Assereto entdeckten Dokument auch echte Unstimmigkeiten?“

„Ja, die gibt es.“

Die beiden Männer starrten einander eine Weile lang schweigend an.

„Nun sagen Sie schon, was es ist“, forderte Moliarti Tomás schließlich auf.

„Kolumbus’ Geburtsdatum.“

„Was ist damit?“

„Das Assereto-Dokument beharrt darauf, dass Kolumbus 1451 geboren wurde, was jedoch mit der Aussage eines wichtigen Zeugen kollidiert.“ Ein Lächeln umspielte Tomás’ Mundwinkel. „Raten Sie mal, wer dieses Datum infrage stellt.“

„Ich habe nicht die leiseste Ahnung.“

„Christoph Kolumbus persönlich. Ähnlich wie bei seinem Namen und seiner Herkunft, hat Kolumbus auch über sein Geburtsdatum den Mantel des Schweigens gehüllt. Sein Sohn Ferdinand teilte lediglich mit, dass sein Vater im Alter von vierzehn Jahren zum Seemann wurde. Kolumbus selbst ließ sein Alter nur bei zwei Gelegenheiten durchblicken.“ Tomás warf einen Blick in seine Notizen. „Während seiner ersten Reise notierte er in seinem Tagebuch am 21. Dezember 1492, ‚ich fahre nun seit dreiundzwanzig Jahren ohne nennenswerte Unterbrechung zur See‘. Anhand dieser Aussage können wir leicht nachrechnen.“ Tomás suchte eine freie Seite in seinem Notizbuch und begann zu schreiben. „Wenn wir die dreiundzwanzig Jahre auf See nehmen und die acht Jahre in Kastilien, die durchaus nennenswerte Zeit, bis ihm die Segelgenehmigung erteilt wurde, und dazu die vierzehn Jahre seiner Kindheit addieren, bevor er zum Seemann wurde, ergibt das fünfundvierzig Jahre. Sprich, Kolumbus war 1492, als er Amerika entdeckte, fünfundvierzig

Jahre alt. Und wenn wir fünfundvierzig von 1492 abziehen, ergibt das 1447. Das Jahr, in dem Kolumbus geboren wurde.“ Tomás schlang seinen Mantel enger um sich. „Später, in einem Brief aus dem Jahr 1501, der von Ferdinand wiedergegeben wurde, teilte Kolumbus den Katholischen Königen mit: ‚Ich widme mich diesem Bestreben seit mehr als vierzig Jahren‘, wobei er sich auf seine Zeit als Navigator bezieht.“ Er schlug sein Notizbuch mit den Berechnungen wieder auf. „Wenn wir zu den vierzehn Jahren seiner Kindheit vierzig hinzu addieren, ergibt das vierundfünfzig, sein Alter zum Zeitpunkt, als er diesen Brief schrieb. Ziehen wir diese vierundfünfzig Jahre von 1501 ab, erhalten wir wiederum 1447. In beiden Fällen weist Kolumbus also darauf hin, dass er 1447 geboren wurde, vier Jahre früher als das Assereto-Dokument behauptet, das somit völlig unglaubwürdig wird. Außerdem ist das Assereto-Dokument genau genommen nichts weiter als ein Entwurf, denn es wurde weder von seinem Verfasser noch vom Anwalt unterschrieben und verliert kein Wort über Kolumbus’ Vaterschaft, was in ähnlichen Dokumenten damals gängige Praxis war.“

Moliarti seufzte schwer. Er ließ die Arme hängen und seinen Blick gedankenverloren über den Hof der alten Festung schweifen.

„Sagen Sie mir eins, Tom“, brachte er schließlich hervor. „Glauben Sie, dass Kolumbus kein Genueser war?“

Tomás nahm einen Zahnstocher zur Hand und drehte ihn zwischen seinen Fingern.

„Ich bin ziemlich sicher, dass Professor Toscano der Meinung war, dass Kolumbus nicht aus Genua stammte.“

„Das habe ich verstanden“, sagte Moliarti und deutete auf Tomás. „Aber ich wüsste gerne Ihre Meinung dazu.“

Tomás lächelte. „So, würden Sie das?“ Er schmunzelte. „Nun, es gibt zwei Möglichkeiten. Entweder akzeptieren wir die Dokumente und Berichte, in denen Kolumbus als Genueser bezeichnet wird, trotz ihrer Widersprüchlichkeiten als wahr und nehmen weiter an, dass er aus Genua stammte. Oder wir berücksichtigen all die Einwände gegen diese Theorie und gehen davon aus, dass Kolumbus kein Genueser war." Er schaute Moliarti von der Seite an. „Es gibt jedoch noch eine dritte Hypothese, vielleicht sogar die plausibelste von allen. Sie liegt irgendwo zwischen den beiden ersten Versionen und geht davon aus, dass beide Seiten im Großen und Ganzen trotz gewisser Fehler und Ungenauigkeiten korrekt sind."

„Das gefällt mir."

„Das gefällt Ihnen, Nelson, weil Sie sich noch keine Gedanken über die Auswirkungen dieser Hypothese gemacht haben", lachte Tomás.

„Welche Auswirkungen?"

Tomás hielt zwei Finger in die Höhe.

„Es bedeutet, dass wir es mit zwei Kolumbussen zu tun haben." Er ließ Moliarti diesen Gedanken kurz verdauen. „Mit Cristoforo Colombo, dem ungebildeten Seidenweber aus Genua, der vermutlich 1451 geboren wurde. Und mit Cristóvão Colom oder Cristóbal Colón, von unbekannter Herkunft, ein Experte der Kosmografie und Seefahrt, ein Admiral, der Latein sprach, Amerika entdeckte und 1447 geboren wurde."

Moliarti schaute Tomás entgeistert an.

„Das ist unmöglich."

„Und doch, mein lieber Nelson, läuft es genau darauf hinaus." Er lächelte. „Zwei Kolumbusse. Der Genueser Seidenweber und der Entdecker der Neuen Welt. Zwei Männer, aus denen die Geschichte einen einzigen gemacht hat."

Moliarti schnaubte und verschränkte die Arme vor der Brust.

„Ich verstehe."

„Das wirft natürlich eine neue Frage auf."

„Welche?“

„Nun, wenn der Entdecker Amerikas nicht der ungebildete Genueser Seidenweber Cristoforo Colombo war, wer zum Teufel war er dann?“

Nachdem Moliarti sich verabschiedet hatte, schlenderte Tomás gedankenverloren über das Gelände der alten Festung. Er dachte an Lena, und wie sehr sie ihm während der letzten Tage und Wochen geholfen hatte. Sie stellte Fragen, interessierte sich für seine Arbeit, half ihm bei den Recherchen, sprach mit Kollegen aus anderen Fachbereichen, immer auf der Suche nach der Lösung des Rätsels. Tatsächlich war Lena derart engagiert bei der Sache, dass sie mehrere Bücher von Michel Foucault las, immer auf der Suche nach den Zahlen 545 oder einem Hinweis darauf, was sie bedeuteten. Doch trotz ihrer Hilfe und der Tatsache, dass er mit Nachdruck an dem Rätsel arbeitete, war er noch keinen Schritt weitergekommen.

Aber er würde nicht aufgeben, es gab noch viel zu tun. Auf der Rückfahrt hielt er vor einer Buchhandlung an, um eine Ausgabe von *Die Ordnung der Dinge* zu kaufen, in der Hoffnung, darin den entscheidenden Ansatz zu finden. Von Büchern umgeben zu sein, entspannte seinen Körper und Geist und erleichterte ihm das Nachdenken. Er schlenderte die Regale entlang. Er entdeckte zwei Bücher von Amin Maalouf, *Der Felsen von Tanios* und *Samarkand*, die er fast gekauft hätte. Doch er widerstand dem Impuls; es war unwahrscheinlich, dass er in der nächsten Zeit Gelegenheit haben würde, sie zu lesen.

Dennoch überflog er geistesabwesend einige Titel. *Der Gott der kleinen Dinge* von Arundhati Roy erregte seine Aufmerksamkeit, jedoch nur so lange, bis sein Blick auf *Der Name der Rose* von Umberto Eco fiel. Ein großartiges Buch, dachte er; schwierig, aber interessant.

Daneben stand ein anderer Klassiker, *Das Foucault'sche Pendel.* Tomás schürzte seine Lippen. Eco war so vernünftig gewesen, sich mit dem Physiker Léon Foucault zu beschäftigen und die Finger von dem Philosophen Michel zu lassen. Léon hatte im 19. Jahrhundert die Erdrotation mithilfe eines zwei Meter langen Pendels nachgewiesen, das heute im Pariser Panthéon ausgestellt ist. Tomás wollte bereits weitergehen, als drei Worte ihn von dem Buchumschlag ins Auge sprangen: *Eco, Pendel, Foucault.* Er blieb wie angewurzelt stehen.

Eco, Pendel, Foucault.

Auch wenn er den Text bereits auswendig kannte, tastete Tomás in fieberhafter Eile nach seiner Brieftasche und suchte den Zettel, auf dem er Professor Toscanos rätselhafte Frage notiert hatte. Als er ihn gefunden hatte, breitete sich ein Lächeln auf seinem Gesicht aus, während er las:

WELCHES ECHO VON FOUCAULT SCHWINGT BEI 545?

Seine Augen tanzten zwischen dem Buchcover und der Frage hin und her. Echo, Foucault, schwingen. Eco, Pendel, Foucault. Das Buch hieß *Das Foucault'sche Pendel* und war von Umberto Eco. Professor Toscanos Frage lautete, „Welches Echo von Foucault schwingt bei 545?" Tomás hatte das Gefühl, vom Blitz getroffen zu sein.

Herr im Himmel!

Der Schlüssel zum Rätsel lag nicht in den Büchern von Michel Foucault, sondern in dem Roman von Umberto Eco über das von León Foucault erfundene Pendel. Echo, Eco. Wie hatte er nur so blind sein können? Er verfluchte seine eigene Dummheit. Die Lösung für sein Problem war immer direkt vor seiner Nase gewesen, ganz einfach und offensichtlich, und nur aufgrund seines lächerlichen Beharrens auf Michel Foucault hatte er sie nicht gesehen. Selbstverständlich war es eine ausdrückliche Referenz auf *Das Foucault'sche Pendel*, nicht auf den exzentrischen Philosophen!

Entschlossen nahm er das Buch zur Hand und warf einen letzten Blick auf die Frage. Endlich wusste er, was zu tun war.

545.

Fieberhaft blätterte er die Seiten um. Als er Seite 545 gefunden hatte, seufzte er gespannt auf.

XIV

Als Tomás triumphierend *Das Foucault'sche Pendel* aus seiner Aktentasche zog, legte Lena ihren Kopf zur Seite.

„Was ist das?“, fragte sie, während sie ihre langen Beine ausstreckte und Tomás zur Begrüßung auf die Wange küsste.

„Offensichtlich hat Professor Toscano dieses Buch von Umberto Eco gemeint.“

„Und was steht auf Seite 545?“, fragte sie neugierig.

Tomás schlug die betreffende Seite auf und zeigte sie ihr.

„Hier ist von Zusammenhängen die Rede und von Descartes. Und von einigen Personen, deren Initialen R.C. ergeben. Ich habe sie bestimmt ein Dutzend Mal gelesen, werde aber nicht schlau daraus.“

„Darf ich mal sehen?“, bat Lena und streckte ihre Hand aus. Sie las Seite 545 aufmerksam durch.

„Das klingt in der Tat … ziemlich nutzlos“, sagte sie schließlich lachend.

Dann blätterte sie ganz nach vorn und betrachtete das Diagramm mit dem Baum des Lebens und zehn hebräischen Schriftzeichen. Sie las das Epigraph und zögerte. Dann legte sie ihre Hand auf Tomás' Arm und schaute ihn an.

„Hast du das hier schon gelesen?“

„Was?“

Sie begann in dramatischem Tonfall vorzulesen: „‚Für euch, Kinder der Wissenschaft und der Weisheit, haben wir dieses geschrieben. Erforschet das Buch und suchet euch unsere Ansicht zusammen, die wir verstreut und an mehreren Orten dargetan haben; was euch an einem Orte verborgen bleibt, das haben wir an einem anderen offengelegt, damit es fassbar werde für eure Weisheit.‘ Das ist ein Zitat aus Heinrich Cornelius Agrippas *De occulta philosophia*.“ Sie schaute Tomás mit großen Augen an. „Glaubst du, das hat etwas zu sagen?“

„Es klingt fast so.“ Er nahm ihr das Buch ab und betrachtete das einleitende Zitat. „‚Was euch an einem Orte verborgen bleibt, das haben wir an einem anderen offengelegt.‘“ Danach folgte eine leere Seite, dann eine Seite mit der Ziffer 1 und einem merkwürdigen Wort, *Kether*.

„Was ist das?“, fragte Lena.

„Das erste der *Sefiroth*.“

„Was ist ein *Sefiroth*?“

„*Sefiroth* ist Plural, *Sefirah* Singular. Das ist hebräisch und heißt Ziffer. Es sind die Strukturelemente der jüdischen Kabbala, die Emanationen, durch die Gott sich zu erkennen gibt.“ Tomás blätterte zur ersten Textseite des Buches. Auch dort stand unter der Ziffer 1 zunächst ein längeres Zitat, diesmal jedoch auf Hebräisch. Darunter las er den ersten Satz: „Da endlich sah ich das Pendel.“

Acht Seiten weiter stieß Tomás auf das nächste Unterkapitel samt Zitat, zwölf Seiten später folgte wiederum eine Leerseite, dann die Ziffer 2 und das Wort *Chochmah*, das zweite *Sefirah*. Er blätterte ans Ende des Buches und überflog das Inhaltsverzeichnis.

Da waren alle zehn *Sefiroth* mit unterschiedlich vielen Unterkapiteln. Die Kapitel 5, *Geburah*, und 6, *Tifereth*, waren am umfangreichsten. *Geburah* reichte von den Unterkapiteln 34 bis 63. Wie elektrisiert suchte Tomás erneut den zerknitterten Zettel mit der rätselhaften Frage aus seiner Brieftasche hervor:

WELCHES ECHO VON FOUCAULT SCHWINGT BEI 545?

Wie von Geisterhand enthüllte sich ihm der Sinn von Professor Toscanos Rätsel.

„Oh, mein Gott!“, rief er und sprang fast vom Sofa auf.

„Was ist?“

„Oh, mein Gott!“, wiederholte Tomás.

„Was ist denn los? Nun sag schon!“

Tomás zeigte Lena das Inhaltsverzeichnis.

„Hier, siehst du?“

„Nein? Was?“

Er zeigte auf die Ziffer 5 neben dem Wort *Geburah*.

„Das hier.“

„Ja, das ist eine fünf. Und?“

„Und welche Zahl steht in Toscanos Frage?“

„545.“

„Genau. Und die erste Ziffer ist …?“

„Eine fünf.“

„Und danach eine vier und fünf. Oder fünfundvierzig. Gibt es in Kapitel 5 ein Unterkapitel 45?“

Lena suchte eifrig das Inhaltsverzeichnis ab.

„Ja, das gibt es!“

„Dann müssen wir Professor Toscanos Zahl 545 offenbar als 5:45 lesen. Kapitel 5, Unterkapitel 45. Verstehst du?“

Lena riss ihre Augen weit auf und nickte.

„Und welche Überschrift hat dieses Unterkapitel 45?“, fragte Tomás.

Lena fand die entsprechende Zeile und las: „Womit sich eine verblüffende Frage erhebt."

„Siehst du?", lachte Tomás. „Womit sich eine verblüffende Frage erhebt. Was könnte das sein?" Er hielt seinen zerknitterten Zettel in der Hand. „Welches Echo von Foucault schwingt bei 545?" Er zog eine Augenbraue hoch. „Nun, das ist eine außergewöhnliche Frage."

„Wow!", jubelte Lena. „Wir haben es gefunden!" Sie beugte sich über das Inhaltsverzeichnis. „Hier steht es. Auf Seite 318."

Lena strahlte über das ganze Gesicht.

„Es ist, wie im Epitaph geschrieben steht, weißt du noch? ‚Was euch an einem Orte verborgen bleibt, das haben wir an einem anderen offengelegt.'" Sie rutschte aufgeregt auf dem Sofa hin und her.

Tomás blätterte hektisch auf Seite 318 vor. Oben stand die Zahl 45, darunter ein zweizeiliges Zitat von Peter Kolosima aus *Terra senza tempo*.

„Womit sich eine verblüffende Frage erhebt: Kannten die alten Ägypter die Elektrizität?", las er vor.

„Was soll das denn heißen?", wunderte sich Lena.

„Keine Ahnung."

Er überflog die Seite in Windeseile. Sie wirkte wie ein mystischer Text, nahm Bezug auf den verschwundenen Kontinent Mu, die legendären Inseln Atlantis und Avalon und die einstige Maya-Stadt Chichén Itzá, handelte von den Kelten, den Nibelungen und den vergangenen Kulturen des Kaukasus und Indiens. Erst auf der nächsten Seite fand Tomás etwas, das sein Herz schneller schlagen ließ.

„Du liebe Güte", stammelte er.

„Was ist?"

Er reichte Lena das Buch und deutete auf den betreffenden Absatz. Sie las ihn atemlos vor:

„… einen kuriosen Text über Christoph Columbus. Der Autor analysiert seine Unterschrift und findet darin sogar eine Bezugnahme auf die Pyramiden. Columbus hatte die Absicht, den Tempel von Jerusalem zu rekonstruieren, denn er war ein Großmeister der Templer im Exil. Und da er bekanntlich ein portugiesischer Jude und folglich ein Experte für Kabbala war, hat er mit kabbalistischen Beschwörungen die Stürme besänftigt und den Skorbut gezähmt.“

In einer Mischung aus Genugtuung und Verwirrung sah Lena Tomás an.

„Kolumbus war *Jude*?“

***

Das Klopfen an der Tür war ihr unbekannt und anders als das ihrer üblichen Besucher. Es war schnell, kräftig und verriet eine gewisse Ungeduld.

„Wer ist da?“, fragte Madalena Toscano mit zittriger Stimme.

„Ich bin’s“, antwortete eine Männerstimme. „Tomás Noronha.“

„Wer?“, fragte sie zurück. „Noronha, wie?“

„Der … Geschichtsprofessor, der versucht, die Recherchen Ihres Mannes zu rekonstruieren. Ich war vor etwa zehn Tagen hier, erinnern Sie sich nicht?“

Madalena öffnete zaghaft die Tür und lugte durch den Spalt, ohne die Sicherheitskette zu entfernen. Lissabon war nicht mehr das friedliche Dorf von früher, pflegte sie zu sagen. Es war jetzt voll von Dieben, Räubern und allen Arten von Tunichtguten; das sagten sie jeden Tag in den Nachrichten. Man konnte gar nicht vorsichtig genug sein. Vor der Tür konnte sie jedoch keine Bedrohung entdecken. Der Mann, der vor ihr im Korridor stand, hatte dunkles Haar, helle grüne Augen und ein Lächeln, das sie gleich wiedererkannte.

„Oh, Sie sind es!“, begrüßte sie ihn fröhlich. Dann löste sie die Kette und öffnete die Tür. „Kommen Sie doch herein.“

In der Wohnung umgab Tomás die gleiche abgestandene Luft wie beim letzten Mal. Durch die schweren Vorhänge drang nur wenig Licht in den Raum, dessen Ecken entsprechend düster wirkten. Tomás reichte Madalena ein weißes Päckchen mit einer Schleife.

„Das ist für Sie“, sagte er.

Madalena blickte erstaunt auf den Karton in ihrer Hand.

„Was ist das?“

„Ein paar Leckereien aus der Konditorei.“

„Um Himmels willen! Sie hätten sich doch nicht solche Mühe …“

„Es ist mir ein Vergnügen.“

Sie schob ihn sanft ins Wohnzimmer und öffnete das Päckchen.

„Wie verführerisch“, sagte sie und nahm einen Teller aus dem Schrank, auf den sie die Törtchen legte. Dann hielt sie Tomás den Teller hin. „Bitte bedienen Sie sich.“

„Nein, die sind für Sie.“

„Aber das ist doch viel zu viel. Die könnte ich nie alle essen. Abgesehen davon würde mein Arzt mir eine ordentliche Standpauke halten.“ Sie hielt Tomás erneut den Teller hin. „Sie müssen schon mitessen.“

Tomás nahm ein Sahneröllchen, Madalena eine kleine Fruchtschnitte.

„Ich habe neulich meinem ältesten Sohn gesagt, ‚Weißt du, Manuel, ich würde die Arbeit deines Vaters gern noch veröffentlicht sehen.‘ Ich habe ihm erzählt, dass ein junger Mann von der Universität wegen der Dokumente hier gewesen ist, sich aber seither nicht mehr gemeldet hat.“

„Und jetzt bin ich hier.“

„Ja. Haben Sie gefunden, wonach Sie gesucht haben?“

„Beinahe. Alles, was ich jetzt brauche, liegt im Safe Ihres Mannes.“

„Ah, ja, der Safe. Aber ich habe Ihnen ja schon gesagt, dass ich den Code nicht kenne.“

„Es ist ein Zahlencode, nicht wahr?“

„Ja.“

„Beim letzten Mal sagten Sie, dass man erst die richtigen Worte finden und dann die Buchstaben in Zahlen umwandeln müsse.“

„Genau. Das ist es, was mein Mann immer tat.“

Tomás lächelte.

„Dann glaube ich, die Lösung zu kennen.“

„Wirklich?“, sagte Madalena erregt.

„Erinnern Sie sich noch an die Chiffre, die Sie mir gegeben haben?“

„Diesen Buchstabensalat?“

„Ja.“

„Natürlich erinnere ich mich. Ich habe den Zettel noch hier.“

„Ich habe den Text jetzt entschlüsselt und denke, die Antwort zu kennen. Können wir es versuchen?“

Madalena ging vor ihm her ins Schlafzimmer. Sie stellten den Safe auf einen freien Fleck des Schreibtisches und beugten sich darüber. Tomás nahm sein Notizbuch aus der Jackentasche und blätterte eine Weile darin. Endlich fand er das vorbereitete Wort und die zugehörigen Zahlen, die er darunter geschrieben hatte:

S	**E**	**P**	**H**	**A**	**R**	**D**	**E**
19	**5**	**16**	**8**	**1**	**18**	**4**	**5**

„Ein Sepharde ist ein portugiesischer Jude“, sagte Tomás mit einem zufriedenen Lächeln. Dann gab er die Ziffern ein, merkte jedoch zu seinem Entsetzen, dass ihm eine Ziffer fehlte. Der Code bestand aus zwölf Stellen, nicht elf! Hektisch probierte er an der zwölften Stelle sämtliche Zahlen von 0 bis 9, doch nichts passierte.

Dann fiel ihm ein, dass die Sepharden sich selbst Sephardim nannten und schrieb auch diese Ziffernfolge in sein Notizbuch.

S	E	P	H	A	R	D	I	M
19	**5**	**16**	**8**	**1**	**18**	**4**	**9**	**13**

Diesmal war es jedoch eine Ziffer zu viel. Verärgert runzelte Tomás die Stirn.

„Könnte es nicht ein Synonym sein?“, fragte Madalena.

„Warum nicht?“, stimmte Tomás zu. Er rieb sich nachdenklich das Kinn. „Im 16. Jahrhundert nannte man konvertierte Juden auch Neue Christen.“

Er nahm einen Stift von Toscanos Schreibtisch und notierte diesmal:

N	E	U	E	R	C	H	R	I	S	T
14	**5**	**21**	**5**	**18**	**3**	**8**	**18**	**9**	**19**	**20**

Doch auch sämtliche Versuche, die zweistelligen Zahlen zu addieren oder irgendwelche Quersummen zu bilden, blieben erfolglos. Er fand nicht einmal einen Lösungsansatz, den es sich einzugeben gelohnt hätte. Tomás seufzte und fuhr sich mit der Hand durchs Haar, enttäuscht und ohne eine Idee, was er noch probieren könnte.

„Nein“, sagte er und schüttelte den Kopf. „Das ist es nicht.“

Madalena zuckte mit den Schultern und schloss die Schranktür wieder zu.

***

In den Tonvasen standen prächtige Blumensträuße, deren füllige Blüten die Blätter überragten, als wetteiferten sie miteinander um die aussichtsreichste Position. Die Blütenblätter leuchteten in allen erdenklichen Schattierungen von Pink. Sie wirkten zart, leicht wie Federn und legten sich gleichsam schützend um ihr Zentrum. Es waren schöne, sinnliche, erotische Blumen.

„Sind das Rosen?“, fragte Tomás mit einem Glas Whisky in der Hand.

„Sie sehen so ähnlich aus“, antwortete Constanze, „aber es sind Päonien.“

Sie hatten das Abendessen beendet und machten es sich jetzt im Wohnzimmer bequem, während Margarida sich anschickte, ins Bett zu gehen.

„Was bedeuten sie?“, wollte Tomás wissen. „Erzähl mir etwas über sie.“

Nach all der Arbeit wollte er auf andere Gedanken kommen. Seit er sich mit Lena traf, hatte er immer weniger mit Constanze gesprochen, und jetzt wollte er ihr einfach nur zuhören.

„Paieon war der Heilgott der griechischen Mythologie. Der Legende zufolge heilte er Pluto mit den Samen einer bestimmten Pflanze, die daraufhin ihm zu Ehren Päonien genannt wurde. Plinius der Ältere behauptete, dass Päonien in der Lage seien, zwanzig Krankheiten zu heilen, was aber nie bewiesen wurde. Die Wurzeln wurden jedoch im 18. Jahrhundert als Mittel gegen Epilepsie und Albträume bei Kindern eingesetzt, weshalb Päonien in der Folge mit der Kindheit in Verbindung gebracht wurden.“

Tomás betrachtete die Blumen aufmerksam.

„Ich hätte schwören können, dass es Rosen sind.“

„Sie sind wie Rosen, aber ohne Dornen. Im Christentum werden sie daher gern mit der Jungfrau Maria verglichen: eine Rose ohne Dornen."

„Und was symbolisieren sie?"

„Schüchternheit. Wenn chinesische Dichter das schüchterne Erröten junger Mädchen beschreiben wollten, vor allem in Verbindung mit jungfräulicher Unschuld, verwendeten sie Päonien."

Tomás stand auf und ging in Margaridas Schlafzimmer. Er brachte sie ins Bett, drückte ihr einen Kuss auf die rosigen Wangen und streichelte ihr feines, schwarzes Haar, während er ihr eine Gutenachtgeschichte erzählte. Vom ruhigen Tonfall seiner Stimme eingelullt, nahm die Schläfrigkeit bald von seiner Tochter Besitz. Ihre Augenlider schlossen sich, und ihr Atem wurde tief und regelmäßig. Tomás küsste sie noch einmal auf die Stirn, dann löschte er das Licht und schlich auf Zehenspitzen aus dem Zimmer, schloss leise die Tür und ging zurück ins Wohnzimmer.

Constanze war inzwischen auf dem Sofa eingeschlafen. Tomás nahm sie vorsichtig in seine Arme und trug sie ins Schlafzimmer, wo er ihr mit einer Hand Jacke und Schuhe auszog und sie dann aufs Bett legte. Als er die Bettdecke über sie zog, murmelte sie etwas Unverständliches und drehte sich auf die Seite, schlang einen Arm um ihr Kissen und lächelte. Sie erinnerte Tomás an ein Baby. Er wollte schon das Licht ausschalten und wieder ins Wohnzimmer gehen, als er innehielt, um seine Frau, die mittlerweile tief und fest schlief, zu betrachten. Lautlos setzte er sich neben sie auf die Bettkante und betrachtete schweigend, wie die Bettdecke sich im Rhythmus ihres Atems hob und senkte.

Welche Zukunft wünschte er sich für seine Frau und Tochter, für seine Geliebte, für sich selbst? Wollte er nicht in der

Wahrheit leben? Saraiva hatte ihm gesagt, es gebe keine objektive Wahrheit. Aber jeder Mensch habe durchaus Zugang zu einer subjektiven Wahrheit. Einer moralischen Wahrheit.

Zu Ehrlichkeit.

Mit ihrem Kissen im Arm wirkte Constanze unschuldig und zerbrechlich. Tomás schluckte und fuhr gedankenverloren mit seinen Fingern durch ihre Locken. Dabei spürte er ihren sanften Atem und bewunderte die Art und Weise, mit der sie Schwierigkeiten begegnete, die ihn ins Straucheln brachten. Er streichelte ihr Gesicht, ihre warme, weiche Haut und stellte sich vor, zwei Fahrkarten in der Hand zu halten: eine, die es ihm erlaubte zu bleiben, die andere die Erlaubnis zu gehen. Er musste eine Entscheidung treffen. Tomás dachte daran, wie er all seine eigenen unerfüllten Träume und Hoffnungen auf seine Tochter projiziert hatte und wie die Nachricht von ihrem Down-Syndrom ein derart harter Schlag gewesen war, dass er ihn nie richtig verkraftet hatte. Constanze hatte ihre Enttäuschung mutig überwunden, den Tatsachen ins Auge geblickt. Er selbst hingegen war Problemen meist ausgewichen. Und nun, nach neun Jahren, hatte er die Flucht ergriffen. Vielleicht war jetzt die Zeit zurückzukommen.

Er schaute sich um, als wolle er jedes Detail für immer im Gedächtnis behalten: die ruhigen, regelmäßigen Atemzüge seiner Frau, ihr angenehmes Parfüm. Er atmete tief durch, streichelte sanft über Constanzes Gesicht und fasste eine Entscheidung. Er wusste, was er zu tun hatte.

XV

Schloss Quinta da Regaleira erhob sich über dem Nebel, als schwebte es über den Hügeln von Sintra in der Luft. Die Kleinstadt westlich von Lissabon war ein Touristenmagnet, doch jetzt, an einem Mittwochnachmittag Anfang Januar lag sie ruhig und fast verlassen da. Die hohen Steinfassaden mit Sphinxen, geflügelten Fabelwesen und bizarren, furchteinflößenden wilden Tieren, allesamt umschlungen von Acanthusblättern, waren ein Musterbeispiel für die Großartigkeit der manuelinischen Gotik des 15. Jahrhunderts, verbreiteten jedoch gleichzeitig die düstere, fast bedrohliche Atmosphäre eines Geisterschlosses.

Stolz erhob sich der Palast aus den dichten Nebelschwaden, die im Nachmittagslicht in zahllosen Grautönen schimmerten und am Grün der Hügel zu kleben schienen. Mit seinen steinernen Türmen, Spitzen, Zinnen, Mauern und Vorsprüngen sah das Gebäude aus wie ein Märchenschloss, eine verwunschene, von allen vergessene Burg.

Während er auf einer dem Garten zugewandten Bank saß, grübelte Tomás darüber, was er von diesem rätselhaften Ort zu halten habe. Es gab Augenblicke, in denen war Quinta da Regaleira einfach nur unwirklich schön, doch unter dieser Nebeldecke wirkte der Palast eher bedrückend und trostlos, ein Labyrinth aus Dunkelheit und Schatten. Ein Schauer lief ihm über den Rücken, und er warf einen Blick auf seine Uhr. Es war fünf Minuten nach drei. Moliarti war spät dran. Hoffentlich käme er bald, denn abgesehen davon, dass ihm kalt war, fand Tomás auch die Vorstellung, noch lange allein auf dem riesigen Anwesen zu warten, nicht sehr verlockend.

Er wandte seinen Blick vom Hauptpalast ab und betrachtete die Statue in seiner Nähe. Es war Hermes, Botschafter des Olymp, Gott der Redekunst und Schutzgott der Reisenden – aber auch die skrupellose Gottheit, die die Seelen der Verstorbenen in die Hölle führte und nach der die Hermetik benannt wurde, ein Synonym für alles Unzugängliche.

Tomás sah sich um und fand, dass Hermes eindeutig der richtige Gott war, der über Quinta da Regaleira wachte, einem Ort voller Geheimnisse und Jahrhunderte alter Rätsel.

„Hallo, Tom!“, rief Moliarti, der gerade um die Ecke bog. „Entschuldigen Sie meine Verspätung. Dieser Treffpunkt ist nicht leicht zu finden.“

Tomás stand erleichtert auf und begrüßte ihn.

„Kein Problem, die Landschaft und Atmosphäre hier genieße ich immer wieder gern.“

Moliarti blickte sich skeptisch um.

„Ich finde es hier ganz schön gruselig.“

„Quinta da Regaleira ist der vielleicht esoterischste Ort in ganz Portugal.“

„Wieso?“, fragte Moliarti mit großen Augen.

„Ende des 19. Jahrhunderts, als Portugal noch eine Monarchie war, kaufte ein Mann namens Carvalho Monteiro das Anwesen. Er beschloss, es zu einem Ort der Esoterik und Alchemie zu machen, dem Ausgangsort für seine Mission, Portugal wieder zu seiner einstigen Größe der mythischen

Tradition und Heldentaten im Zeitalter der großen Entdeckungen zu verhelfen. Schauen Sie nur, woran erinnert Sie das?“

Moliarti inspizierte die verschachtelte Bauweise des Palasts.

„Hm“, murmelte er. „Vielleicht an den Turm von Belém?“

„Genau“, bestätigte Tomás. „Neomanuelinischer Stil. Quinta wurde zu einer Zeit der Wiederbelebung alter Werte gebaut. Das ist auch der Grund dafür, weshalb es hier zahllose Hinweise auf den Christusorden gibt, den Nachfolger der portugiesischen Templer und eine wichtige Stütze für die Seefahrt des Landes. Deren magische Symbole stehen im Einklang mit einer alchemistischen Formel der Tempelritter und der Tradition der klassischen Renaissance mit ihren Wurzeln in Rom, Griechenland und Ägypten.“ Er machte eine ausladende Handbewegung. „Sehen Sie diese Statuen dort?“

Moliarti blickte in die angegebene Richtung, wo eine Reihe Figuren um einen französischen Garten und dessen geometrische Linien herum stand. Er nickte.

„Darf ich vorstellen: die Hüter der Geheimnisse dieses Ortes, die eifersüchtig über die Rätsel von Quinta da Regaleira wachen. Gehen wir ein paar Schritte?“

Gemächlich schlenderten sie den Pfad an den Statuen vorbei in den hinteren Teil des Gartens.

„Sagen Sie, Tom“, begann Moliarti. „Haben Sie inzwischen den Zugang zum Safe des alten Knaben geknackt?“

Tomás schüttelte den Kopf.

„Nein, mein letzter Ansatz ist gescheitert. Aber ich bin kurz davor. Professor Toscanos Rätsel bezieht sich zweifellos auf eine Passage in *Das Foucault'sche Pendel*.“

„Sind Sie sich sicher?“

„Absolut. Toscanos Recherchen galten der Herkunft von Christoph Kolumbus, von dem er bezweifelte, dass er aus

Genua stammte, und die betreffende Passage handelt von Kolumbus." Er fuhr sich mit einer Hand durchs Haar. „Ich habe nur das richtige Schlüsselwort noch nicht gefunden."

Sie gingen an Orpheus und Fortuna vorbei und wandten sich an der Laube mit ihrem kunstvollen Vordach nach rechts. Hier war der Garten nicht länger geometrisch gestaltet, sondern eine natürlichere Verbindung aus Rasen, Felsbrocken, Büschen und Bäumen – Magnolien, Kamelien, Baumfarnen, Palmen und diversen anderen exotischen Arten aus aller Welt. Inmitten der üppigen Pflanzenpracht wurde ein kleiner See sichtbar, dessen Oberfläche von einem kräftig smaragdgrünen Teppich bedeckt war. Zwei Enten glitten quakend über das Wasser und bahnten sich ihren Weg durch den Dschungel der Wasserpflanzen.

„Der See der Nostalgie", sagte Tomás und zeigte auf ein paar riesige, dunkle Bögen, die den See umgaben und an düstere, leere Schädel erinnerten, von denen Efeu und Farne ins Wasser rankten. „Das ist die Labyrinthgrotte. Der See geht darin unterirdisch weiter."

„Wow", nickte Moliarti.

Sie umrundeten den See, überquerten eine kleine Brücke, an deren Ende eine riesige Magnolie stand und kamen schließlich zu einem mit Quarz und anderen farbigen Steinmosaiken verzierten Gebäude. Ein muschelförmiges Becken in dessen Mitte diente im Sommer als Wasserspender.

„Das ist das Badehäuschen mit dem Ägyptischen Brunnen", erklärte Tomás. „Sehen Sie diese Darstellungen?" Er zeigte auf zwei Vogelmosaiken. „Das sind Ibisse. In der ägyptischen Mythologie war der Ibis ein Symbol für Thot, den Schutzpatron der Schreiber und Gott des esoterischen Wissens, auf den auch die Entstehung der Hieroglyphenschrift zurückgeht. Wissen Sie, als wen die Griechen ihn identifizierten?"

Moliarti schüttelte den Kopf.

„Ich habe keine Ahnung."

„Als Hermes. Die mysteriösen alchemistischen Schriften des Hermes Trismegistos sind aus dieser Verschmelzung von Thot und Hermes entstanden." Tomás deutete auf den linken Ibis, der scheinbar einen riesigen Wurm im Schnabel hielt. „Dieser Ibis hat eine Schlange, das Symbol der Gnosis oder des Wissens, im Schnabel." Er breitete die Arme aus. „Kein Detail ist zufällig hier. Alles hat eine Bedeutung, eine Absicht, eine verborgene Aussage aus den frühen Tagen der Zivilisation."

„Aber der Ibis hat doch nichts mit dem Zeitalter der großen Entdeckungen zu tun."

„Alles hier hat etwas mit dem Zeitalter der großen Entdeckungen zu tun. Im Buch Ijob, in dem dieser Vogel als Träger des göttlichen Vorwissens dargestellt wird, fragt Gott: ‚Woher hat der Ibis seine Weisheit?' Nun, was war die Welt im 15. und 16. Jahrhundert, wenn nicht ein tiefgründiges Rätsel, das es zu erforschen und zu entschlüsseln galt?"

Tomás betrachtete die Mauern des Hauptpalastes.

„Die portugiesischen Entdeckungen stehen in engem Zusammenhang zu den Templern, die in Portugal Schutz vor der vom Papst gebilligten Verfolgung in Frankreich fanden. Genauer gesagt brachten die Templer das für die großen seefahrerischen Leistungen notwendige Wissen des 15. und 16. Jahrhunderts nach Portugal. Deshalb sind die Entdeckungen von einer gewissen Mystik umgeben, deren Wurzeln im klassischen Zeitalter und der Vorstellung einer menschlichen Wiedergeburt liegen. Es gibt vier Texte, die für das Verständnis der Architektur dieses Palastes wesentlich sind: Vergils *Aeneis*; deren portugiesisches Pendant, *Die Lusiaden* von Luíz de Camões; *Die göttliche Komödie* von Dante Alighieri und *Hypnerotomachia poliphili* von Francesco Colonna, ein esoterischer Renaissance-Text voller

Rätsel und Allegorien. Sie alle haben auf die eine oder andere Art Quinta da Regaleira unsterblich gemacht."

Tomás deutete auf eine aus dem Stein gehauene Bank neben dem Badehäuschen.

„Setzen wir uns?"

Die Bank war rechts und links von Windhunden gesäumt, in deren Mitte eine Frauenstatue mit einer Fackel in der Hand stand.

„Das ist die Bank 515", sagte Tomás. „Wissen Sie, wofür 515 steht?"

„Nein."

„Das ist ein Code aus *Die göttliche Komödie*, die Zahl des Gottgesandten, der das Ende der Templer rächen und das dritte Zeitalter der christlichen Kirche verkünden wird: das Zeitalter des Heiligen Geistes, der ewigen Frieden auf Erden bringt. Wie Sie sehen, ist hier alles, also auch diese Bank, eine Allegorie."

Sie setzten sich, und Tomás zog sein Notizbuch aus seiner Aktentasche.

„Ich habe eine Geschichte für Sie."

„Dann lassen Sie mal hören."

Tomás schlug eine Seite auf und lehnte sich auf der harten Bank zurück.

„Erinnern Sie sich an Toscanos Chiffre? Ich habe inzwischen herausgefunden, dass es ein Verweis auf Umberto Eco ist, der besagt, dass Kolumbus ein portugiesischer Jude war."

„Das ist ein Scherz, nicht wahr?"

„Nein, lesen Sie nur *Das Foucault'sche Pendel*." Er ignorierte Moliartis entgleiste Gesichtszüge. „Daraufhin habe ich meine Recherchen neu überdacht und ein paar interessante Dinge entdeckt. Erstens, dass wir Kolumbus' Nationalität nicht nach heutigem Länderverständnis diskutieren können. Zu seiner Zeit gab es keine Länder in unserem Sinne. Spanien war gleichbedeutend mit der Iberischen Halbinsel. Die Portugiesen betrachteten sich selbst als Spanier und protestierten, als die Kastilier sie als Portugiesen bezeichneten. Es gab damals auch keine ‚portugiesischen Entdecker', sondern Entdecker in den Diensten des Königs von Portugal oder der Könige von Kastilien. Ferdinand Magellan beispielsweise war ein erfahrener portugiesischer Navigator, der mit einer kastilischen Flotte um die Welt segelte. In diesem Sinne war er Kastilier."

Tomás schaute Moliarti in die Augen.

„Die zweite wichtige Tatsache ist, dass die große Debatte um Kolumbus' wahre Nationalität um 1892 begann, als alle Welt nationalistisch war. Spanische Historiker entdeckten Unstimmigkeiten in der Genueser These und brachten die Hypothese auf, Kolumbus sei entweder Galizier oder Katalane gewesen. Die Italiener, die fest entschlossen waren, ihre noch junge Nation politisch und kulturell zu stützen, leugneten eine solche Möglichkeit vehement. Beide Seiten präsentierten daraufhin gefälschte Dokumente."

Tomás zog ein Büchlein aus seiner Aktentasche und zeigte es Moliarti.

„Das ist eine Studie über Kolumbus' wahre Identität von Simon Wiesenthal, einem Juden und Überlebenden des Holocaust, der später gern als Nazijäger bezeichnet wurde. Wiesenthal schreibt, er habe mit einem italienischen Historiker über seine Studie gesprochen und folgende Antwort erhalten." Tomás übersetzte sinngemäß aus dem Buch: „Was Sie herausfinden, ist nicht von Belang. Alles, was zählt ist, dass Christoph Kolumbus kein Spanier wird." Er schüttelte den Kopf. „In anderen Worten, er war nicht an der Wahrheit interessiert, sondern nur daran, dass Kolumbus um jeden Preis Italiener blieb."

„Jetzt übertreiben Sie mal nicht", erwiderte Moliarti und fuhr sich mit der Hand durchs Haar, als wolle er seine Gedanken ordnen. „Sagen Sie, Tom, finden Sie es plausibel, dass Kolumbus Spanier gewesen sein soll?“

„Nein. Es gibt deutliche Hinweise darauf, dass Kolumbus nicht in Kastilien oder Aragon geboren wurde. Das erste Dokument, das seine Anwesenheit in Spanien belegt, datiert vom 5. Mai 1487 und bezieht sich auf eine Zahlung an ‚den Fremden Cristóbal Colomo‘. Kolumbus’ auswärtige Herkunft wurde sogar von einem spanischen Tribunal bestätigt, als sein portugiesischer Sohn Diego die Krone anklagte, die Vereinbarungen eines 1492 unterzeichneten Vertrags zwischen Kolumbus und den Katholischen Königen zu missachten. Im Verlauf der Anhörungen schworen mehrere Zeugen unter Eid, dass Kolumbus Kastilisch mit ausländischem Akzent sprach. Das Tribunal wies die Anklage schließlich ab, indem es argumentierte, die Könige könnten solche Vorzüge zwar Bürgern Spaniens gewähren, nicht jedoch Auswärtigen, die nicht mindestens achtzehn Jahre lang im Land gelebt hätten.“ Er warf einen Blick auf seine Unterlagen. „Der Beschluss des Tribunals kann nachgelesen werden im *Codex V.II.17* in der Bibliothek von El Escorial bei Madrid. Darin heißt es: ‚Der besagte Don Cristóbal war von fremder Herkunft, weder gebürtig im Königreich noch einem Nachbarland und auch nicht dort wohnhaft.‘ Kolumbus war also ein Ausländer.“

„Genueser“, sagte Moliarti.

„Sie sind hartnäckig“, lachte Tomás. „Vielleicht war er wirklich Genueser, wer weiß? Aber wir müssen auch die Hypothese berücksichtigen, dass er Portugiese war, was Professor Toscano anscheinend glaubte. Und auch Umberto Eco.“ Er hielt einen Moment inne und überlegte. „Den ersten Hinweis lieferte einer der berühmtesten Kosmographen und Geologen des 15. Jahrhunderts, der Florentiner Paolo Toscanelli. Dieser großartige Wissenschaftler stand im Briefverkehr mit dem Domherrn von

Lissabon, Fernam Martins, und Kolumbus persönlich. Von besonderem Interesse ist ein Brief, den er 1474 an Kolumbus nach Lissabon schrieb, und zwar in Latein.“ Er räusperte sich. „Toscanelli begann seinen Brief mit den Worten ‚Ich habe Ihre Briefe erhalten. Es überrascht mich nicht, dass eine mutige Person wie Sie und die gesamte portugiesische Nation, die sich in allen großen Unternehmungen ausgezeichnet hat, nun vor Begeisterung brennen, diese Reise zu unternehmen.‘“

„Und?“, fragte Moliarti herausfordernd.

„Und?“, ahmte Tomás ihn nach. „Dieser Brief ist sehr aufschlussreich! Er enthält mindestens vier interessante Tatsachen. Die erste ist, dass Kolumbus mit einem der größten Wissenschaftler der damaligen Zeit korrespondierte.“

„Ich wüsste nicht, was daran so bemerkenswert wäre.“

„Nelson, glauben die Anhänger der Genueser Geschichte nicht, dass Kolumbus ein ungebildeter Seidenweber war? Wie hätte so jemand mit Toscanelli korrespondieren sollen?“ Er ließ die Frage einen Moment nachwirken. „Zweitens besagt der Satz, ‚eine mutige Person wie Sie und die gesamte portugiesische Nation‘ indirekt, dass Toscanelli Kolumbus für einen Portugiesen hielt.“ Er lächelte. „Drittens wurde der Brief 1474 geschrieben. Aber laut den notariellen Unterlagen kam der Seidenweber Cristoforo Colombo erst 1476 nach Portugal. Wie hätte Toscanelli Kolumbus einen Brief nach Lissabon schreiben können, wenn Kolumbus erst zwei Jahre später in diese Stadt kam?“

„Kann sich nicht jemand verschrieben haben?“

„Da hat sich niemand verschrieben. Der Historiker Bartolomé de Las Casas, der ein Treffen zwischen Kolumbus und König Ferdinand im Mai 1501 in Segovia beschrieb, zitierte den Admiral, er habe vierzehn Jahre lang versucht, die portugiesische Krone davon zu überzeugen, seine Bemühungen zu unterstützen. Wenn Kolumbus also Portugal im Jahr 1484 verließ, und wir vierzehn Jahre davon abziehen, ergibt das 1470." Tomás schaute Moliarti an. „Somit hätte Kolumbus seit 1470 in Lissabon gelebt. Vier Jahre später, 1474, erhielt er dort Toscanellis Brief. Wie ist das möglich, wenn er laut der Genueser Akten erst 1476 nach Portugal kam? Das, Nelson, ist nicht etwa ein nebensächliches Detail, sondern ein ernstzunehmendes Problem. So ernstzunehmend, dass die Historiker diese Widersprüche das gesamte 19. Jahrhundert lang diskutiert haben. Und das Ganze deswegen, weil es einige Jahre lang zwei Kolumbusse gleichzeitig gab. Einen Colombo, der in Genua als Seidenweber tätig war, und einen Colom, der in Lissabon versuchte, den portugiesischen König davon zu überzeugen, ihn einen neuen Seeweg nach Indien finden zu lassen."

Moliarti wippte unruhig mit dem Fuß.

„Und was ist das vierte Problem?"

„Toscanellis Brief ist in Latein geschrieben. Toscanelli war Italiener. Wenn sie beide Italiener waren, wäre es dann nicht natürlich gewesen, auf Toskanisch zu schreiben, statt in einer toten Sprache?"

„Das stimmt. Aber es war auch nicht unmöglich, dass zwei Italiener damals auf Latein miteinander korrespondierten. Sie kamen aus unterschiedlichen Städten, waren gebildete Männer, und Latein war eine Möglichkeit, diese Bildung unter Beweis zu stellen."

„Kolumbus war also ein gebildeter Mann?", lachte Tomás. „Ich dachte, er sei ein ungebildeter Seidenweber gewesen."

„Er hat natürlich studiert."

„Das ist möglich, Nelson. Aber bedenken Sie, dass die unteren Schichten damals kaum Zugang zu Bildung hatten."

„Vielleicht hatte er einen Privatlehrer oder war Autodidakt."

Tomás schaute Moliarti amüsiert an.

„Vielleicht. Wer weiß. Erlauben Sie mir dennoch, darauf hinzuweisen, dass Kolumbus nicht nur mit Toscanelli nicht in einer lebendigen italienischen Sprache korrespondierte. Sein gesamter Schriftverkehr war in Kastilisch oder Latein verfasst."

Moliarti schaute ihn entgeistert an.

„Das glaube ich nicht."

„Aber es stimmt." Tomás zog ein paar Fotokopien handgeschriebener Briefe hervor. „Sehen Sie? Das ist ein Brief von Kolumbus an Nicolo Oderigo, den Genueser Botschafter in Spanien, vom 21. März 1502. Das Original befindet sich im Archiv des Palazzo Municipale in Genua. Und siehe da, es ist in Kastilisch geschrieben. In diesem Brief bittet Kolumbus Oderigo sogar, den Brief für einen anderen vornehmen Genueser zu *übersetzen*." Er zog eine Augenbraue hoch. „Sie müssen zugeben, das ist merkwürdig."

Dann zog er eine weitere Kopie aus seiner Aktentasche.

„Das ist ein Brief an einen anderen Italiener, den Ordensbruder Gaspar Gorricio. Und, oh Wunder, auch dieser ist in Kastilisch geschrieben."

„Ich verstehe nicht ganz, worauf Sie hinauswollen, Tom. Sie haben doch gesagt, dass Sie nicht glauben, Colombo sei Spanier gewesen."

„Korrekt, das tue ich auch nicht."

„Aber jetzt erzählen Sie mir, er habe alle Briefe in Kastilisch oder Latein geschrieben."

„Genau, das ist die Wahrheit."

„Was soll das alles heißen? Soweit ich weiß, wurde in Portugal nicht Kastilisch gesprochen ..."

„Stimmt."

„Also?"

„Nun, Sie haben noch nicht alles gehört. Kolumbus' persönliche Unterlagen sind im Laufe der Zeit verlorengegangen.

Und jetzt passen Sie gut auf, Nelson. Kolumbus' eigenes Tagebuch ist nicht mehr erhalten, und alles, was wir noch haben, ist eine handschriftliche Kopie, die im 19. Jahrhundert entdeckt wurde und angeblich von Bartolomé de Las Casas stammt. Wie schon gesagt, sind in all diesem Tohuwabohu viele Fälschungen entstanden. In manchen Fällen wurden lediglich kleine Einzelheiten geändert, um eine bestimmte Theorie zu stützen. In anderen wurden die Dokumente komplett gefälscht, zum Beispiel, wenn es um Kolumbus' Nationalität oder einen Erbschaftsbeweis ging. Ich habe mit Experten für alte Manuskripte gesprochen, die seltene Briefe und Akten für Auktionen begutachten, und sie haben mir gesagt, wenn ein handschriftliches Manuskript von Kolumbus auftauchen würde, das nachweislich echt ist, wäre es unbezahlbar. Nur ein von Jesus Christus persönlich verfasster Brief wäre noch wertvoller. Sie sehen also, die Motivation zu fälschen, war groß."

„Wollen Sie damit sagen, dass alles gefälscht ist?"

„Ich sage nur, dass viele der Briefe, die Kolumbus zugeschrieben werden, wahrscheinlich teilweise oder vollständig gefälscht sind."

„Einschließlich dieser Briefe an seine Genueser Kontakte?"

„Ja."

Moliarti grinste.

„Das löst dann ja wohl das Problem, von dem Sie vorhin sprachen, nicht wahr? Wenn diese Briefe gefälscht sind, beweist die Tatsache, dass sie in Kastilisch geschrieben sind, gar nichts."

„Sie beweisen eine ganze Menge, Nelson. Sie beweisen zum Beispiel, dass nicht einmal ein Fälscher es wagte, einen Brief von Kolumbus an einen Genueser in Toskanisch zu schreiben, weil ihn das diskreditiert hätte. Sie beweisen, dass die zugrunde liegenden Originale ebenfalls in Kastilisch geschrieben waren.

Und sie beweisen außerdem, dass es tatsächlich eine Verschwörung gab, Kolumbus als Italiener darzustellen."

„Das ist lächerlich."

„Das ist nicht lächerlich, Nelson. Es gibt viele gefälschte Dokumente, in denen das Wort *Genua* absichtlich eingestreut wurde."

„Heißt das, die notariellen Unterlagen in den Archiven von Savoyen und Genua sind Fälschungen?"

„Nein, die sind wahrscheinlich echt. Es gab wirklich einen Seidenweber namens Cristoforo Colombo, daran besteht kein Zweifel. Die Fälschungen betreffen vielmehr einige Dokumente über den Navigator Cristóbal Colón und alle Unterlagen, die eine Verbindung zwischen Colombo und Colón herstellen wollen, wie zum Beispiel das Assereto-Dokument und diese Briefe, die der Admiral nach Genua geschrieben haben soll. Alles, was wir über Kolumbus wissen, stammt aus der Feder von Italienern und Spaniern. Nicht alles wurde in ehrlicher Absicht geschrieben."

„Ich verstehe. Erzählen Sie weiter", sagte Moliarti ungeduldig und deutete auf Tomás' Notizbuch. „Gibt es denn nichts, von dem wir sicher sein können, dass es von Kolumbus selbst geschrieben wurde?"

„Nur zwei Dinge sind über jeden Zweifel erhaben. Erstens seine Briefe an seinen Sohn Diego, denn diese wurden von eindeutig belegten Personen und Organisationen aufbewahrt und weitergegeben. Zweitens die Randnotizen in den Büchern, die Kolumbus gehörten und die sein spanischer Sohn Ferdinand der Kolumbus-Bibliothek in Sevilla vermachte. Wobei es in diesem Fall möglich ist, dass einige der Notizen von Kolumbus' Bruder Bartolomeu stammen. Nichtsdestotrotz wissen wir von einigen sicher, dass der Admiral sie persönlich geschrieben hat."

„Und in welcher Sprache sind diese Briefe und Notizen verfasst?“

„Meist in Kastilisch. Es gibt ein paar wenige in Latein und zwei in Toskanisch. Und nur einer der beiden toskanischen Belege stammt zweifelsfrei von Kolumbus. Aber das Beste kommt erst noch.“

Moliarti rollte mit den Augen.

„Alle Texte, die Kolumbus selbst geschrieben hat, egal ob in Kastilisch, Latein oder Toskanisch, sind voll von portugiesischen Ausdrücken.“

„Und die wären?“

„In Kolumbus’ Texten wimmelt es nur so von portugiesischen Ausdrücken. Tatsächlich hat er gar nicht Spanisch geschrieben, sondern *Portuñol*, eine Mischung aus Portugiesisch und Spanisch. Wenn ich in Madrid beispielsweise sage *Necesito un carro para ir al palacio*, was soviel heißt wie ‚Ich brauche ein Auto, um zum Palast zu fahren‘, weiß jeder, dass ich Portugiese bin, weil *Auto* in Spanisch nicht *carro* heißt, sondern *coche*.“

Moliarti lehnte sich auf der Bank zurück und ließ seinen Blick über den smaragdgrünen See schweifen.

„Ah“, sagte er. „Und welche portugiesischen Ausdrücke verwendete Kolumbus nun?“

Tomás lachte schallend los.

„Das ist die falsche Frage, Nelson. Die richtige Frage müsste lauten, welche Ausdrücke verwendete Kolumbus nicht?“

Er zwinkerte Moliarti zu, aber der blickte nur finster drein.

„Das Einzige, von dem wir sicher sind, dass Kolumbus es in Toskanisch geschrieben hat, ist eine Randnotiz in seiner Ausgabe von *Das Buch der Prophezeiungen* am Beginn von Psalm 2.2. In seinem Exemplar von Plinius’ *Naturgeschichte* gibt es insgesamt dreiundzwanzig Randnotizen, zwanzig in Spanisch, zwei in Latein und eine in Toskanisch, aber die Experten sind nicht sicher, ob diese letzte von Kolumbus oder seinem Bruder Bartolomeu stammt. Beide in Toskanisch verfassten Sätze sind übrigens urkomisch, da es in ihnen nur so von portugiesischen und spanischen Wörtern des 15. Jahrhunderts wimmelt."

„Was ist mit den anderen Randnotizen?", wollte Moliarti wissen.

„Die meisten von ihnen sind in *Portuñol* geschrieben." Tomás blickte in seine Unterlagen. „Das geht soweit, dass die spanische Akademie Altolaguirre y Duval zu dem Schluss kam, Kolumbus' Dialekt habe zweifelsfrei portugiesische Wurzeln. Kolumbus lebte also vierundzwanzig Jahre lang in Italien und vergaß dann von einem Augenblick auf den anderen die toskanische und genuesische Sprache seiner Heimat. Derselbe Kolumbus verbrachte anschließend nur zehn Jahre in Portugal und, simsalabim, schrieb bis ans Ende seines Lebens stets mit portugiesischem Einschlag. Erstaunlich, nicht wahr?"

„Geben Sie mir ein paar Beispiele."

„Nun, beginnen wir mit dem Diphtong *ie*. Viele portugiesische und spanische Wörter sind einander sehr ähnlich, wobei der einzige Unterschied darin besteht, dass sie im Spanischen mit *ie* und im Portugiesischen nur mit *e* geschrieben werden. Kolumbus schrieb beispielsweise *se entende* anstelle von *se entiende* und *quero* anstelle von *quiero*. Außerdem hat er das *ie* in spanischen Wörtern verwendet, wo es völlig fehl am Platz war, wie in *depende*, das Kolumbus *depiende* schrieb. Ein Spanier erkennt dieses *ie* sofort als den stümperhaften Versuch eines Portugiesen, Spanisch zu schreiben."

„Wie war es sonst um seinen Wortschatz bestellt?"

„Das gleiche Spiel. Kolumbus schrieb *algun*, während das spanische Wort für ‚irgendein' *alguno* und das italienische *alcuno* lautet. Er schrieb *ameaçaban*, obwohl ‚sie bedrohten' in

Spanisch *amenazaban* und in Italienisch *minacciavano* heißt. Ein anderes Beispiel ist *arriscada*, was auf Portugiesisch ‚riskant‘ oder ‚gewagt‘ bedeutet, während es auf Spanisch *arriesgado* und auf Italienisch *rischiosa* heißt. Und er ...“

„Okay, okay, ich hab's verstanden“, unterbrach ihn Moliarti und räusperte sich. „Es muss eine logische Erklärung für diese Ausreißer geben, weshalb er solch eine Mischung aus Kastilisch und Portugiesisch ...“

„Eine logische Erklärung?“ Tomás beugte sich vor. „Im Genueser Staatsarchiv hat man mir gesagt, dass Italiener, die damals im Ausland lebten, untereinander meist auf Toskanisch kommunizierten.“

„Das stimmt“, bestätigte Moliarti.

„Und warum tat Kolumbus das nicht?“

„Vielleicht sprach er nur den Genueser Dialekt. Und weil dieser nicht geschrieben wurde, konnte er ihn auch nicht in seiner Korrespondenz mit anderen Genuesern verwenden.“

„Das halte ich für eine sehr fantasievolle Erklärung. Beginnen wir mit der Behauptung, dass der Genueser Dialekt nicht geschrieben wurde. Ein genuesischer Sprachwissenschaftler hat mir versichert, dass dieser Dialekt im Mittelalter durchaus geschrieben wurde. Was zwei neue Fragen aufwirft: Kolumbus sprach kein Toskanisch, weil er ungebildet war – aber er sprach Latein, das nur ein gebildeter Mensch beherrschte? Und er schrieb nicht im genuesischen Dialekt, der von allen Genuesern gesprochen und von den gebildeten auch geschrieben wurde, verfasste aber massenweise Texte in Kastilisch mit portugiesischem Einschlag? Und damit wären wir beim Kern der Sache: Warum nicht einfach zugeben, dass die logische Erklärung dafür, dass Kolumbus keinen italienischen Dialekt schrieb, darin besteht, dass er einfach keinen sprach? Und wenn er keinen italienischen Dialekt sprach, liegt die Schlussfolgerung nahe, dass er auch kein Italiener war." Er machte eine kurze Pause. „Und das ist noch nicht alles, Nelson."

„Was denn jetzt noch?"

„Ich hatte noch keine Möglichkeit, alles zu lesen, was die Zeugen, die Kolumbus persönlich kannten, über ihn sagten, vor allem in den Gerichtsverfahren um Kolumbus' Erbe, *Pleito con la Corona* und *Pleito de la Prioridad*, in denen er klar als Fremder bezeichnet wurde. Aber zwei Forscher, deren Arbeiten ich gelesen habe, Simon Wiesenthal und Salvador de Madariaga, sind auf ein paar unglaubliche Aussagen gestoßen." Tomás blätterte kurz in seinen Notizen. „Laut Wiesenthal sagten Zeugen aus, dass Kolumbus ‚sehr gut Kastilisch sprach, aber mit portugiesischem Akzent'. Madariaga gab ebenfalls an, dass Kolumbus ‚Kastilisch immer mit portugiesischem Akzent sprach'." Er schaute Moliarti triumphierend an, wie ein Schachspieler, der seinen Gegner soeben schachmatt gesetzt hatte. „Was sagen Sie jetzt?"

Moliarti blieb einen Moment lang stumm und schaute gedankenverloren auf seine Füße.

„Scheiße!", sagte er schließlich. „Sind Sie sicher?"

„So sicher, wie es die Lage erlaubt." Tomás stand auf, um seinen Kreislauf wieder in Gang zu bringen. „Im Zusammenhang mit Kolumbus gibt es eine Menge Ungereimtheiten, Nelson. Wissen Sie, wer die erste Person war, die er kontaktierte, als er nach Spanien kam, angeblich 1484?"

Moliarti stand ebenfalls auf und streckte seine vom langen Sitzen steif gewordenen Glieder. Die Bank 515 war zwar schön anzusehen, aber unbequem.

„Keine Ahnung, Tom."

„Einen Ordensbruder namens Marchena. Und raten Sie mal, welcher Nationalität er angehörte."

„Er war Portugiese?"

„Bingo!“, bestätigte Tomás.

„Das beweist noch gar nichts.“

„Natürlich nicht, aber merkwürdig ist es doch.“ Tomás schlenderte einen Pfad entlang, zwischen den Bäumen hindurch, dicht gefolgt von Moliarti. „Viele Fragen schreien geradezu nach einer Antwort. Zum Beispiel, wenn Kolumbus Genueser war, wieso war er dann so sehr darauf erpicht, seine Herkunft geheimzuhalten? Immerhin waren die Beziehungen zwischen Kastilien und Genua damals gut. Es war vielmehr sogar prestigeträchtig, Kontakte in Genua zu haben. Die Engländer standen bei ihren Seefahrten im Mittelmeer beispielsweise unter dem Schutz der Genueser, deren Flagge des Heiligen Georg, ein rotes Kreuz auf weißem Hintergrund, später zur englischen Nationalflagge wurde. Wenn wir hingegen die Rivalität zwischen Portugal und Kastilien betrachten, wäre ein portugiesischer Kommandant einer kastilischen Flotte oder umgekehrt ein Problem gewesen. Denken Sie nur daran, was der portugiesische Seefahrer Ferdinand Magellan an der Spitze der kastilischen Flotte, die erstmals um die Welt segelte, durchgemacht hat. Wäre er Genueser gewesen, hätte Kolumbus keinen Grund gehabt, seine Herkunft zu verbergen. Wenn er hingegen Portugiese war, ...“

Moliarti antwortete nicht. Er folgte Tomás mit hängenden Schultern und einem düsteren Gesichtsausdruck.

Schweigend folgten sie dem Pfad, in die Rätsel vertieft, die Professor Toscano aus den alten Manuskripten ans Tageslicht gebracht hatte, Geheimnisse, die jahrhundertelang unter einer dicken Schicht aus Staub und Schweigen, Widersprüchen und Fälschungen verborgen gewesen waren. Magnolien säumten den Pfad und sorgten im Frühsommer, wenn sie blühten, für Farbtupfer zwischen den Birken, Palmen, Pinien und Eichen. Inzwischen war es später Nachmittag, die

Luft war frisch und kalt, nur ab und an ließ ein Vogel seine Melodie hören.

Dann öffnete sich der Pfad plötzlich auf eine Art Patio. Einer Mauer gegenüber stand eine halbkreisförmige Wand.

„Der Brunnen des Überflusses“, sagte Tomás.

Sie gingen weiter und kamen nach einigen Minuten zu einem zweiten größeren Patio. Das war das Wachportal, das von zwei Tritonfiguren beschützt wurde. Dahinter folgten sie einem ansteigenden Weg im Zickzack bis zu einer Art Dolmen, einem von Moos bedeckten megalithischen Hügelgrab. Tomás führte Moliarti unter einem aus Felsblöcken gebildeten Torbogen hindurch, der an Stonehenge erinnerte und stemmte sich gegen einen großen Stein. Zu Moliartis Überraschung gab der Stein nach und legte eine verborgene Passage frei. Sie schlüpften hindurch und standen vor einem Brunnenschacht. Dann beugten sie sich über die Balustrade und schauten in die Tiefe, wo eine Wendeltreppe hinter einer Reihe von Steinbögen verlief, die in der Dämmerung geradezu unheimlich wirkte.

„Was ist das?“, fragte Moliarti.

„Der Brunnen der Einweihung“, antwortete Tomás. Seine Stimme hallte zwischen den kreisförmigen Wänden wider. „Er liegt in einem Dolmen, dem Nachbau eines Totenhügels. Dieser Ort stellt den Tod des ursprünglichen Zustands des Menschen dar. Wir steigen in diesen Brunnen hinab, als würden wir unsere Seele erkunden, unser innerstes Selbst.“ Er winkte Moliarti, ihm zu folgen. „Kommen Sie!“

Sie stiegen die engen Steinstufen nach unten, die im Uhrzeigersinn in der Brunnenwand verliefen. Der Boden war feucht, und ihre Schritte erzeugten ein dumpfes Echo. Auch die Wände waren glitschig und von Moos bedeckt. Gelegentlich blieben sie stehen und schauten in die Tiefe. Der Brunnen wirkte wie ein in die Erde versenkter Turm.

„Wie viele Ebenen hat dieser Schacht?“, wollte Moliarti wissen.

„Neun“, antwortete Tomás. „Und das ist kein Zufall. Neun ist eine symbolträchtige Zahl.“

Er wollte schon zu einem kleinen Exkurs über die Bedeutung der Zahl neun ansetzen, überlegte es sich dann aber anders. Da es bereits zu düster war, um in den Brunnenschacht zu steigen, machten sie kehrt und gingen zurück zum Wachportal, das sie ansonsten auch durch einen unterirdischen Gang vom Boden des Brunnens aus erreicht hätten.

„Was kommt als nächstes?“, fragte Moliarti.

„Ich schlage vor, wir gehen zur Kapelle.“

„Das meinte ich nicht. Ich wollte wissen, wie Ihre Nachforschungen weitergehen.“

„Ah“, sagte Tomás. „Nun, ich werde die Passage von Umberto Eco genau analysieren, um den darin enthaltenen Schlüssel zu Professor Toscanos Safe zu finden. Außerdem muss ich noch einige Angaben zu Kolumbus’ Herkunft überprüfen. Von daher müsste ich noch eine letzte Reise machen.“

„Okay. Sie wissen, wir übernehmen die Kosten.“

Tomás blieb neben einem großen Baum stehen, nur wenige Schritte von der Kapelle entfernt. Er öffnete seine Aktentasche und zog einmal mehr eine Kopie daraus hervor.

„Das hier ist ein weiteres Rätsel in Bezug auf Kolumbus“, sagte er.

„Was ist das?“

„Die Kopie eines Briefes im Archiv von Veragua, im heutigen Panama.“

Moliarti nahm das Blatt und warf einen Blick darauf. Dann gab er es kopfschüttelnd an Tomás zurück.

„Das ist ja auf Altportugiesisch geschrieben.“

„Ich werde es Ihnen vorlesen“, erwiderte Tomás. „Dieser Brief wurde nach Kolumbus’ Tod in seinen Unterlagen gefunden. Er ist von niemand Geringerem unterzeichnet als von Johann II., auch der Vollkommene Fürst genannt, der König von Portugal, der den Vertrag von Tordesillas ratifizierte, also von dem Mann, der Kolumbus zu Recht sagte, die Seeroute um Afrika nach Indien sei schneller als ein Seeweg nach Westen, der Monarch, der …"

„Ich weiß, wer Johann II. war", unterbrach Moliarti ihn ungeduldig. „Er hat also einen Brief an Kolumbus geschrieben?"

„Ja." Tomás deutete auf einige horizontale und vertikale Linien auf dem Blatt. „Sehen Sie diese Linien? Da war der Brief gefaltet." Er begann, das Blatt zusammenzulegen. „Wenn wir das Papier entlang dieser Linien falten, verbinden sich auf der Rückseite die Worte zur Anschrift des Empfängers." Er zeigte Moliarti das Ergebnis. „Er ist adressiert an ‚Xpoval Colon, unseren besonderen Freund in Sevilla.'" Dann faltete Tomás das Blatt wieder auf und begann zu lesen.

„Xpoval Colon. Wir, Dom Johann, von Gottes Gnaden König von Portugal und der Algarve, auch jenseits des Meeres in Afrika, Herrscher von Guinea, senden Ihnen unsere Hochachtung. Wir haben den Brief, den Sie uns geschrieben haben, gelesen und erkennen darin den guten Willen und die Gewogenheit, in unserem Dienst zu sein. Wir danken Ihnen sehr. Was Ihren Besuch anbelangt, wünschen wir uns und werden sehr erfreut sein, Sie aus den von Ihnen genannten und anderen Gründen, aus denen wir Ihr Geschick und Ihren Scharfsinn benötigen, hier zu empfangen. Die Sie betreffenden Angelegenheiten werden zu Ihrer vollsten Zufriedenheit geregelt werden. Und wenn Sie Bedenken hinsichtlich unseres

Rechtswesens anlässlich einer gewissen Schuld haben, garantieren wir Ihnen hiermit, dass Sie während Ihrer Reise hierher, während Ihres Aufenthalts und Ihrer Rückkehr für keinerlei zivile oder kriminelle Handlung jeglicher Art festgenommen, aufgehalten, angeklagt, vorgeladen oder verklagt werden. Wir weisen hiermit alle unsere Gerichte an, dem Folge zu leisten. Und wir bitten Sie inständig, schnell und unverzüglich herzukommen, wofür wir Ihnen unsere Dankbarkeit schulden und uns erkenntlich zeigen werden.

Ausgestellt in Avis, am zwanzigsten März 1488.
Der König."

„Ein merkwürdiger Brief", sagte Moliarti.

„Ich bin froh, dass Sie mir da zustimmen. Es sieht so aus, als habe Kolumbus einen Brief an König Johann II. geschrieben und ihm erneut seine Dienste angeboten. Dabei erwähnte er offensichtlich seine Bedenken hinsichtlich der Möglichkeit, sich vor dem portugiesischen Gerichtssystem verantworten zu müssen."

„Aber warum?"

„Wegen einer Handlung, die er vermutlich hier in Portugal begangen hat. Vergessen Sie nicht, dass Kolumbus Portugal 1484 in aller Eile verlassen hat, vier Jahre vor diesem Briefwechsel. Irgendetwas hat dazu geführt, dass Kolumbus und sein Sohn nach Spanien geflohen sind. Eines der Geheimnisse um den Admiral besteht ja gerade in diesem völligen Mangel an Dokumenten über sein Leben in Portugal. Als wäre diese Phase seines Lebens in einem schwarzen Loch verschwunden."

„Was ist mit dem Brief, den Kolumbus an König Johann geschrieben hat? Wo ist der?“

„Er wurde nie in den portugiesischen Archiven gefunden.“

„Ein Jammer.“

„Und es gibt noch ein weiteres, merkwürdiges Detail.“

„Was?“

„Die beinahe vertrauliche Art, in der König Johann sich an Kolumbus wandte, noch bevor dieser berühmt wurde. Er nannte ihn ‚unseren besonderen Freund in Sevilla‘. Das ist kein formelles Schreiben zwischen einem mächtigen Herrscher und einem ungebildeten ausländischen Seidenweber. Es ist ein Brief zwischen zwei Menschen, die einander gut kennen.“

Moliarti zog die Augenbrauen hoch.

„Das scheint mir mit der Frage nach Kolumbus’ Herkunft nichts zu tun zu haben.“

Tomás lächelte.

„Vielleicht nicht“, gab er zu. „Aber es zeigt zumindest, dass die beiden einander viel besser kannten, als gemeinhin angenommen wird und dass Kolumbus den portugiesischen Königshof frequentierte, was die Frage aufwirft, ob er zum Adel gehörte, eine Möglichkeit, die zu zwei anderen Tatsachen passen würde. Erstens, seine Heirat mit der Adligen Filipa Moniz Perestrello, die in der damaligen Zeit für einen einfachen Bürger undenkbar gewesen wäre. Wenn er jedoch selbst ein Adliger war, wäre diese Ehe einleuchtend.“

„Hmm“, brummte Moliarti. „Und was ist die zweite Tatsache, zu der Kolumbus’ Adelsstand passen würde?“

Tomás zog ein weiteres Blatt Papier aus seiner Aktentasche.

„Dieses Dokument hier. Das Schreiben, mit dem Königin Isabella ihm am 20. Mai 1493 ein eigenes Wappen zuerkennt.“ Er deutete auf den betreffenden Satz im Text. „Sie schreibt: *armas vuestras que soliades tener*, das heißt, ‚das Wappen, das

Sie bereits haben‘.“ Tomás schaute Moliarti fragend an. „„Das Wappen, das Sie bereits haben.‘ Kolumbus hatte also bereits ein eigenes Wappen? Wie konnte ein Seidenweber aus Genua ein Wappen tragen?“ Er zog eine neue Fotokopie hervor und zeigte sie Moliarti. „Hier, sehen Sie, das ist Kolumbus’ Wappen. Es besteht aus vier Elementen. Oben ein Schloss und ein Löwe, die Symbole von Kastilien und León. Links unten einige Inseln im Meer, die seine Entdeckungen darstellen. Und dieses Element ist es, von dem Königin Isabella schrieb ‚das Wappen, das Sie bereits haben‘. Was sehen Sie da?“

Nach einer kurzen Pause gab Tomás die Antwort selbst.

„Fünf goldene Anker in Form eines Kreuzes auf blauem Hintergrund. Jetzt schauen Sie sich das an.“ Er deutete auf das daneben abgebildete portugiesische Wappen.

„Wie Sie sehen können, weisen die fünf goldenen Anker im Wappen von Kolumbus eine außergewöhnliche Ähnlichkeit mit dem portugiesischen Königswappen auf, das fünf blaue Schilde mit fünf weißen Punkten enthält, die ebenfalls in Form eines Kreuzes angeordnet sind, wie es noch heute in der portugiesischen Nationalflagge zu sehen ist. Kolumbus' Wappen steht direkt mit den Symbolen von León, Kastilien und Portugal in Verbindung."

„Unglaublich. Aber gibt es irgendeinen schriftlichen Beleg dafür, dass Kolumbus Portugiese war?"

„In der Tat", bestätigte Tomás lächelnd. „Im Verlauf des Gerichtsverfahrens um Kolumbus' Erbe bezeichneten zwei Zeugen, Hernán Camacho und Alonso Belas, Kolumbus als einen ‚Sohn Portugals'."

„Das scheint mir noch kein Beweis zu sein. Immerhin lügen und fälschen die Leute ja nach Belieben."

„Es gibt aber noch etwas anderes, das ich Ihnen sagen wollte", sagte Tomás mit einem Blick in seine Unterlagen. „Auf dem Höhepunkt des Streits zwischen spanischen und italienischen Historikern über Kolumbus' wahre Herkunft schrieb einer der Spanier, der Präsident der Königlichen Geografischen Gesellschaft, Ricardo Beltrán y Rózpide, einen Text, der mit einem kryptischen Satz endete. Und zwar: ‚Der Mann, der Amerika entdeckt hat, wurde nicht in Genua geboren und stammt ursprünglich von einem Ort, der zu iberischem Territorium gehört, im westlichen Teil der Halbinsel zwischen Kap Ortegal und Kap St. Vincent gelegen.'" Er schaute Moliarti herausfordernd an. „Das ist eine außergewöhnliche Bemerkung, finden Sie nicht?"

„Tut mir leid", sagte Moliarti, „aber ich wüsste nicht, was daran so außergewöhnlich ..."

„Nelson, Kap Ortegal liegt in Galizien."

„Aber zur damaligen Zeit war es doch nur natürlich, dass ein Spanier gesagt hätte, das sei in Spanien."

„Kap St. Vincent liegt ganz im Süden von Portugal."

„Oh."

„Wie Sie richtig gesagt haben, wäre es in der Atmosphäre der großen nationalistischen Debatte völlig normal gewesen, wenn ein spanischer Historiker einen Galizier als Spanier bezeichnete. Dass er in diesem Zusammenhang jedoch die gesamte portugiesische Küste als Geburtsort von Kolumbus bezeichnete, war ganz und gar nicht normal." Er hielt Moliarti seinen rechten Zeigefinger vors Gesicht. „Es sei denn, er wusste etwas, das er nicht verriet."

„Und, war das der Fall?"

Tomás nickte.

„Es sieht ganz danach aus. Beltrán y Rózpide hatte einen portugiesischen Freund namens Afonso de Dornelas, der auch ein Freund des berühmten Historikers Armando Cortesão war. Auf seinem Sterbebett erzählte Beltrán y Rózpide seinem Freund, dass unter João da Novas Papieren, die sich in einem privaten Archiv in Portugal befanden, eines oder mehrere Dokumente waren, die die Herkunft von Christoph Kolumbus vollständig erklärten. Dornelas fragte ihn mehrfach, um welches Privatarchiv es sich handele. Doch Beltrán y Rózpide sagte ihm, dass er angesichts der hitzigen Debatte in Spanien um Kolumbus' wahre Herkunft einen Aufstand riskieren würde, wenn er ihm verriete, wo die besagten Unterlagen zu finden seien. Er starb wenig später und nahm sein Geheimnis mit ins Grab."

Mit diesen Worten beendete Tomás das Gespräch und drehte sich um. Er schlenderte vorbei an der Kathedrale in Miniaturformat: der Kapelle, eines der zahlreichen rätselhaften Gebäude auf dem Gelände der Quinta da Regaleira.

Aber nicht so rätselhaft wie das nächste Ziel auf seiner merkwürdigen Reise.

XVI

Das Gedränge und Geschiebe störte Tomás in Chiado immer am meisten. Nachdem er auf der Suche nach einem Parkplatz einige Runden durch das Altstadtviertel gedreht hatte, stellte er sein Auto schließlich in einer Tiefgarage ab und ging zu Fuß zur Rua Garrett. Um diese Jahreszeit waren die Straßencafés nicht so voll wie im Sommer, doch auf den Gehwegen herrschte lebhaftes Treiben. Tomás bog um eine Ecke und steuerte auf den Eingang des Café A Brasileira zu, wo sich einst die Künstler und Literaten Lissabons trafen.

Kaum hatte er die Tür hinter sich geschlossen, fühlte er sich in die 1920er Jahre zurückversetzt. Der Raum war länglich und schmal und reich an Accessoires aus der Zeit des Jugendstils. Der Boden war schwarz und weiß kariert, und an der vertäfelten Decke hingen Kronleuchter, deren Licht eine angenehme Atmosphäre erzeugte. Die gesamte Breite der Wand war von riesigen Spiegeln bedeckt, die den Raum doppelt so groß wirken ließen, wie er tatsächlich war. Darüber hingen Farbdrucke von bekannten Gemälden. Die winzigen Tische klebten geradezu an der Spiegelwand, der gegenüber sich ein langer Tresen erstreckte. Das Wandregal dahinter war randvoll mit Weinflaschen und anderen Spirituosen.

Tomás schaute sich um, aber Lenas blonde Locken waren nirgends zu sehen. Er fand einen freien Tisch und setzte sich mit dem Blick zur Tür. Als Lena kurz darauf das Café betrat, bemerkte er es zunächst daran, dass sich alle anderen Gäste zum Eingang wandten. Sie trug ein enges, schwarzes, knielanges Kleid mit einer gelben Schärpe. Eine dunkelgraue Strumpfhose schmiegte sich an ihre langen Beine, die durch elegante Pumps noch länger wirkten. Lena trug mehrere Einkaufstaschen, die sie auf dem Boden abstellte, als sie sich über den Tisch beugte, um Tomás zu küssen.

„*Hej*", sagte sie. „Entschuldige die Verspätung. Ich bin beim Shopping hängengeblieben."

„Kein Problem", antwortete Tomás.

Chiado war für seine schicken Geschäfte und Modeboutiquen bekannt und lockte zahlreiche Neugierige in die steilen, gepflasterten Straßen des ältesten Viertels von Lissabon.

„Puh!", schnaufte Lena und warf ihr langes Haar zurück. „Der Tag hat kaum angefangen, und ich bin schon fix und fertig."

„Hast du viel gekauft?"

„Ein paar Sachen." Sie beugte sich zu einer ihrer Einkaufstaschen und zog ein kleines Stück Stoff aus roter Spitze heraus. „Gefällt es dir?"

„Was ist das?"

„Ein BH, du Dummerle", antwortete sie tadelnd. „Um dich ganz heiß zu machen. Ich bin auch mit diesem alten Aufzug in der Rua do Ouro gefahren."

„Dem Elevador de Santa Justa?"

„Genau. Warst du schon mal da?"

„Nein."

„Natürlich", lächelte sie. „Das Auge eines Fremden blickt weiter als das eines Einheimischen. Ein weiteres schwedisches

Sprichwort. Es bedeutet, dass ein Fremder in einem Land mehr Orte besucht als die Menschen, die dort leben."

„Das stimmt", bestätigte Tomás. „Magst du etwas essen?"

„Nein, danke. Ich hätte nur gern einen Orangensaft."

Tomás gab die Bestellung an den Kellner weiter, der sie notierte und prompt die Kunden am Nachbartisch bediente. Er hatte keine Zeit zu verlieren.

Lena beugte sich über den Tisch und studierte aufmerksam Tomás' Augen.

„Was ist los?", fragte sie misstrauisch. „Wir haben uns drei Tage lang nicht gesehen, und auch jetzt wirkst du abwesend. Was ist?"

Er blickte sie zum ersten Mal richtig an.

„Ich denke, ich war nicht ganz fair zu dir."

Lena zog erstaunt eine Augenbraue hoch.

„Oh, und das heißt?"

„Ich liebe meine Frau immer noch."

Lena verengte ihre Augen zu schmalen Schlitzen und legte den Kopf schief, wie eine Katze.

„Ah", sagte sie und knuffte ihn spielerisch an die Schulter. „Es ist reizend von dir, dass du dir Gedanken darüber machst – aber du bist verheiratet, und ich wäre schockiert, wenn du deine Frau nicht mehr lieben würdest."

„Das stört dich nicht?"

„Natürlich nicht. Du kannst uns beide haben. Für mich ist das kein Problem."

„Aber …", stammelte er verwirrt. „Es macht dir nichts aus, wenn ich mit dir und mit meiner Frau schlafe?"

„Nicht im geringsten", antwortete sie kichernd.

Tomás lehnte sich auf seinem Stuhl zurück. Er wusste nicht, was er sagen sollte. Mit dieser Reaktion hatte er nicht gerechnet.

„Ich glaube nicht, dass meine Frau allzu glücklich darüber wäre."

Lena zuckte die Achseln.

„Dann solltest du es ihr wohl besser nicht sagen."

Er fuhr sich nervös mit einer Hand durchs Haar und atmete tief durch.

„Da ist noch ein Problem. Ich kann so nicht leben."

„Was meinst du damit, du kannst so nicht leben? Du hast die letzten drei Wochen mit zwei Frauen gelebt, und es hat dich nicht im mindesten beunruhigt. Was ist in dich gefahren?"

„Nun, ich habe meine Bedenken bezüglich dem, was wir tun."

Jetzt war es an Lena, verwirrt zu sein.

„Was für Bedenken? Bist du verrückt geworden? Du hast eine Frau zu Hause, die von nichts etwas ahnt. Und du hast eine Geliebte, die, bei aller Bescheidenheit, wohl jeder Mann gern hätte, und die dir keinen Ärger macht. Der es außerdem nichts ausmacht, wenn du dieses bequeme Arrangement weiterführst. Was ist also dein Problem? Was genau hast du für Bedenken?"

„Das Problem, Lena, besteht darin, dass ich nicht weiß, ob ich dieses bequeme Arrangement weiterführen möchte."

Lena schaute ihn ungläubig an.

„Du weißt nicht, ob du dieses …" Sie runzelte die Stirn und versuchte, das Gesagte zu verstehen. „Tomás, was geht wirklich in dir vor?"

„Ich will lediglich nicht so weitermachen."

„Was willst du also?"

„Ich will Schluss machen."

Lena sank auf ihrem Stuhl in sich zusammen und starrte Tomás verständnislos an.

„Du willst Schluss machen?", fragte sie schließlich, um sicherzugehen, dass sie sich nicht verhört hatte.

Er nickte.

„Ja. Es tut mir leid.“

„Bist du übergeschnappt? Warum?“

„Weil ich mich ständig schuldig fühle. Weil ich meine Frau liebe. Weil ich eine kleine Tochter habe. Weil ich in der Lüge lebe, aber die Wahrheit suche.“

„Oh, warte einen Augenblick“, rief sie aus. „Der Mantel der Wahrheit ist oft mit Lügen gefüttert.“

„Keine weiteren Sprichwörter!“

Lena richtete sich wieder auf und nahm seine Hände.

„Sag mir, was ich tun kann, damit du dich besser fühlst. Brauchst du mehr Freiraum? Mehr Sex? Was willst du?“

Tomás war mehr als nur ein wenig erstaunt darüber, dass Lena an ihrer Beziehung zu hängen schien. Er hatte gedacht, sie würde wütend aus dem Café stürmen, und alles wäre vorbei.

„Hör zu, Lena, ich habe dich wirklich gern. Du bist eine außergewöhnliche Frau, und du warst mir bei meinen Recherchen eine große Hilfe. Aber ich liebe meine Familie. Meine Frau und meine Tochter sind der Grund dafür, dass ich morgens aufstehe. Ich habe mich von dir bezaubern lassen, aber jetzt merke ich, wie schrecklich eigennützig das von mir war.“

„Du gibst mir also den Laufpass?“

„Du bist jung, ungebunden und hübsch. Wie du selbst gesagt hast, brauchst du nur mit den Fingern zu schnippen und kannst jeden Mann haben, den du willst. Wozu brauchst du mich? Lass uns einfach unsere Wege gehen und Freunde bleiben.“

Lena schüttelte entmutigt den Kopf.

„Ich glaub’s einfach nicht.“

Tomás sah sie an und erkannte, dass er sich von nun an nur noch wiederholen würde. Nach einem Augenblick stand er auf und hielt ihr die Hand hin. Sie starrte ihn an, ohne zu reagieren. Dann zog er seine Hand unbeholfen zurück und drehte sich um.

„Wir sehen uns dann in der Vorlesung“, sagte er und legte einen Geldschein auf den Tisch.

Lena blickte ihm lange nach.

„Den Hahn, der morgens kräht, holt am Abend der Falke“, flüsterte sie.

XVII

JERUSALEM

Leicht und geschmeidig, wie die Füße einer Ballerina, tanzten die gelben und braunen Blätter über den Boden, schwebten und wirbelten um ihre eigene Achse, getrieben von einem milden Lüftchen, das gelegentlich aufbrauste und dabei Staub und Blätter über die Gehwege und auf die hektischen Straßen unweit der alten Stadtmauer peitschte.

Tomás versuchte, die schmalen, windigen Gassen zu vermeiden und beschleunigte seinen Schritt, überquerte gegenüber dem Damaskustor die Straße und tauchte in die Menschenmenge ein. An jeder Ecke erblickte er alte Gemäuer, solide wie Metall und doch so zart wie Elfenbein, die von Blut, Schmerzen, Hoffnung, Glauben und Leid zeugten.

Der Tag hatte hell und klar begonnen, wobei die Sonne erbarmungslos auf jene herab schien, die sich ihren Strahlen ungeschützt aussetzten. Aus allen Richtungen strömten Menschen herbei und stiegen die breite Treppenflucht hinab, stauten sich kurz vor dem großen Tor, einem Nadelöhr gleich, ehe sie es unter dem wachsamen Blick der olivgrün gekleideten Männer passierten. Mit ihren Maschinengewehren über der Schulter pickten sich die israelischen Soldaten hier und da einen der

Passanten heraus, ließen sich seinen Ausweis zeigen und durchsuchten seine Taschen; ihre Waffen wirkten überflüssig, aber jeder wusste, dass sie bei Bedarf schnell zum Einsatz kommen könnten. Rund um das Damaskustor war der Andrang besonders groß, und fliegende Händler verkauften Obst, Gemüse und Gebäck, während die Passanten sich mit den Ellbogen ihren Weg bahnten. Viele waren von weither gekommen, um auf dem Basar einzukaufen oder in der berühmten al-Aqsa-Moschee zu beten.

Tomás wurde von dem menschlichen Lindwurm regelrecht durch das Tor gepresst. Danach begannen die flachen Gebäude des muslimischen Viertels. Unfähig, dem Sog der Menge zu entkommen, ließ Tomás sich bis zu einer engen Straße treiben, die nur so vor Leben sprühte.

Dort gabelte sich die Straße, und die Menschen strömten in drei Richtungen auseinander. Tomás schaute sich um und öffnete seine Straßenkarte. Dann nahm er die mittlere der drei Möglichkeiten und wandte sich nach Süden. Er ging unter einem Gebäude hindurch, das die Straße wie einen Bogen überspannte und stand kurz darauf an einer neuen Straßenkreuzung. Links lag der Komplex des österreichischen Hospizes. Die Straße, die dahinter abbog, trug ein Schild in hebräischer, arabischer und lateinischer Schrift: Via Dolorosa.

Tomás war kein religiöser Mensch, konnte sich jedoch die Vorstellung davon nicht verkneifen, wie Jesus, von römischen Soldaten eskortiert, durch die schmalen Straßen gestolpert war, mit einem Kreuz auf dem Rücken und Blut, das aus seinen Wunden aufs Straßenpflaster tropfte. Diese Vorstellung war das Ergebnis seiner Erziehung, ein Klischee. Er hatte so viele Zeichnungen dieses schicksalhaften Weges gesehen, dass ihn beim Anblick des Straßennamens unwillkürlich die Emotionen überwältigten und eine Flut von Bildern einer Szene, die sich hier zweitausend Jahre zuvor abgespielt haben soll, vor seinem geistigen Auge auftauchte.

Der Karte zufolge musste er die gesamte Altstadt durchqueren. Er ließ die Straße, die Jesus in seinen letzten Lebensstunden angeblich passiert hat, hinter sich und ging die El-Wad ha-Gai hinab, vorbei an einer jüdischen Hochschule. An der nächsten Kreuzung hatten israelische Soldaten Posten bezogen und kontrollierten den Zugang zur Straße, die zum heiligen Haram al-Sharif-Komplex und der al-Aqsa-Moschee führte. Nur Muslime durften passieren. Anscheinend fand in der Moschee eine Zeremonie statt, die nicht gestört werden sollte.

Ein kühler Wind, der durch die schattigen Gassen pfiff, bewegte Tomás dazu, zügig weiterzugehen. Kurz hinter dem Hammam al-Ayn bog er nach Westen ab in die Kettenstraße und erreichte so das jüdische Viertel.

Hier war von dem regen Treiben der arabisch geprägten Gassen nicht mehr viel zu spüren. Die Straßen waren breiter und ruhiger, fast schon beschaulich, und kaum ein Mensch war zu sehen. Auch die Geräusche beschränkten sich auf gelegentliches Vogelgezwitscher und das sanfte Rauschen der Bäume im Wind. Tomás bog in die Shonei Halakhot ein und suchte nach der richtigen Hausnummer. Neben einer Klingel fand er ein kleines goldenes Namensschild in Hebräisch und Englisch: das Kabbalazentrum Jerusalems. Er drückte den Klingelknopf und hörte ein elektrisches Summen gefolgt von sich nähernden Schritten. Dann ging die Tür auf, und ein junger Mann mit einer großen, runden Brille und gepflegtem Bart schaute ihn fragend an.

„*Bóker tov*“, begrüßte er Tomás und fragte, wie er ihm weiterhelfen könne. „*Ma uchal laasot lemaancha.*“

„*Shalom*“, antwortete Tomás und schaute kurz in sein Notizbuch, in das er sich im Hotel den Satz notiert hatte, dass er kein Hebräisch sprach.

„Ähm … *eineni yode'a ivrit*. Sprechen Sie Englisch?"

„Ani lo mevin anglit", sagte der junge Mann kopfschüttelnd.

Tomás schaute ihn Hilfe suchend an.

„Ähm … Salomon … Rabbi Salomon Ben-Porat?", stammelte er schließlich den Namen des Mannes, mit dem er verabredet war.

„Ah, *ken*", nickte der junge Mann und öffnete die Tür. *„Bevakasha!"*

Dann führte er Tomás in einen kleinen, sparsam möblierten Raum und bat ihn mit einem kurzen *Slach li* zu warten. Prompt verschwand er im langen Korridor. Tomás setzte sich auf ein Sofa und schaute sich um. Die Möbel waren aus dunklem Holz gefertigt, an den Wänden hingen zahlreiche Poster mit hebräischen Schriftzeichen, die Luft roch leicht nach Kampfer und altem Papier, vermischt mit dem scharfen Geruch von Wachs und Politur. Ein kleines Fenster gab den Blick auf die Straße frei, ließ jedoch nur wenig Licht in den Raum fallen.

Ein paar Minuten später hörte Tomás Stimmen lauter werden, und ein korpulenter Mann betrat den Raum. Er war mindestens siebzig Jahre alt, wirkte aber sehr rüstig. Um seine Schultern trug er einen weißen Tallit mit blau-weiß gestreiftem Rand, auf dem Kopf eine samtene Kippa. Sein dichter, grauer Bart erinnerte an den Weihnachtsmann oder einen assyrischen König.

„Shalom alechem", grüßte er Tomás und hielt ihm die Hand hin. „Ich bin Rabbi Salomon Ben-Porat", fügte er auf Englisch mit starkem hebräischen Akzent hinzu. „Mit wem habe ich die Ehre?"

„Ich bin Tomás Noronha aus Lissabon."

„Ah, Herr Noronha!", rief der Rabbi erfreut. Sie schüttelten einander die Hände. Dabei bemerkte Tomás, dass die Hand des Rabbis ebenso fleischig wie kräftig war. „Schön, Sie kennen zu lernen. Hatten Sie eine gute Reise?"

„Ja, vielen Dank."

Der Rabbi bedeutete Tomás, ihm zu folgen und führte ihn den Flur entlang, wobei er munter über die fantastische Erfindung von Flugzeugen plauderte, die heutzutage eine deutlich schnellere Fortbewegung als die Arche Noah erlaubten. Er atmete schwer beim Gehen, und sein massiger Körper schwankte bedrohlich von rechts nach links. Am Ende des Korridors öffnete er die Tür zu einer Art Bibliothek, in deren Mitte ein großer Eichentisch stand. Dann bat er Tomás, sich zu setzen, und nahm ihm gegenüber Platz.

„Das ist unser Konferenzzimmer", erklärte er mit rauer Stimme. „Möchten Sie etwas trinken?"

„Nein, danke."

„Nicht einmal ein Glas Wasser?"

„Okay, etwas Wasser wäre angenehm."

Der Rabbi schaute zur Tür und klatschte in die Hände.

„Chaim!", rief er. *„Mayim!"*

Einen Augenblick später erschien ein Mann in der Tür, der auf einem kleinen Tablett eine Karaffe mit Wasser und zwei Gläser brachte. Tomás schätzte ihn auf Anfang dreißig. Er war schlank, mit langem dunklen Bart, dunkelbraunen Locken und einer gehäkelten Kippa auf dem Kopf. Er betrat den Raum und stellte das Tablett auf den Tisch.

„Das ist Chaim Nasi", stellte der Rabbi ihn vor und kicherte. „Der Fürst der Juden."

Tomás und Chaim schüttelten einander die Hand.

„Sie sind also der Historiker aus Lissabon?", fragte Chaim auf Englisch.

„Ja."

„Ah", setzte er an, und es schien, als wollte er noch etwas hinzufügen, hielt sich jedoch zurück.

„Chaim hat portugiesische Wurzeln", erklärte der Rabbi. „Nicht wahr?"

„Das stimmt", bestätigte er. „Meine Vorfahren waren Sepharden und lebten auf der Iberischen Halbinsel, das heißt, bis zu ihrer Vertreibung um 5250, also nach dem jüdischen Kalender. Nach dem christlichen Kalender entspricht das dem späten 15. oder frühen 16. Jahrhundert."

„Insgesamt wurden etwa eine Viertelmillion Sepharden vertrieben", ergänzte der Rabbi. „Sie siedelten sich danach in Nordafrika, im Ottomanischen Reich, in Südamerika, Italien und Holland an."

„Ich weiß", sagte Tomás. „Ist nicht auch Spinozas Familie nach Holland geflohen?"

„Ja", bestätigte der Rabbi. „Die Sepharden waren sehr kultiviert, vielleicht die gebildetsten Juden der damaligen Zeit. Sie waren die ersten, die in die Vereinigten Staaten aufbrachen, und sie erachten sich noch heute als die vornehmste jüdischstämmige Gruppierung."

Tomás stützte die Ellbogen auf den Tisch.

„Die Vertreibung der Juden war in der Tat tragisch", sagte er, „eine der sinnlosesten Aktionen der portugiesischen Geschichte. Und das nicht nur im Hinblick auf die Menschenrechte. Ihre Flucht stand in direktem Zusammenhang mit dem Niedergang des Landes. Was ein Land reich macht, ist nicht das Geld. Es ist das Wissen. Nach dem Zeitalter der großen Entdeckungen öffnete Portugal sich dem Wissen. So versammelte der Königssohn Heinrich der Seefahrer einige der klügsten Köpfe der damaligen Zeit um sich – Gelehrte aus aller Welt, die für ihn Navigationsinstrumente erfanden, Schiffe entwarfen, fortschrittliche Waffen entwickelten und die Kartographie vorantrieben. Das war eine Zeit großen intellektuellen Reichtums. Viele dieser Gelehrten waren Christen, aber nicht alle."

„Einige von ihnen waren Juden", warf Chaim ein.

„Haargenau. Einige dieser Gelehrten waren Juden, und zwar zum Teil sehr einflussreiche. Sie waren die hellsten Köpfe auf ihrem Gebiet und stellten dem Land all ihr Fachwissen zur Verfügung, all ihre Kontakte, oft auch ihr Vermögen. Während die Spanier die Juden verfolgten, nahmen die Portugiesen unter König Johann II. sie auf. Das Problem begann, als Johanns Nachfolger, Manuel I., davon träumte, König der gesamten Iberischen Halbinsel zu werden und Lissabon zur neuen Hauptstadt zu machen. Um die Katholischen Könige Isabella und Johann für seine Pläne zu gewinnen, plante er die Ehe mit einer ihrer Töchter, um die beiden Königreiche zu vereinen, aber die Braut stellte eine Bedingung für diese Heirat."

„Sie forderte die Vertreibung der Juden", sagte der Rabbi kopfschüttelnd.

„Exakt. Sie wollte keine Juden in Portugal. Unter normalen Umständen hätte König Manuel seiner Braut und den Katholischen Königen vermutlich gesagt, sie mögen sich zum Teufel scheren. Aber es waren keine normalen Umstände: Der König von Portugal wollte auch über Spanien herrschen. Und angesichts der Bedingung, die seine künftige Frau stellte, und unter dem Druck der portugiesischen Kirche, gab König Manuel nach. Er plante allerdings noch einen Trick. Anstatt die Juden direkt zu vertreiben, versuchte er, sie gewaltsam zu konvertieren. In einer groß angelegten Aktion im Jahr 1497 ließ er etwa siebzigtausend portugiesische Juden gegen ihren Willen taufen, die daraufhin als Neue Christen bezeichnet wurden. Aber natürlich praktizierten die meisten von ihnen weiterhin heimlich ihren Glauben. Eine Folge davon waren die Massenmorde an Juden 1506, als der Pöbel in Lissabon etwa zweitausend Menschen tötete. In Spanien wurden die Juden bereits seit einiger Zeit verfolgt, aber in Portugal war das neu."

„Die Folgen waren katastrophal“, fuhr Chaim fort. „Die Juden begannen, das Land zu verlassen und nahmen einen unbezahlbaren Schatz mit: ihr Wissen, ihre Neugier und ihren Erfindergeist. In den 1540er Jahren begann zudem die Inquisition in Portugal, und vierzig Jahre später war das Desaster komplett, als König Manuels Traum eines vereinigten portugiesischen und spanischen Königreiches Realität wurde. Denn dabei hatte Spanien die Vorherrschaft inne, nicht Portugal. Von da an schotteten die Spanier sich noch radikaler als bisher von äußeren Einflüssen ab, und auch Portugal verschloss sich zwangsläufig gegenüber neuem Wissen von außen. Wissenschaftliche Texte wurden verboten, das Bildungswesen wurde ausschließlich der Kirche unterstellt, und im gesamten Land machte sich eine fanatische Ignoranz breit. Mit dem Verbot des Judentums begann für Portugal eine Zeit des Niedergangs, die nur gelegentlich wieder umgekehrt werden konnte.“

„Seine Fehler zu betrachten, ist eine interessante Art, die Geschichte eines Landes kennen zu lernen“, sagte der Rabbi lächelnd.

„Kleine Ursachen, große Wirkungen“, stimmte Tomás zu.

Der Rabbi legte Chaim väterlich seine Hand auf die Schulter, während er hinzufügte: „Nun, unser Fürst der Juden hier ist Nachfahre einer der wichtigsten sephardischen Familien Portugals.“ Er wandte sich an seinen Protegé. „Nicht wahr, Chaim?“

Chaim nickte bescheiden.

„Wie lautet Ihr Familienname?“, fragte Tomás.

„Der portugiesische oder der hebräische?“

„Beide, würde ich sagen.“

„Meine Familie hat den Namen Mendes angenommen, hieß aber in Wirklichkeit Nasi. Einige Jahre nach dem Ausbruch der Judenverfolgung in Lissabon flohen meine Vorfahren erst nach Holland und dann in die Türkei. Die Matriarchin der Familie war Gracia Nasi, eine äußerst erfolgreiche Geschäftsfrau, die ihren Einfluss beim türkischen Sultan und ihren vielen Geschäftspartnern geltend machte, um den Neuen Christen zu helfen, Portugal zu verlassen. Sie plante sogar, ein Handelsembargo gegen alle Länder zu veranlassen, in denen Juden verfolgt wurden." Chaim machte eine kurze Pause. „Gracias Neffe Joseph floh ebenfalls aus Lissabon", fuhr er dann fort, „und wurde in Istanbul ein angesehener Bankier und Staatsmann. Joseph und Gracia Nasi wurden außerdem zu Herrschern von Tiberias in Palästina ernannt, um dort erneut Juden anzusiedeln."

Tomás lächelte.

„Wollen Sie damit sagen, dass es die portugiesischen Juden, Ihre Vorfahren, waren, die mit der jüdischen Wiederbesiedlung im Nahen Osten begannen?"

Seine beiden Gastgeber wechselten einen vielsagenden Blick.

„Das ist eine der Möglichkeiten, die Dinge zu betrachten", sagte Chaim und strich sich über den Bart. „Ich sehe es lieber so, dass sie Gottes Werkzeuge waren, die uns das gelobte Land zurückgebracht haben."

„Das Beste jedoch ist", sagte der Rabbi, „dass Joseph Nasi unvorstellbar reich wurde und noch heute als Fürst der Juden bekannt ist, nicht zuletzt, weil das Wort *nasi* auf Hebräisch ‚Fürst' bedeutet." Er tätschelte Chaims Arm. „Als Nachfahre von Josephs Familie und weil sein Nachname Nasi lautet, nenne ich auch Chaim gern den Fürsten der Juden."

„Ein wahrer Verlust für mein Land", sagte Tomás. „Ein Jammer, dass Chaims Familie Portugal verlassen musste."

Salomon schaute auf die große Uhr an der Wand.

„Seine und viele andere Familien", bestätigte er traurig und atmete tief durch. „Aber vielleicht sollten wir uns einmal dem eigentlichen Thema unseres Treffens zuwenden."

Auf dieses Stichwort hin nahm Tomás einen Stapel Fotokopien aus seiner Aktentasche.

„Sehr gern!“, rief er. „Wie ich am Telefon sagte, wäre ich sehr dankbar für Ihre Hilfe bei der Analyse dieser Dokumente.“ Er legte die Blätter vor dem Rabbi auf den Tisch, zog eine der Seiten hervor und reichte sie ihm. „Das hier ist besonders interessant.“

Salomon zog eine Brille aus der Tasche seines Hemdes und setzte sie auf. Dann betrachtete er aufmerksam die abgebildeten Buchstaben und Symbole.

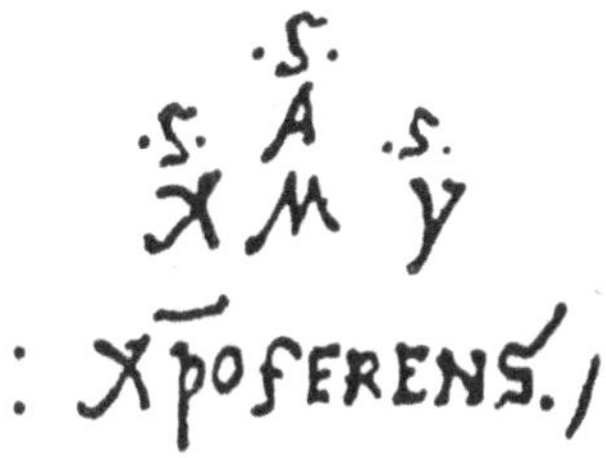

„Was ist das?“, fragte er, ohne seinen Blick von dem Blatt zu wenden.

„Die Unterschrift von Christoph Kolumbus.“

Der alte Jude strich sich nachdenklich über seinen weißen Bart, dann setzte er seine Brille ab und schaute Tomás an.

„Diese Unterschrift ist sehr vielsagend“, sagte er.

„Das dachte ich mir“, nickte Tomás. „Glauben Sie, sie ist kabbalistisch?“

„Das ist möglich“, murmelte er dann. „Ja, das ist möglich.“ Er legte das Blatt auf den Tisch und strich sich über die Augenbrauen. „Bitte lassen Sie mir einige Stunden Zeit, um ein paar Bücher zu überprüfen und mit einigen Freunden zu sprechen.“ Er schaute erneut auf die Uhr. „Jetzt ist es elf Uhr … Warum schauen Sie sich nicht ein wenig die Stadt an und kommen heute Nachmittag gegen fünf Uhr wieder her?“

„Großartig.“

Tomás stand auf, und der Rabbi deutete auf Chaim.

„Chaim wird Sie begleiten. Er ist ein guter Führer und wird Ihnen die Altstadt zeigen.“

Der Rabbi winkte ihnen zum Abschied kurz zu und vertiefte sich dann umgehend in das Blatt Papier und seine Geheimnisse.

Draußen war die Luft nach wie vor kühl und trocken, auch wenn die Sonne bereits auf die Häuser und Straßen brannte. Als Tomás aus dem Gebäude trat, zog er überrascht den Reißverschluss seiner Jacke hoch. Dann folgte er Chaim.

„Was möchten Sie sehen?“, fragte dieser.

„Nun ja, das Übliche, würde ich sagen. Die Grabeskirche und die Klagemauer zum Beispiel.“

„Die Klagemauer ist nur etwa fünf Minuten von hier entfernt“, sagte Chaim. „Aber ich schlage Ihnen einen kleinen Umweg vor.“

Sie gingen Richtung Süden, zum Hurva-Platz, auf dem mehrere Bäume angenehmen Schatten spendeten. Einige unscheinbare Cafés, Restaurants und Andenkenläden lagen am Rand des Platzes, an dem sich noch die Überreste der Hurva-Synagoge und ein schlankes Minarett der gerade geschlossenen Sidna Omar Moschee befanden.

„Sehen Sie diese vier Synagogen?“, fragte Chaim. „Sie wurden im 16. Jahrhundert von den Nachkommen der spanischen und portugiesischen Juden erbaut.“

Dann wandten sie sich in die Tiferet Israel und weitere Straßen Richtung Osten.

„Glauben Sie, der Rabbi kann die Bedeutung der Unterschrift entschlüsseln?“, fragte Tomás, während er sich interessiert nach allen Seiten umschaute.

„Salomon Ben-Porat ist einer der erfahrensten Kabbalisten der Welt und der mit Abstand beste in Jerusalem. Die

Menschen kommen von weither, um ihn nach den Geheimnissen der Tora zu fragen."

Sie passierten das Gebäude des Yeshivat Aish HaTorah und standen kurz danach auf einem offenen Platz. An dessen anderen Ende sahen sie eine riesige alte Mauer aus hellen Kalkblöcken, an deren Fuß sich, klein wie Ameisen, Scharen von Gläubigen mit der traditionellen Kippa auf dem Kopf rhythmisch vor und zurück wiegten. Die Gebetszone war vom restlichen Platz abgetrennt.

„*HaKotel HaMa'aravi*", verkündete Chaim. „Die Klagemauer. Dort, unter dieser goldenen Kuppel des Felsendoms, hat alles angefangen. In seinem Zentrum befindet sich der Felsen Even Shetiyah, der Grundstein der Welt. Dort war es auch, wo Abraham sich auf Gottes Befehl hin bereit machte, seinen Sohn Isaak zu opfern, und dort wurde später die Bundeslade verwahrt. Die gesamte Erhebung um den Grundstein heißt Tempelberg, denn hier ließ König Salomo den ersten Tempel bauen. Als König Salomo starb, führte eine Reihe von Konflikten zur gesellschaftlichen Spaltung der Juden, die von den Assyrern geschlagen und von den Babyloniern versklavt wurden. Die Babylonier zerstörten übrigens auch den Tempel, wurden ihrerseits aber später von den Persern geschlagen, und die Juden durften in ihr Land zurückkehren. Zu dieser Zeit wurde auch der zweite Tempel erbaut. Mit Alexander dem Großen begann im 4. Jahrhundert dann eine Zeit griechischer Vorherrschaft, die später von den Römern abgelöst wurde. Dabei ließen die Römer den Juden immerhin ihren eigenen König. Und es war König Herodes, der kurz vor der Geburt von Jesus von Nazareth den zweiten Tempel erweitern und mit einer großen Mauer befestigen ließ. Die Klagemauer ist der einzige davon erhaltene Teil."

Sie hatten den Felsendom mittlerweile umrundet, und Tomás blickte sich ehrfürchtig um.

„Im Jahr 66 der christlichen Zeitrechnung", fuhr Chaim fort, „rebellierten die Juden gegen die Römer, was zum Ausbruch des großen jüdischen Krieges führte. Im Gegenzug eroberten die Römer Jerusalem und zerstörten den zweiten Tempel, ein Ereignis, das unser Volk nachhaltig traumatisiert hat. Daher stammt auch die Bezeichnung Klagemauer. Noch heute kommen Juden von überall her, um die Zerstörung des Tempels zu beklagen."

Jetzt näherten sie sich der Klagemauer, zwischen deren Steinen vereinzelte Büschel von Bilsenkraut wuchsen und Löwenmäulchen sich den Besuchern entgegen reckten. Die unteren Steinquader waren riesig und gehörten eindeutig zur ursprünglichen Mauer, wohingegen die Steine im oberen Drittel deutlich kleiner waren und aus späteren Zeiten stammten. In einer breiten Ritze entdeckte Tomás zwei Vogelnester, vermutlich von Schwalben oder Sperlingen, die den Platz mit fröhlichem Zwitschern erfüllten.

„Der Tempel war das spirituelle Zentrum, durch das das Gute auf die Welt herab kam", fügte Chaim hinzu. „Hier respektierten die Menschen Gott und die Tora. Hier war Abraham dazu bereit, Isaak zu opfern, und hier hatte Jakob die Vision einer Himmelsleiter. Als die Römer den Tempel zerstörten, kamen die Engel auf die Erde und beschützten mit ihren Flügeln einen Teil der Mauer, von dem sie sagten, er würde nie zerstört werden. Deshalb sagen die Propheten auch, die göttliche Gegenwart werde die Überreste des Tempels, also die Klagemauer, nie verlassen. Nie. Es heißt, sie sei auf ewig heilig." Er deutete auf den Teil der Mauer. „Sehen Sie diese Steinblöcke? Die größten von ihnen wiegen vierhundert Tonnen. Vierhundert! Nie wurden schwerere Steine von Menschen bewegt, weder im alten Griechenland noch beim Bau der ägyptischen Pyramiden. Von modernen Gebäuden wie in New York oder Chicago ganz zu schweigen. Glauben Sie mir, es gibt keinen Kran, der in der Lage wäre, diese Blöcke zu heben."

Er schlug Tomás vor, auf zwei Plastikstühlen Platz zu nehmen, die gerade frei wurden.

„Der Talmud lehrt, dass, als der Tempel zerstört wurde, alle Himmelstore geschlossen wurden, mit Ausnahme des Tors der Tränen. Wenn die Juden zum Beten an die Klagemauer kommen, steigen ihre Gebete durch das Tor der Tränen zum Himmel auf. Auch sonst beten Juden in aller Welt mit Blick Richtung Klagemauer."

„Wenn der Tempel so wichtig für das Judentum ist, wieso wird er dann nicht wieder aufgebaut?"

„Der Wiederaufbau wird beginnen, wenn der Messias kommt, und der dritte Tempel wird genau an dem Ort erbaut, wo auch der erste und zweite Tempel standen. Die Midrasch sagt, dass der dritte Tempel bereits im Himmel gebaut wurde und nur darauf wartet, dass auf der Erde alles bereit ist. Alles deutet darauf hin, dass die Zeit bald kommen wird. Ein sehr deutliches Zeichen ist die Rückkehr des jüdischen Volkes in das gelobte Land."

„Woran werden Sie den Messias erkennen?"

„Daran, dass er den Bau des dritten Tempels in die Hand nimmt."

„Aber an dieser Stelle stehen die al-Aqsa-Moschee und der Felsendom", wandte Tomás ein. „Diese wiederum gehören zu den heiligsten Orten des Islam, und um den dritten Tempel zu bauen, müssten sie zerstört werden. Auch den Muslimen ist der Tempelberg heilig, sie nennen ihn Haram al-Sharif. Wie glauben Sie, werden sie auf den Wiederaufbau des Tempels reagieren?"

„Dieses Problem werden Gott und der Messias lösen."

Tomás blickte Chaim an.

„Wie kommt es eigentlich, dass bei all den Hügeln in der Umgebung Juden und Muslime den gleichen Hügel als ihren heiligen Ort auserkoren haben?“, fragte er dann.

„Die Antwort darauf ist historisch begründet. Die Römer haben die Juden aus Jerusalem vertrieben und anschließend auch die Christen verfolgt, bis der römische Kaiser Konstantin Anfang des 4. Jahrhunderts zum Christentum konvertierte. Konstantins Mutter Helena reiste später nach Jerusalem und ordnete dort den Bau der ersten christlichen Kirchen an, die an Orten erbaut werden sollten, die mit dem Leben Jesu in Verbindung standen. So wurde Jerusalem wieder bedeutend. 614 fielen dann die Perser in die Region ein und brachten mit Unterstützung der Juden die Christen um. 628 eroberten die Römer, die damals dem Byzantinischen Reich angehörten, Palästina zurück. Im selben Jahr nahm die vom Propheten Mohammed geführte Armee Mekka ein und brachte eine neue religiöse Kraft in die Welt: den Islam. Als Mohammed zehn Jahre später starb, schlug sein Nachfolger, der Kalif Umar, die Byzantiner und eroberte Palästina erneut. Da der Islam Abraham und das Alte Testament anerkennt, ist Jerusalem für die Muslime ebenfalls eine heilige Stadt. Außerdem glaubten die Muslime, dass Mohammed Jahre zuvor vom Grundstein, auf dem Abraham beinahe seinen Sohn opferte, und über dem die Juden ihre beiden Tempel errichtet hatten, zum Himmel aufgefahren sei. Die Trümmer, die die Römer auf dem Tempelberg zurückgelassen hatten, wurden beseitigt, und die Muslime bauten dort ihre eigenen beiden Schreine, den Felsendom im Jahr 691 und 705 die al-Aqsa-Moschee.“ Er machte eine kurze Pause. Dann fuhr er fort: „Christen und Juden durften zwar weiterhin in Jerusalem leben, nicht aber den Komplex auf dem Tempelberg betreten. Dann folgte eine Zeit relativer Toleranz bis ins 11. Jahrhundert, als die Muslime ihre Politik änderten und Juden und Christen aus Jerusalem vertrieben. Das war der Auftakt zu massiven Problemen. Die europäischen Christen reagierten heftig und begannen mit den Kreuzzügen. Sie eroberten Jerusalem abermals und gründeten einen religiösen Orden, der sich nach dem Tempel benannte."

„Den Orden der Tempelritter, auch Templerorden genannt."

„Genau. Der vollständige Name lautete Arme Ritterschaft Christi und des salomonischen Tempels zu Jerusalem", ergänzte Chaim. „Ihr Hauptquartier war hier auf dem Tempelberg, wo sie Ausgrabungen machten. Sie fanden unter anderem bedeutende Reliquien, auch wenn wir nicht genau wissen, welche das waren. Manche sagen, sie hätten die Bundeslade gefunden und den Kelch, aus dem Jesus während des letzten Abendmahls trank und in dem nach seiner Kreuzigung Tropfen seines Blutes aufgefangen wurden."

„Der Heilige Gral."

„Richtig. Andere wiederum behaupten, dass die Templer das Turiner Grabtuch entdeckt hätten, mit dem der Körper Jesu bedeckt wurde, nachdem man ihn vom Kreuz genommen hatte. Das wird wohl ewig ein Geheimnis bleiben. Jedenfalls ist der Tempelberg auch für Christen ein mythischer Ort geworden."

Tomás und Chaim wechselten einen Blick und verständigten sich mit einem Nicken darauf weiterzugehen. Sie verließen den Platz an seinem Nordrand und bogen in die Kettenstraße ein, wo sie das einstige Grabmal des tartarischen Anführers Barakat passierten, das 1901 zum Lesesaal der Khalidi-Bibliothek umgewandelt wurde. Es war bereits früher Nachmittag, und Chaim lud seinen Gast in ein ruhiges Restaurant ein. Zum Abschluss des Essens gönnten sie sich einen starken Kaffee, der in Kupferschalen serviert wurde.

Zur Verdauung schlenderten sie die David-Straße hinab, die das armenische und das christliche Viertel voneinander trennte.

Hier herrschte eine lebhafte Atmosphäre wie in einem Basar, in dem sich Kleiderboutiquen, Teppichläden, Schmuckgeschäfte und Andenkenshops dicht an dicht drängten. Alles war darauf ausgelegt, die Aufmerksamkeit der Touristen und Pilger zu erregen.

Schließlich standen sie vor einem Ehrfurcht gebietenden Bauwerk: der Grabeskirche. Gleich hinter dem Eingangsportal lag zwischen zwei Kapellen der Kalvarienberg, wo die Römer Jesus ans Kreuz geschlagen haben sollen. Dort befanden sich auch in der römisch-katholischen und der griechisch-orthodoxen Kapelle die elfte und zwölfte Station des Kreuzwegs. Dazwischen lag die dreizehnte Station, das Stabat-Mater-Standbild, auf dem Maria unter dem Kreuz weint.

„Beeindruckend“, flüsterte Tomás und blickte durch eine dicke Glasscheibe am Fuß des orthodoxen Kreuzigungsaltars auf die Stelle, an der das Kreuz gestanden haben soll. „Hier ist also Jesus gestorben.“

„Nicht unbedingt exakt hier“, erwiderte Chaim. „Im Jahr 325 berief Kaiser Konstantin ein ökumenisches Konzil ein, um die Auslegung der Heiligen Dreifaltigkeit zu diskutieren. Unter den Teilnehmern war auch der Bischof Makarios von Jerusalem, der Konstantins Mutter Helena davon überzeugte, ins Heilige Land zu reisen und die wichtigsten Orte aufzusuchen, an denen sich Jesus aufgehalten haben soll. Als Helena hierher kam, fand sie die Höhle in Bethlehem, in der Jesus angeblich geboren wurde, und die Höhle auf dem Ölberg, auf dem er die Zerstörung Jerusalems angekündigt hatte. Sie kam zu dem Schluss, der Kreuzigungshügel müsse unter den heidnischen Tempeln liegen, die der römische Kaiser Hadrian zweihundert Jahre zuvor im nordwestlichen Teil der Altstadt errichten lassen hatte.“

„Golgatha?“

„Genau. Das ist das hebräische Wort für den Hügel und bedeutet so viel wie ‚Ort des Schädels'. Die lateinische Version heißt Kalvarienberg." Er hielt einen Moment inne. „Helena legte willkürlich die Orte fest, an denen Jesus sich auf seine Hinrichtung vorbereitet hatte, wo er ans Kreuz geschlagen und wo das Kreuz errichtet worden war. Diese Orte entsprechen heute der zehnten, elften und zwölften Kreuzwegstation. Aber das Ganze beruhte auf Vermutungen, und niemand kann mit Sicherheit sagen, dass der Felsen unter der Grabeskirche tatsächlich Golgatha ist, auch wenn vieles dafür spricht. In den Evangelien heißt es, Jesus sei auf einem Felsen außerhalb der Stadtmauer gekreuzigt worden, am Fuß eines Hügels mit Katakomben, und archäologische Studien haben gezeigt, dass dieser Ort mit der Beschreibung präzise übereinstimmt."

Dann führte er Tomás ins Katholikon, den Gebetssaal im Hauptschiff, über dem ebenfalls ein mächtiges Kuppeldach die Blicke auf sich zog, und das der orthodoxen Kirche als Zentrum der Welt gilt. Anschließend reihten sie sich ein in die Warteschlange vor der Kapelle des Heiligen Grabes, dem Ort mitten unter der Rotunde, an dem der Leib Jesu nach seinem Tod gelegen haben soll und über dem später ein Schrein errichtet wurde. Andächtig betrachtete Tomás die Marmorplatte und die Basreliefs in der engen Ädikula, die eine Szene der Auferstehung darstellten. Wenige Sekunden später wurden sie jedoch von den nachfolgenden Besuchern weitergedrängt und mussten die Krypta wieder verlassen.

Chaim warf einen Blick auf seine Uhr.

„Es ist halb fünf", sagte er. „Wir sollten zurückgehen."

Salomon Ben-Porat saß mit dem Rücken zur Tür und unterhielt sich mit einem hageren Mann mit kleinen Augen und einem langen, spitzen Bart. Er trug eine Beketsche, den typischen schwarzen Mantel der chassidischen Juden. Der Rabbi schien ihre Rückkehr zu spüren und drehte sich auf seinem Stuhl zu Tomás und Chaim um. Auf seinen Lippen lag ein unübersehbar zufriedenes Lächeln.

„Kommen Sie näher!“, winkte er sie heran. „Herr Noronha, erlauben Sie mir, Ihnen meinen Freund Rabbi Abraham Hurewitz vorzustellen.“

Der hagere Mann stand auf, um Tomás und Chaim zu begrüßen.

„*Na'im me'od*“, sagte er.

„Rabbi Hurewitz ist gekommen, um mir zu helfen“, erklärte Salomon und fuhr sich gedankenverloren über den Bart. „Er hat sich vor einiger Zeit intensiv mit Christoph Kolumbus beschäftigt. Als ich ihm von Ihren Recherchen erzählte, hat er sich bereiterklärt, selbst mit Ihnen zu sprechen.“

„Ausgezeichnet“, sagte Tomás und lächelte den Rabbi dankbar an.

„Zunächst einmal müssen wir einige Grundlagen klären“, fuhr Salomon fort und schaute Tomás aufmerksam an. „Herr Noronha, verzeihen Sie meine Frage, aber was wissen Sie über die Kabbala?“

„Sehr wenig, fürchte ich“, antwortete Tomás und nahm sein Notizbuch zur Hand. „Das ist das erste Mal, dass ich bei meinen Recherchen damit zu tun habe.“

„Nun, die Kabbala stellt die symbolische Verschlüsselung der Mysterien des Universums mit Gott im Zentrum dar. Das Wort Kabbala ist von dem Verb *lekabel* abgeleitet, was ‚annehmen‘ bedeutet. Es handelt sich also um ein System von Über- und Weitergabe, ein Interpretationssystem zur Entschlüsselung der Welt, den Code, der es uns erlaubt, die Pläne des Unaussprechlichen zu verstehen.“ Salomon sprach ruhig und flüssig. „Manche sagen, die Kabbala stamme von Adam, während andere glauben, sie gehe auf Abraham zurück; wieder andere sind der Meinung, der erste Kabbalist sei Rabbi Moshe Alshich gewesen, der als Verfasser des *Torat Moshe*, eines Kommentars zu den Fünf Büchern Mose, gilt. Soweit wir wissen, ist die kabbalistische Tradition im 1. Jahrhundert vor Jesus erstmals systematisch belegt.“

„Und was hat es mit dem Zählen von Buchstaben auf sich?“, fragte Tomás.

„Was Sie das Zählen von Buchstaben nennen, ist die Gematrie“, antwortete Salomon. „Bei dieser Technik geht es darum, den numerischen Wert von Worten zu ermitteln, indem man allen zweiundzwanzig Buchstaben des hebräischen Alphabets einen bestimmten Zahlenwert zuordnet. Dabei werden die ersten neun Buchstaben den Zahlen eins bis neun zugeordnet, die nächsten neun Buchstaben entsprechen den Dekaden zehn bis neunzig, und die verbleibenden vier Buchstaben werden als hundert bis vierhundert übersetzt.“ Er machte eine ausladende Armbewegung, als wollte er die ganze Welt umfassen. „Gott schuf das Universum mit Zahlen, und jede Zahl enthält ein Mysterium und eine Enthüllung. Alles im Universum ist Teil einer Kette aus Ursache und Wirkung, die unendlich fortgeführt werden kann. Heutzutage verwenden die Mathematiker die Chaostheorie, um die komplexen Funktionsweisen der Dinge zu verstehen, während die Physiker die Unschärferelation bevorzugen, um das merkwürdige Verhalten von subatomaren Teilchen in einem Quantenumfeld zu beschreiben.“

„Und die Kabbalisten wiederum arbeiten mit der Gematrie?“

„Genau. Vor fast zweitausend Jahren, irgendwann zwischen dem 2. und 6. Jahrhundert, erschien ein kleines, rätselhaftes, metaphysisches Buch mit dem Titel *Sefer Jetzira*, oder ‚Buch der Schöpfung‘, das beschrieb, wie Gott die Welt aus Zahlen und Worten geschaffen hat. Wie die heutigen Mathematiker und

Physiker argumentierte auch das *Sefer Jetzira*, dass es möglich sei, sich mit Hilfe von Zahlen die Macht Gottes zu erschließen. Die Gematrie misst also Worten und Zahlen eine schöpferische Kraft bei und basiert auf der Annahme, dass Hebräisch die Sprache war, die Gott bei der Schöpfung verwendete. Zahlen und die hebräische Sprache gelten als heilig. Mit Hilfe der Gematrie werden Buchstaben in Zahlen umgewandelt, mit teils erstaunlichen Entdeckungen." Er schaute Tomás bedeutungsvoll an. „Nehmen wir zum Beispiel das hebräische Wort für ‚Jahr', *schana*; es hat einen Zahlenwert von 355, was genau der Anzahl von Tagen in einem Mondjahr entspricht. Das Wort *herayon*, ‚Schwangerschaft' hat den Wert 271, also exakt die Anzahl von Tagen, die eine Schwangerschaft dauert."

„Wie ein Anagramm."

„Korrekt. Wie ein göttliches Anagramm aus Buchstaben und Zahlen. Betrachten wir nun ein paar Beispiele aus der Heiligen Schrift. Einer der Namen Gottes, *JHWH Elohei Israel*, entspricht der Zahl 613, und *Mosche Rabbenu* – Moses, unser Lehrer – ergibt ebenfalls 613. Außerdem ist 613 die Anzahl der Gebote in der Tora. Das heißt, Gott gab Moses die 613 Gesetze der Tora ein." Er fuhr mit der Hand kreisförmig durch die Luft. „Die Heilige Schrift ist voller holografischer Komplexität; der Text enthält eine Vielzahl verschiedener Bedeutungen. Ein anderes Beispiel findet sich in der Genesis, wo es heißt, Abraham habe 318 Diener in den Kampf geführt. Als die Kabbalisten den numerischen Wert des Namens seines Dieners Eliezer analysierten, stellten sie fest, dass er 318 ergab. Man nimmt daher an, dass Abraham tatsächlich nur von Eliezer begleitet wurde."

„Heißt das, die Bibel enthält unterschwellige Botschaften?"

„Wenn Sie es so nennen möchten", nickte Salomon lächelnd. „Wissen Sie, wie das erste Wort der Fünf Bücher Mose lautet?"

„Bereschit."

„Genau. Das bedeutet ‚am Anfang'. Wenn wir bereschit in zwei Worte unterteilen, erhalten wir *bere*, oder ‚er schuf', und *schit*, die Zahl sechs. Gott erschuf die Welt also in sechs Tagen und ruhte am siebenten. Die gesamte Botschaft der Schöpfung ist in einem einzigen, dem ersten, Wort der Bibel enthalten. *Bereschit. Am Anfang. Bere* und *schit. Er schuf* und *sechs*. Die Sechs entspricht dabei dem Hexagramm, dem doppelten Dreieck auf dem Salomonssiegel, auch Davidstern genannt, das Teil der israelischen Flagge ist." Er deutete auf eine weiß-blaue Flagge auf einem Ecktisch des Zimmers. „In den Büchern Mose gibt es noch weitere Anagramme. Zum Beispiel sagt Gott im Exodus: ‚Ich werde einen Engel schicken, der dir vorausgeht.' Auf Hebräisch heißt ‚mein Engel' *melakhi*, ein Anagramm von *Mikhael*, der hebräischen Schreibweise von Michael, dem kriegerischen Erzengel der Juden. In anderen Worten, Gott schickte den Engel Mikhael."

„Gilt dieses Interpretationssystem auch für den Baum des Lebens?"

„Der Baum des Lebens ist etwas anderes", sagte der Rabbi. „Lange Zeit beherrschten zwei Fragen die Beziehung des Menschen zu Gott. Wenn Gott die Welt geschaffen hat, was ist die Welt dann, wenn nicht Gott? Die zweite Frage ergibt sich aus der ersten, nämlich, wieso ist die Welt so unvollkommen, wenn sie doch Gott ist? Das *Sefer Jetzira*, der mystische Text, den ich vorhin erwähnte, und der beschreibt, wie Gott das Universum mittels Zahlen und Worten schuf, wollte unter anderem diese Fragen beantworten. Es enthüllt die göttliche Natur der Zahlen und setzt sie mit den zweiunddreißig Wegen der Weisheit, mit deren Hilfe Gott die Welt schuf, gleich. Diese zweiunddreißig Wege setzen sich zusammen aus den zehn Grundziffern, den *Sefiroth*, und den zweiundzwanzig Buchstaben des hebräischen Alphabets. Die *Sefiroth* sind Ausdrucksformen Gottes, grafisch dargestellt im Baum des Lebens. Sie sind die Elementareinheit der Schöpfung; kleinste, unteilbare Teilchen, die die Elemente des Ganzen enthalten. Das erste *Sefirah* ist *Kether*, die Krone. Das zweite ist *Chochmah*, die Weisheit. *Binah* ist die Intelligenz, *Chesed* die Güte, *Gevurah* die Strenge, *Tifereth* die Schönheit, *Nezach* der Sieg, *Hod* die Herrlichkeit, *Yesod* das Fundament und *Malchuth* das Königreich." Salomon machte eine kurze Pause, um zu sehen, ob Tomás ihm folgen konnte. „Der Kabbala zufolge ist der menschliche Körper ein Mikrokosmos, eine Miniaturausgabe des Universums, dargestellt im Baum des Lebens. *Kether* ist der Kopf; *Chochmah*, *Chesed* und *Nezach* sind die rechte Körperhälfte; *Binah*, *Gevurah* und *Hod* sind die linke Körperhälfte; *Tifereth* ist das Herz, *Yesod* sind die Genitalien, und *Malchuth* sind die Füße." Er holte tief Luft. „Über die Kabbala ließe sich noch viel, viel mehr sagen. Glauben Sie mir, man kann sie ein ganzes Leben lang studieren. Dennoch denke ich, dass Sie jetzt die wichtigsten Grundlagen kennen, um unserer Interpretation der Dokumente und der Unterschrift, die Sie uns heute Vormittag hiergelassen haben, folgen zu können."

Tomás lehnte sich auf seinem Stuhl zurück. Die Unterhaltung schien einen entscheidenden Punkt erreicht zu haben.

„Gern", sagte er. „Das heißt also, die Unterschrift von Christoph Kolumbus ist kabbalistisch?"

Salomon lächelte.

„Geduld ist eine Tugend der Weisen, Herr Noronha. Bevor wir uns der Unterschrift widmen können, sollten Sie erst noch einige Dinge über Kolumbus selbst wissen."

„Ich denke, ich weiß schon das eine oder andere über ihn", warf Tomás ein.

„Davon bin ich überzeugt", sagte Salomon. „Aber ich bin auch davon überzeugt, dass das, was Rabbi Abraham Ihnen zu sagen hat, Sie trotzdem interessiert."

Salomon wandte sich Rabbi Hurewitz zu, damit dieser die Erklärungen fortführte. Der Rabbi zögerte einen Augenblick, bevor er das Wort ergriff.

„Herr Noronha“, begann er in einem flüsternden, fast unterwürfigen Tonfall, der in deutlichem Kontrast zu Salomons selbstbewusstem Poltern stand. „Wären Sie bitte so freundlich, mir zu sagen, an welchem Datum Kolumbus seine erste Reise nach Amerika begann?“

„Nun, ich denke, er verließ den Hafen von Palos in Cádiz am 3. August 1492“, antwortete Tomás lächelnd. Er erkannte die rhetorische Technik, die er selbst Moliarti gegenüber anwendete, und die in der umgekehrten Position nicht halb so angenehm war.

„Und jetzt, Herr Noronha, könnten Sie mir bitte sagen, welchen Tag die Katholischen Könige den Juden als letzte Frist gesetzt hatten, um Spanien zu verlassen?“

„Hm“, überlegte Tomás. „Das war irgendwann im Jahr 1492.“

„Ja, aber wie lautete das genaue Datum?“

„Tut mir leid, da muss ich passen.“

Der Rabbi legte eine theatralische Pause ein. Er hielt Tomás fest im Blick, um seine Reaktion zu sehen.

„Und wenn ich Ihnen sagte, dass das königliche Edikt den sephardischen Juden befohlen hatte, Spanien bis zum 3. August 1492 zu verlassen?“

Tomás riss die Augen auf.

„Was? Der 3. August? Heißt das … am Tag, als Kolumbus zu seiner ersten Reise aufbrach?“

„Ganz genau.“

Tomás schüttelte verwundert den Kopf.

„Das war mir in der Tat nicht bekannt. Was für ein merkwürdiger Zufall.“

Rabbi Hurewitz’ schmale Lippen verzogen sich zu einem humorlosen Lächeln.

„Glauben Sie, es war Zufall?“, fragte er fast schon spöttisch. „Rabbi Schimon ben Jochai schrieb, dass der Höchste König über alle Schätze mit einem einzigen Schlüssel verfüge. Das heißt, Herr Noronha, es gibt keinen Zufall. Zufälle sind subtile Zeichen des Schöpfers, mit denen er seine Botschaften übermittelt. Ist es ein Zufall, dass die Namen Gottes und Moses’ den gleichen Zahlenwert haben wie die Anzahl der Gesetze der Tora? Ist es ein Zufall, dass Christoph Kolumbus Spanien exakt an dem Tag verließ, als die Juden des Landes vertrieben wurden?“ Er wies auf ein Buch, das Kolumbus’ Konterfei auf dem Umschlag zeigte. „Das hier ist das Tagebuch von Christoph Kolumbus, in dem er die Entdeckung Amerikas schildert. Hören Sie, was er dort gleich in seinem ersten Eintrag schreibt.“ Hurewitz übersetzte den hebräischen Text direkt. „Nachdem Ihre Hoheiten die Juden aus ihrem Herrschaftsgebiet vertrieben hatten, trugen sie mir im selben Monat Januar auf, mit ausreichender Ausrüstung zu der besagten Region Indien aufzubrechen.“ Er schaute Tomás an. „Was halten Sie von dieser Passage?“

Tomás, der angefangen hatte, sich Notizen zu machen, biss sich auf die Unterlippe.

„Ich habe das Tagebuch zwar gelesen, muss aber zugeben, dass ich diesen Satz nicht weiter beachtet habe.“

„Nun, Herr Noronha, dieser Satz verrät uns mehrere Dinge. Zunächst einmal, dass die Entscheidung, Kolumbus einen westlichen Seeweg nach Indien suchen zu lassen, im Januar 1492 getroffen wurde. Zweitens, dass die Entscheidung, die Juden bis zum 3. August aus Spanien zu vertreiben, wie im königlichen Edikt vom 30. März mitgeteilt wurde, ebenfalls schon im Januar 1492 gefallen war.“ Er legte den Kopf schief. „Denken Sie wirklich, das war ein Zufall?“

„Schwierig zu sagen“, sagte Tomás, ohne den Blick von seinen Notizen zu wenden. „Ich weiß es nicht. Mir war wirklich noch nicht aufgefallen, dass beide Ereignisse zur gleichen Zeit stattfanden."

„Nichts davon war ein Zufall", bekräftigte der Rabbi. „Denn der Satz aus Kolumbus' Tagebuch beweist noch etwas anderes. Wie Rabbi Schimon ben Jochai geschrieben hat, belohnt nicht die Handlung selbst die Menschen, sondern die dahinter stehende Absicht. Welche Absicht hatte Christoph Kolumbus, als er die Vertreibung der Juden gleich zu Beginn seines Tagebuchs erwähnte? War es nur eine Laune? Ein belangloses Detail? Ein nebensächlicher Hinweis auf ein aktuelles Ereignis?" Er zog eine Augenbraue hoch als Zeichen dafür, wie unglaubwürdig er solch eine Interpretation fand. „Oder war es Absicht?" Er legte die Zeigefinger beider Hände zusammen. „Ist es nicht offensichtlich, dass es einen Zusammenhang zwischen den beiden Ereignissen gibt?"

„Glauben Sie, dass zwischen ihnen eine Beziehung besteht?"

„Zweifellos. Wussten Sie schon, dass Kolumbus verlangte, dass seine gesamte Besatzung bereits um 23 Uhr des Vorabends der Reise an Bord war?"

„Nein."

„Das war hochgradig ungewöhnlich. Aber er bestand darauf. Und raten Sie mal, was eine Stunde später passierte?"

„Was?"

„Das Edikt zur Vertreibung der Juden trat in Kraft." Hurewitz lächelte. „Ein Teil der Besatzung waren Juden."

„Rabbi, wollen Sie damit sagen, dass Kolumbus selbst …"

„Haargenau." Der Rabbi blätterte im Tagebuch einige Seiten um. „Hören Sie nur, was er am 23. September eingetragen hat, als sich die See nach einer langen Flaute wieder belebte." Er fing an zu übersetzen. „Ich wurde von den Winden sehr begünstigt, die nicht mehr so stark gewesen waren, seit der Zeit, in der Moses die Juden aus der Gefangenschaft in

Ägypten nach Hause geführt hat." Er legte das Tagebuch zur Seite und schaute Tomás an. „Ist es für einen Katholiken nicht ungewöhnlich, ausgerechnet diese Passage aus dem Exodus zu zitieren, ein Ereignis von höchster Bedeutung für jeden Juden?" Dann nahm er ein großes Notizbuch zur Hand. „Vor ein paar Jahren habe ich bei meinen Recherchen zu Christoph Kolumbus einige bemerkenswerte Entdeckungen gemacht. Die erste war, dass er wenige Tage, bevor er zu seiner ersten Reise in See stach, astronomische Tafeln aus Lissabon erhielt, die von Abraham Zacuto für den König von Portugal angefertigt worden waren."

„König Johann II."

„Richtig. Eine Kopie dieser Tafeln befindet sich heutzutage in Sevilla. Ich habe sie mir seinerzeit angesehen. Und wissen Sie, was ich festgestellt habe?"

„Ich habe keine Ahnung."

„Diese Tafeln waren *in Hebräisch* geschrieben." Er ließ diese Feststellung wirken. „Jetzt frage ich Sie, wo hat Herr Kolumbus Hebräisch gelernt?"

„Gute Frage", sagte Tomás. Und fügte leise hinzu: „Vor allem, wenn man davon ausgeht, dass er ein ungebildeter Seidenweber war."

„Wie bitte?"

„Nichts, ich habe nur Selbstgespräche geführt", sagte Tomás, während er weiter in sein Notizbuch schrieb.

„Wie also war es möglich, dass König Johann II. ein Navigationsinstrument an Kolumbus schickte, zwei Tage, bevor dieser zu einer Reise aufbrach, die angeblich nicht im Interesse Portugals war", fuhr der Rabbi schmunzelnd fort. „Es gibt übrigens einige weitere Umstände, die mich stutzig gemacht haben. Und zwar erhielt Königin Isabella einen äußerst merkwürdigen Brief von ihrem Beichtvater,

Hernando de Talavera. Der Brief stammt aus dem Jahr 1492, und Talavera stellt darin die Reiseerlaubnis der Katholischen Könige an Kolumbus in Frage. An einer Stelle des Briefes fragt Talavera: ‚Wie soll die kriminelle Reise des Colón den Juden das Heilige Land zurückgeben?'" Er schaute Tomás vielsagend an. „‚Den Juden das Heilige Land zurückgeben?' Wieso hat der Beichtvater der Königin ausdrücklich einen Bezug zwischen Kolumbus und dem jüdischen Volk hergestellt?" Nach einer kurzen Pause sprach er weiter. „Da ist noch etwas. In seinem *Buch der Prophezeiungen* zitierte Kolumbus unentwegt die Propheten aus den Fünf Büchern Mose. Es gibt unzählige Verweise auf Jesaja, Hesekiel, Jeremias und andere. Sein Sohn Ferdinand schrieb in der Biografie über seinen Vater sogar, er sei ‚von königlichem Blut Jerusalems'." Er wiederholte lachend: „‚Von königlichem Blut Jerusalems'? Noch deutlicher kann man sich kaum ausdrücken."

Rabbi Hurewitz schloss sein Notizbuch und legte es zur Seite als Zeichen dafür, dass er alles gesagt hatte. Dann nahm Salomon Ben-Porat die Unterlagen, die Tomás ihm am Vormittag dagelassen hatte und räusperte sich.

„Herr Noronha", sagte er mit dröhnender Stimme. „Ich habe mir diese Dokumente hier sehr aufmerksam angeschaut und einige interessante Dinge festgestellt." Er zeigte Tomás eines der Blätter. „Was ist das?", fragte er ihn dann.

Tomás hielt mit dem Schreiben inne und beugte sich vor, um die Fotokopie zu betrachten.

„Das ist eine Seite aus *Historia rerum ubique gestarum* von Papst Pius II., eines der Bücher, die Christoph Kolumbus gehörten und die heute in der Kolumbus-Bibliothek von Sevilla zu sehen sind."

Salomon deutete auf eine Randnotiz.

„Und wer hat das hier geschrieben?“

„Kolumbus persönlich.“

„Sehr schön“, sagte der Rabbi. „Haben Sie bemerkt, dass er das christliche Datum hier in das Jahr 5241 der jüdischen Zeitrechnung umgewandelt hat?“ Er legte den Kopf schief. „Sagen Sie, Herr Noronha, sind Christen üblicherweise mit den jüdischen Jahreszahlen vertraut?“

„Selbstverständlich nicht.“

„Was zu der Frage führt, wie viele Katholiken wohl in der Lage wären, diese Umrechnung vorzunehmen.“

Tomás musste grinsen.

„Niemand, soweit ich weiß“, sagte er, während er nach wie vor eifrig mitschrieb.

Dann deutete Salomon auf eine weitere Randnotiz in der *Historia rerum*.

„Sehen Sie mal hier: In Bezug auf die Zerstörung des zweiten Tempels schrieb Kolumbus ‚des zweiten Hauses‘ daneben und verweist darauf, dass diese im Jahr 68 stattfand.“

Der Rabbi sah Tomás erwartungsvoll an.

„Das zweite Haus?“, fragte dieser. „Ist das ein jüdischer Ausdruck?“

„Ganz genau. Christen sprachen stets von der Zerstörung Jerusalems, nicht von der Zerstörung des Tempels oder gar des Hauses. Auch hinsichtlich der Jahreszahl gibt es Abweichungen: Juden sagen üblicherweise, dass die Zerstörung im Jahr 68 stattfand, während die christliche Geschichtsschreibung das Jahr 70 nennt. Was halten Sie also von alldem?“

„Kolumbus kannte sich … auffallend gut mit den jüdischen Gewohnheiten aus“, sagte Tomás mit einem vielsagenden Blick auf den Rabbi.

Dieser nickte und hielt Tomás dann ein weiteres Blatt hin.

„Auch auf dieser Seite befindet sich eine merkwürdige Notiz.“

Tomás nahm die Fotokopie entgegen und stutzte.

„Das ist ebenfalls Kolumbus’ Handschrift. Aber was steht da?“

„Gog und Magog“, antwortete der alte Kabbalist.

„Wie bitte?“

„Gog und Magog. Oder genauer gesagt, Gog uMagog.“

„Und was bedeutet das?“

Salomon blickte von einem zum anderen. Chaim und Rabbi Hurewitz sahen die Kopie mit einem fast ehrfürchtigen Gesichtsausdruck an.

„Fürst der Juden“, wandte sich der Rabbi an Chaim. „Erkläre bitte unserem Gast, was es damit auf sich hat.“

„Gog uMagog ist ein Hinweis auf eine Prophezeiung über den Fürst Gog aus dem Land Magog“, begann Chaim. „Der Prophet Hesekiel lebte im 6. Jahrhundert vor Christus und sagte, unmittelbar vor der Ankunft des Messias würde Gog gegen Israel in den Krieg ziehen und schlimme Verwüstung über das Land bringen.“ Er sah Tomás an. „Als die Juden also aus Spanien und Portugal vertrieben wurden, sahen die sephardischen Juden dies als Zeichen dafür, dass die Prophezeiung sich erfüllen würde und interpretierten die Katholischen Könige als Gog aus Magog und das jüdische Volk selbstverständlich als Israel.“

Während Tomás sich eilig ein paar Stichworte notierte, hielt Salomon ihm bereits die nächste seiner Fotokopien hin.

„In den Briefen, die Kolumbus an seinen Sohn Diego schrieb, ist mir etwas aufgefallen“, sagte er. „Sehen Sie hier.“

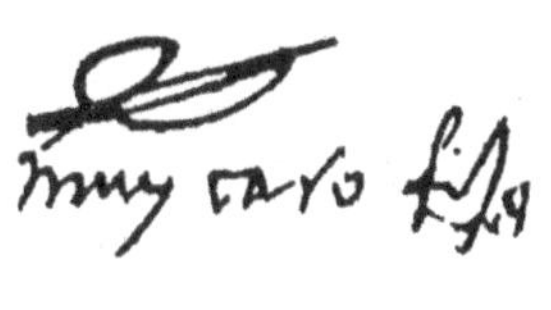

„*Muy caro fijo* – liebster *fijo*?“, las Tomás erstaunt. „Da ist er ins Portugiesische abgedriftet, genauer gesagt, in *Portuñol*. Das spanische Wort für ‚Sohn‘ ist *hijo*, das portugiesische *filho*.“

„Herr Noronha“, sagte Salomon, „mir geht es nicht um den Ausdruck *muy caro fijo*, sondern um das Symbol darüber.“

Tomás starrte auf das Blatt und runzelte die Stirn.

„Sie meinen diesen Schnörkel hier?“, fragte er.

„Ja. Das ist ein jüdisches Akronym.“

„Aha. Und was bedeutet es?“

„Das sind die beiden hebräischen Zeichen *he* und *bet*, wenn auch etwas verzerrt geschrieben. Und da im Hebräischen von rechts nach links gelesen wird, ergibt es *bet* und *he*, also B und H. Das wiederum ist die Abkürzung für *Baruch HaShem* oder ‚gesegnet sei der Name‘, die orthodoxe Bezeichnung für Gott, und es wurde stets über dem ersten Wort eines Textes oder Briefes platziert. Die sephardischen Juden, die ja gewaltsam zum Christentum konvertiert worden waren, nutzten dies untereinander als geheimes Erkennungszeichen sowie als Mahnung, die eigenen Wurzeln nicht zu vergessen. Interessanterweise verwendete Kolumbus dieses Zeichen nur in seinen Briefen an Diego und an niemanden sonst. Und es ist nicht schwer zu erraten, an welche Wurzeln er seinen Sohn erinnern wollte, nicht wahr?“

„Nein“, stimmte Tomás zu. „Was gibt es sonst noch?“

„Kommen wir nun zu dem, was Sie so sehr interessiert“, fuhr Salomon fort. „Kolumbus’ Unterschrift.“

„Oh ja! Was können Sie mir dazu sagen?“

„Eines vorweg: Ja, sie ist kabbalistisch.“

„Wusste ich’s doch!“, murmelte Tomás mit einem zufriedenen Grinsen.

„Es ist allerdings wichtig, dass Sie verstehen, dass die Kabbala ein offenes Interpretationssystem ist. Im Gegensatz zu einem klassischen Code, der bei korrekter Entschlüsselung einen eindeutigen Text ergibt, arbeitet die Kabbala mit Doppeldeutigkeiten, subtilen Bedeutungen und geschickt versteckten Botschaften."

Er legte die Fotokopie mit Kolumbus' Unterschrift, die Tomás ihm am Vormittag überlassen hatte, so auf den Tisch, dass jeder sie sehen konnte.

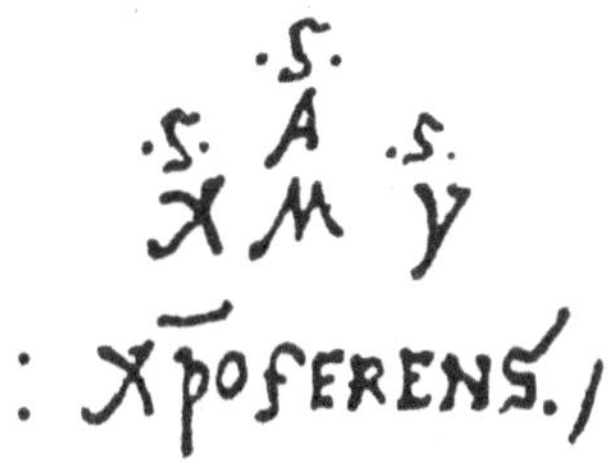

„Diese Unterschrift bietet mehrere Interpretationsmöglichkeiten", sagte Salomon. „Dabei scheint sie die jüdische Tradition mit neueren Gewohnheiten der christlichen Templer zu vermischen."

Tomás sah ihn erstaunt an.

„Wie das?"

„Einige christliche Mystiker, Magier und Philosophen beschäftigten sich intensiv mit der Kabbalistik. Darunter auch die Tempelritter hier in Jerusalem, deren Kenntnisse später von den traditionellen Schulen des Judentums zum Teil übernommen wurden. Es sieht so aus, als habe Kolumbus diese Neuerungen gekannt." Er deutete auf das oberste *s*. „Die christliche Lesart ist lateinisch, und die drei *s* in Form eines Dreiecks bedeuten *Sanctus*, *Sanctus*, *Sanctus*. Heilig, heilig, heilig. Das *A* steht für *Altissimus* und erlaubt es, von der dritten Zeile an nach oben zu lesen, also *X* und *S*, was *Xristus* bedeutet; *M*, *A* und *S*, was für *Messias* steht, sowie *Y* und *S*, die Abkürzung für *Yesus*. Die vollständige Lesung nach Art der Tempelritter ergibt somit *Sanctus. Sanctus Altissimus Sanctus. Xristus Messias Yesus*. Es handelt sich also zweifellos um eine christliche Unterschrift."

„Kolumbus war also doch kein Jude?", fragte Tomás verwirrt.

„Dazu kommen wir gleich", mahnte Salomon ihn, sich zu gedulden. „Wie schon gesagt, ist die Heilige Schrift der kabbalistischen Lehre zufolge voller holografischer Komplexität und hat viele Bedeutungen. Einer der größten Kabbalisten aller Zeiten, Rabbi Eleasar ben Juda, sagte einmal, es gebe zwei Welten – eine verborgene und eine offensichtliche, die aber in Wahrheit beide nur Teil einer einzigen Welt seien. Das gilt auch für Kolumbus' Unterschrift. Abgesehen von der lateinischen Version der christlichen Templer enthält sie auch eine unterschwellige kabbalistische Botschaft auf Hebräisch." Er tippte mit dem Zeigefinger auf die Fotokopie. „Betrachten wir einmal die Initialen in dieser Unterschrift: Das *A* entspricht dem hebräischen *alef* für *Adonai*, einem der Namen Gottes, das *S* heißt auf Hebräisch *sheen* und steht für *Shaddai*, einen weiteren Namen Gottes, oder des Herrn. Zusammengenommen ergibt das *Shaddai. Shaddai Adonai Shaddai*. Das heißt soviel wie ‚Herr. Herr, Gott, Herr.' Und wenn wir die letzte Zeile, *XMY*, von rechts nach links lesen, erhalten wir *YMX*. *Y* für *Yehovah, M* für *maleh* und *X* für *xessed*. *Yehovah maleh xessed*. Gott voller Barmherzigkeit. Somit verbirgt sich innerhalb des christlichen Inhalts auf Latein ein jüdischer Ausdruck auf Hebräisch. Die verborgene und die offensichtliche Welt bilden eine Einheit."

„Beeindruckend!"

„Das ist erst der Anfang, Herr Noronha“, sagte Salomon. „Es wird noch komplizierter, wenn wir *XMY* von links nach rechts lesen. *X* wird auf Hebräisch *shin* ausgesprochen, *M* entspricht *mem*, und das *Y ayin*, also *shin-mem-ayin*. Verkürzt ausgesprochen, erhalten wir *shema*, zu Deutsch *höre*, das erste Wort des Deuteronomiums 6:4: ‚Höre, Israel! Der Herr, unser Gott, der Herr ist einzig.‘ Für Juden stellen diese zehn Worte das ultimative Glaubensbekenntnis dar, das zweimal täglich sowie vor dem Schlafengehen und auf dem Sterbebett rezitiert wird. Das *Shema* ist ein monotheistischer Ausdruck zu Ehren des einen, einzigen Gottes. Es heißt, dieser Satz habe auf der Kampffahne der zehn verlorenen israelitischen Stämme gestanden. Wenn ein Jude diesen Satz ausspricht, erkennt er damit das Himmlische Königreich und die Zehn Gebote an. Und dieses jüdische Wort hat der Mann, den wir Kolumbus nennen, in seine Unterschrift integriert.“ Er räusperte sich. „Aber schauen Sie sich diese doppelte Bedeutung an. Das *Y* kann auch als *yod* gelesen werden, sodass *XMY* dann *shmi* ergibt, was wiederum *mein Name* bedeutet. Damit ist höchstwahrscheinlich der Name des Verfassers gemeint, also Christoph Kolumbus.“ Der alte Kabbalist beugte sich vor und sah Tomás in die Augen. „Jetzt wird es spannend, Herr Noronha“, sagte er. „Lesen wir *XMY* auf hebräische Weise von rechts nach links, ergibt das *YMX*. Und wenn das *Y* hier als *yod* gelesen wird, erhalten wir *yemax*. Wenn wir das mit der Lesart von links nach rechts kombinieren, ergibt es *yemax shmi*. Wissen Sie, was das bedeutet?“

„Nein.“

„Das bedeutet ‚Möge mein Name gelöscht werden.‘“

„Du liebe Güte!“, rief Tomás mit leuchtenden Augen. Allmählich passte alles zusammen. „*Colom, nomina sunt odiosa*.“

„Wie bitte?“

„*Nomina sunt odiosa*. Namen sind anstößig. Das ist ein Ausspruch von Cicero. Auf unsere Situation bezogen heißt das, dass Kolumbus’ Name unangemessen war. Nach all dem, was Sie mir über die kabbalistische Interpretation seiner Unterschrift erzählt haben, wird klar, dass nicht nur Kolumbus’ Zeitgenossen seine wahre Identität verschleiern wollten, sondern auch er selbst. Aus irgendeinem Grund wollte Kolumbus, dass sein ursprünglicher Name aus der Erinnerung gelöscht würde.“ Tomás rieb sich das Kinn. „Das heißt also, Colom war nicht sein wahrer Name. Er hat diesen Namen nur angenommen, quasi zur Tarnung. Er hat seinen ursprünglichen Namen ausgelöscht.“

„Genau. *Yemax shmi*. Möge mein Name gelöscht werden.“

„Aber wie lautete sein wahrer Name?“, fragte Tomás.

„Das weiß ich nicht. Aber ich habe einen weiteren Hinweis für Sie. Er hat nicht nur seinen Nachnamen, sondern auch seinen Vornamen geleugnet.“

„Welchen? Cristóvão, Cristóbal oder Cristoforo?“

„Alle.“

„Wie meinen Sie das?“

Salomon Ben-Porat deutete auf die dreieckig angeordneten *s* von Kolumbus’ Unterschrift.

„Sehen Sie diese Punkte links und rechts der Buchstaben?“

„Ja.“

„Auch sie sind kein Zufall“, sagte der Rabbi. „Im Hebräischen können Punkte neben einem Buchstaben sehr unterschiedliche Dinge bedeuten, zum Beispiel, dass dort ein Vokal gesprochen wird oder dass es sich um eine Initiale handelt. Das war schon bei *sheen* für *Shaddai* und *alef* für *Adonai* der Fall. In alten Sprachen konnten solch kleine Punkte auch ein Hinweis darauf sein, dass von oben nach unten gelesen werden sollte. In der kabbalistischen Lehre wird davon ausgegangen, dass alles im Universum durch eine magische Verbindung miteinander in Zusammenhang steht, dass Oben und Unten einander entsprechen. Das heißt, jede ‚untere' Ebene enthält die Geheimnisse der ‚oberen' Ebene, nach deren Vorbild sie gemacht wurde. Der Mikrokosmos ist somit ein Abbild des Makrokosmos. Der kabbalistischen Lehre zufolge ist die Welt, in der wir leben, ein Spiegelbild unserer Seelenwelt. Das besagt auch das geheimnisvolle Manuskript ‚Tabula Smaragdina' des Hermes Trismegistos: wie oben, so unten. Die Worte *Abbild*, *Spiegelbild*, *oben* und *unten* weisen alle auf die Idee des Spiegelns hin, ein Kerngedanke der Kabbala." Er machte eine kurze Pause. „Da diese Punkte hier darauf hindeuten, dass etwas von oben nach unten gelesen werden soll, habe ich einmal den Versuch unternommen und die Buchstaben gespiegelt." Rabbi Hurewitz reichte Tomás ein Blatt Papier. „Das Ergebnis ist erstaunlich."

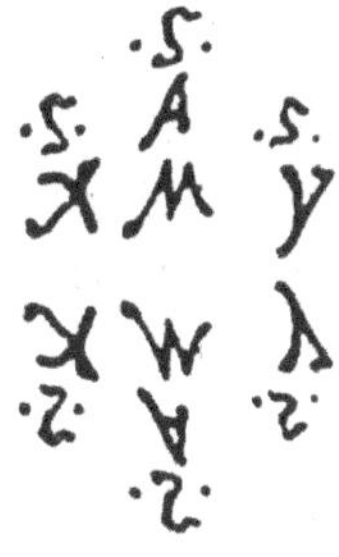

„Was ist das?", fragte Tomás stirnrunzelnd.

„Eine Version des Lebensbaums."

„Das soll der Lebensbaum sein?"

„Ja. Schauen Sie."

Rabbi Ben-Porat öffnete ein Buch und zeigte Tomás eine Abbildung.

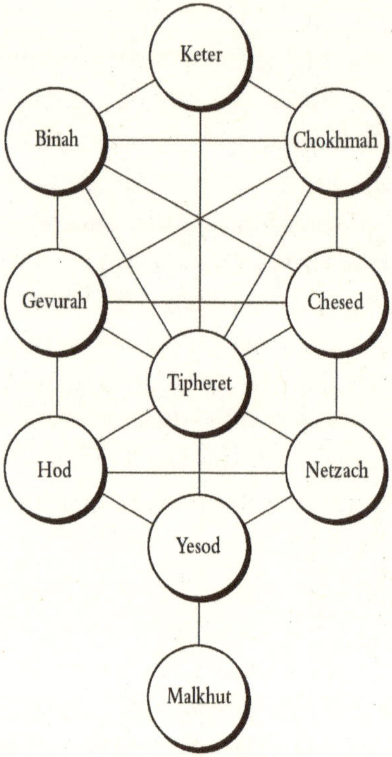

„Mit zehn Kreisen", sagte Tomás.

„Genau. Die traditionelle Darstellung des Lebensbaums enthält zehn *Sefiroth*. Aber in der zweitwichtigsten Darstellung sind es sieben. Genau wie im gespiegelten Teil von Kolumbus' Unterschrift."

Er faltete das Papier, sodass die drei obersten *Sefiroth, Kether, Chochmah* und *Binah* umgeklappt wurden und legte das Ergebnis neben die gespiegelte Unterschrift.

Die Ähnlichkeit war unübersehbar.

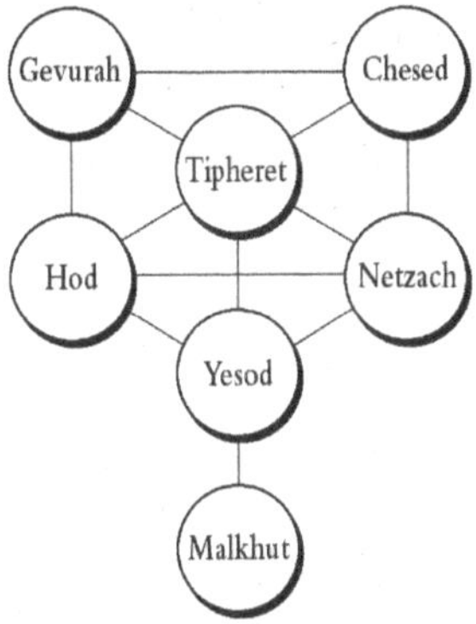

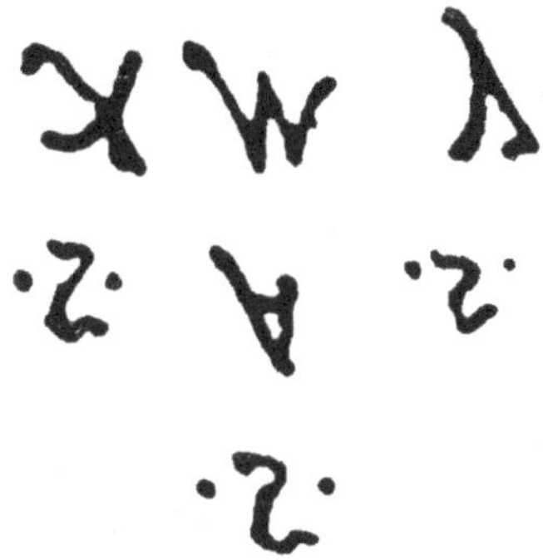

„Wie Sie sehen, kann jeder Buchstabe als ein *Sefirah* interpretiert werden“, fuhr der Rabbi fort.

„Wird der Lebensbaum auf diese Weise aber nicht unvollständig?“, fragte Tomás.

„Nein. Es gibt auch Versionen mit nur fünf oder vier *Sefiroth*. Die Version mit zehn *Sefiroth* ist lediglich die gängigste. Vielmehr kommt der verkürzten Version eine besondere Bedeutung zu, denn in der Kabbalistik spielt die Zahl sieben eine außerordentlich wichtige Rolle. Sie ist die Zahl der Vollendung, die Verbindung des Geistigen und der Materie. Sie ist auch die Zahl der Heilung. Gott schuf die Welt in sechs Tagen und ruhte am siebenten.“ Er zeigte auf das Blatt mit der gespiegelten Unterschrift. „Wenn man die Unterschrift auf diese Weise betrachtet, enthüllt sie Kolumbus’ wahre Identität. Die oberste Zeile lautet jetzt *XWλ*, wobei das *X* auf das *chet* von *Chesed* verweist, das *Sefirah*, das für den rechten Arm und für Güte steht. Das *λ* verweist auf *gimel*, den Anfangsbuchstaben von *Gevurah*, das *Sefirah*, das den linken Arm und die Strenge darstellt. Zwischen diesen beiden steht *W*, das im Hebräischen mit *teth* verbunden wird, dem Anfangsbuchstaben von *Tifereth*, der Schönheit und Pracht. Indem Kolumbus sich auf den unteren Teil des Lebensbaums beschränkte, wird seine kabbalistische Absicht dahinter eindeutig." Der Rabbi deutete wieder auf die oberste Zeile, *XWλ*. „Schauen Sie hier: Von rechts nach links gelesen erhalten wir *λWX*. Das entspricht *Yeshu*. Und das ist schlimm."

Erstaunt sah Tomás den Kabbalisten an.

„Wieso? Was heißt das?"

„Wie Sie vielleicht wissen, wird der Name von Jesus im Hebräischen ‚Yeshua' ausgesprochen. Die übliche Schreibweise ist jedoch Yeshu. Hier muss ich kurz erwähnen, dass viele Juden die christliche Gleichstellung von Jesus und Gott als Blasphemie betrachten. Das ist einer der Gründe dafür, dass sie das *a* aus Yeshua entfernt haben. Und die Bedeutung des Namens Yeshu ist alles andere als harmlos. Er steht für *yemax shmo vezichro*, was so viel heißt wie ‚mögen sein Name und seine Erinnerung ausgelöscht werden'."

„Oha!", rief Tomás aus. „Das ist starker Tobak!" Und nach einer kurzen Pause fügte er hinzu: „Sie sagen also, Christoph Kolumbus hat den hebräischen Namen Yeshu in seiner Unterschrift verschlüsselt, weil er wollte, dass der Name und die Erinnerung an Jesus ausgelöscht werden sollten?"

Der Rabbi nickte.

„Aber … wieso?", fragte Tomás.

Statt zu antworten, stellte der Rabbi eine Gegenfrage.

„Glauben Sie wirklich noch, dass Kolumbus Christ war?"

Als Tomás nachdenklich schwieg, fuhr der Rabbi fort.

„Bedenken Sie, dass Kolumbus im späten 15. Jahrhundert lebte. Wenn er tatsächlich Jude war, worauf alles hinzudeuten scheint, war das eine schwierige Zeit und ein schwieriges Leben auf der Iberischen Halbinsel. Was uns zu seinem Vornamen bringt." Er lächelte Tomás an. „Unter dem kabbalistischen Teil seiner Unterschrift steht hier Xpoferens. Wissen Sie, was das heißt?"

„Xpoferens? *Xpo* ist Griechisch und bedeutet Christ, und *ferens* ist eine Form des lateinischen Verbs *fero*, was so viel heißt wie ‚tragen'. Xpoferens ist auch Cristoferens. Der den Christ trägt. So, wie Christ auch in Kolumbus' anderen Namensversionen Cristóvão, Cristóbal und Cristoforo vorkommt."

„Und das ist ein Name, den kein Jude jemals verwenden würde", sagte der Rabbi ernst. „Christ. Undenkbar, dass jüdische Eltern ihr Kind so nennen! Wie sollte also Kolumbus, ein Jude, einen Vornamen wie Cristóvão oder Cristóbal erhalten und mit Cristoferens unterschrieben haben?" Seine Augen blitzten vielsagend auf. „Dafür gibt es nur eine logische Erklärung."

„Welche?"

„So etwas konnte nur ein Jude tun, der verzweifelt versuchte, sich als Christ auszugeben, aber seinen jüdischen Glauben heimlich weiterlebte. Um dennoch seinen inneren Frieden mit Gott zu wahren, integrierte er eine unmissverständliche Ablehnung des Namens Jesu in seine Unterschrift. Yeshu." Der Rabbi schaute Tomás erneut intensiv an. „Ich will damit sagen, Herr Noronha, dass sich der Ausdruck *yemax shmi*, ‚möge mein Name gelöscht werden' sowohl auf seinen Vor- als auch seinen Nachnamen bezieht." Er wedelte mit dem Papier in der Luft herum. „Nach allem, was wir hier gesehen haben, können wir heute sagen, dass Christoph Kolumbus höchstwahrscheinlich ein sephardischer Jude war und sein ursprünglicher Name unbekannt ist. Er gab sich als Christ aus, um seine wahre Religionszugehörigkeit zu verheimlichen, wurde aber nie wirklich ein Neuer Christ. Er war vielmehr ein sogenannter Marrano."

Rabbi Ben-Porat lehnte sich zurück. Er hatte alles gesagt, was er zu sagen hatte. Keiner sagte ein Wort. Nur das Geräusch, das Tomás' Stift in seinem Notizbuch verursachte, unterbrach die Stille im Raum. In Windeseile und kaum leserlicher Schrift notierte Tomás die ebenso außergewöhnliche wie logische Gedankenkette des Rabbis. Dann hatte er auch dessen letztes Wort notiert.

Marrano.

Tomás wollte schon sein Notizbuch zuklappen, als dieses Wort ihn geradezu magisch anzog, als wolle es ihn hypnotisieren. Er starrte es eine Weile lang an, dann runzelte er die Stirn.

„Was meinen Sie mit ‚Marrano'?"

„Marrano?", fragte der Rabbi erstaunt. „Wissen Sie nicht, was das auf Portugiesisch heißt?"

„Nun, es ist ein veraltetes Wort für Schwein."

„Genau. Marrano war in Portugal und Spanien die abwertende Bezeichnung für die Neuen Christen, die insgeheim dem Judentum treu blieben. Sie wurden Marranos genannt, weil sie, wie alle aufrechten Juden, kein Schweinefleisch aßen."

„Das heißt also", sagte Tomás gedankenverloren, „ein Marrano war ein Jude, der sich als Christ ausgab?"

„Richtig."

„Und Kolumbus war ein Marrano?"

„Zweifelsfrei."

„Könnte er ein Genuesischer Marrano gewesen sein?"

Der Rabbi lachte. „Marrano ist ein Wort für iberische Juden", sagte er dann. „Aber als Jude konnte Kolumbus ohnehin unmöglich Genueser sein."

„So? Weshalb nicht?"

„Weil es den Juden seit dem 12. Jahrhundert verboten war, sich länger als drei Tage am Stück in Genua aufzuhalten. Zu Kolumbus' Zeiten, im 15. Jahrhundert, war dieses Verbot nach wie vor in Kraft."

Tomás nickte und machte sich weitere Notizen.

„Da gibt es noch etwas, das Sie wissen sollten“, schaltete sich Rabbi Hurewitz in das Gespräch ein. „Einer merkwürdigen jüdischen Tradition zufolge war im 15. und 16. Jahrhundert das Wort *Genueser* ein Euphemismus für ‚Jude‘.“

„Ist das ein Scherz?“

„Ganz und gar nicht. Um zu sagen, jemand sei Jude, sagte man üblicherweise, dass er ‚vom Volk‘ stamme. Vom jüdischen Volk natürlich. Während der Zeit der Judenverfolgung indes sagten viele Juden, wenn sie von Christen nach ihrer eigenen Herkunft oder der einer anderen Person gefragt wurden, sie seien Genueser. Das war eine ironische und unauffällige Art zu sagen, dass jemand Jude war. Verstehen Sie?“

„Gibt es dafür Beweise?“

„Nicht wirklich. Es wurde vielmehr mündlich überliefert. Allerdings gibt es eine indirekte Bestätigung in einem Brief, den der Hieronymitenmönch António de Aspa im Jahr 1512 an den Großinquisitor von Kastilien schickte. Darin schrieb de Aspa, dass Kolumbus ‚vierzig Genueser‘ mit auf seine erste Expedition in die Neue Welt genommen habe. Wie wir heute wissen, waren fast alle Crewmitglieder Kastilier, auch wenn ein paar Dutzend von ihnen vermutlich jüdischen Ursprungs oder Marranos waren. Sprich, António de Aspa hat der Inquisition auf diese Weise mitgeteilt, dass vierzig Juden an Bord waren.“

Tomás hörte nur noch mit halbem Ohr zu. Er klappte sein Notizbuch zu und steckte es ein. Es gelang ihm eher schlecht als recht, seine Erregung zu verbergen.

„Vielen Dank für Ihre ausführlichen Erklärungen“, sagte Tomás und stand mit leuchtenden Augen auf. „Sie haben mir sehr geholfen. Endlich weiß ich die Antwort auf die Frage: Welches Echo von Foucault schwingt bei 545?“ Als Rabbi

Hurewitz und Salomon Ben-Porat ihn verständnislos ansahen, fügte er hinzu: „Ich dachte, die Antwort laute ‚Sepharde', ‚portugiesischer Jude' oder ‚Neuer Christ'. Aber jetzt weiß ich, wie es heißt."

Er machte eine kurze Pause.

„Marrano."

XVIII

LISSABON

Langsam drehte Tomás die Ziffern des Schlosses, begleitet von einem leisen *klick-klick*, während die Metallrädchen sich gleichmäßig drehten. Madalena stand hinter Tomás und schaute ihm erwartungsvoll über die Schulter.

„Sind Sie sicher, dass es diesmal stimmt?“, fragte sie.

Tomás warf noch einmal einen prüfenden Blick auf das Papier, auf dem er sich die Kombination notiert hatte.

M	**A**	**R**	**R**	**A**	**N**	**O**
13	**1**	**18**	**18**	**1**	**14**	**15**

„Das werden wir gleich herausfinden“, murmelte er.

Kaum, dass Tomás in Portugal gelandet war, hatte er Madalena angerufen und seinen Besuch angekündigt. Dann war er direkt vom Flughafen zu ihr gefahren. Er brannte vor Ungeduld herauszufinden, was Toscano an Beweisen für seine große Entdeckung zusammengetragen hatte.

Dreizehn, eins, achtzehn. Dann wieder achtzehn. Außer dem metallisch-kühlen *klick-klick-klick-klick* war nur Tomás' gepresster Atem zu hören. Würde es ihm gelingen, dem Safe sein wohl gehütetes Geheimnis zu entlocken? Es fehlten noch drei Zahlen. Eins, vierzehn. *Klick-klick.*

Fünfzehn. *Klick.* Die Tür öffnete sich.

„Ja!“, rief Tomás erleichtert. „Wir haben es geschafft!“

„Grundgütiger Gott“, murmelte Madalena.

Als Tomás ins Innere des Safes blickte, stutzte er. Dort lagen nur drei Blätter Papier, die er geradezu andächtig herausnahm.

Zwei der Blätter waren Fotokopien eines Dokuments aus dem 16. Jahrhundert, die er schnell überflog. Dann versuchte er, den Text ganz unten auf der ersten Seite zu entziffern.

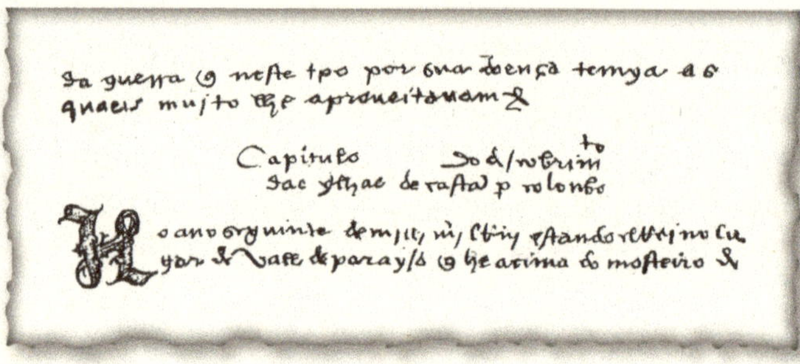

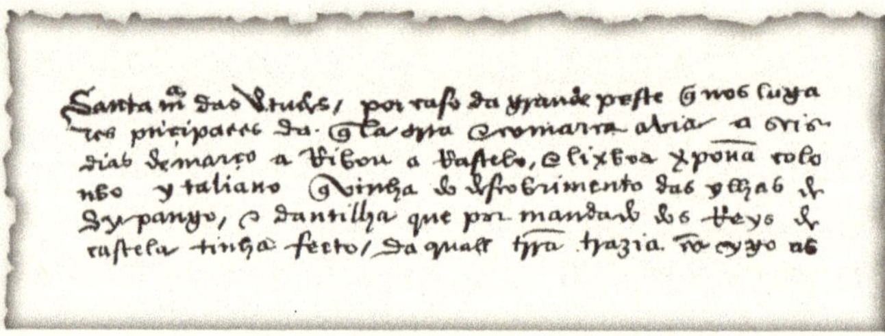

„Im folgenden Jahr …“, las er und hielt inne, konnte aber die Jahreszahl nicht lesen, „war der König aufgrund der großen Epidemie, die in der Region herrschte, in Paraíso Valley, oberhalb des Klosters Santa Maria das Virtudes; am sechsten Tag des März traf der Italiener Xpova Colonbo mit seinem Flaggschiff im Hafen Restolo in Lissabon ein; er kehrte zurück von seiner Entdeckung der Inseln von Cipango und der Antillen, die er auf Geheiß des Königs und der Königin von Kastilien ..."

„Was ist das?", fragte Madalena.

Verwirrt starrte Tomás die Seiten an.

„Das", sagte er zögernd, „sieht aus wie Rui de Pinas *Chronik von König D. Johann II.*, und zwar die Passage, in der das Treffen zwischen dem portugiesischen König Johann und Christoph Kolumbus beschrieben wird, nachdem dieser von seiner ersten Reise – der Entdeckung Amerikas – zurückgekehrt war."

„Ist das wichtig?"

„Nun ja, schon. Aber unerwartet", antwortete Tomás. „Dieser Text ist seit langem bekannt. Er enthält keine Geheimnisse. Außerdem steht diese Chronik im Widerspruch zu der Theorie Ihres verstorbenen Mannes." Er deutete auf die vierte und fünfte Zeile der zweiten Seite. „Sehen Sie hier? Da steht *Xpova Colonbo ytaliano*, also der Italiener Christoph Kolumbus. Aber Ihr Mann war überzeugt davon, dass Kolumbus kein Italiener sein konnte."

„Und doch hat Martinho mir gesagt, er habe den Beweis in den Safe getan."

„Den Beweis wofür? Dass Kolumbus Italiener war?" Tomás schüttelte den Kopf. „Das glaube ich nicht. Das ergibt keinen Sinn."

Madalena nahm ihm die beiden Fotokopien aus der Hand und betrachtete sie aufmerksam.

„Was steht denn hier?", fragte sie und zeigte Tomás eine Bleistiftnotiz auf der Rückseite eines der Blätter.

Codex 632

„Das ist merkwürdig“, antwortete Tomás.

„Was ist es denn?“

„Ich habe keine Ahnung“, gab er achselzuckend zu. „Codex 632.“ Er kratzte sich am Kinn. „Das könnte eine Manuskriptnummer sein.“

„Eine …“

„Eine Referenznummer, die Bibliothekaren das Auffinden in den Archiven erleichtert und …“

„Ich weiß, was eine Manuskriptnummer ist“, unterbrach Madalena ihn.

Tomás sah die alte Dame verlegen an. Durch ihre vernachlässigte Erscheinung wirkte sie nicht sehr gebildet, aber hinter ihrem faltigen Gesicht und ihrem müden Körper verbarg sich eine intelligente, studierte Frau. Die Unordnung in ihrem Haus war sicher nicht erst seit dem Tod ihres Mannes entstanden, sondern lag wohl eher daran, dass Hausarbeit keine Rolle in ihrem Leben spielte.

„Es tut mir leid“, sagte Tomás. „Ich nehme an, Ihr Mann hat diese Nummer notiert, um das Manuskript in einer Bibliothek anzuschauen.“

„Aber da steht ‚Codex‘.“

„Ein Codex ist ein altes, gebundenes Manuskript, das auf Papyrus, Pergament oder Papier verfasst ist. Da es sich hier um ein Manuskript aus dem 16. Jahrhundert handelt, gehe ich davon aus, dass es auf Pergament geschrieben ist.“

„Und was ist mit dem dritten Blatt?“, fragte Madalena.

Er zeigte es ihr. Auf dem Papier standen ein Name und darunter eine Ziffernfolge.

„Graf João Nuno Vilarigues“, las Tomás.

„Kennen Sie ihn?“

„Nein. Nie von ihm gehört." Er runzelte die Stirn. „Die Zahlen scheinen eine Telefonnummer zu sein."

„Zeigen Sie mal", sagte Madalena und dachte einen Moment nach. „Ja, ich erkenne die Vorwahl. Martinho hat da mehrmals angerufen."

„Diese Nummer?"

„Das weiß ich nicht. Aber die Vorwahl ist mir auf der Telefonabrechnung aufgefallen."

„Welche Region ist das?"

Madalena stand auf und verließ ohne ein Wort den Raum. Als sie zurückkam, trug sie ein abgewetztes Telefonbuch unter dem Arm. Sie schlug die Seite der portugiesischen Regionalvorwahlen auf.

„Hier ist es", sagte sie. „Tomar."

Auf dem Weg nach Hause überlegte Tomás, was als nächstes zu tun sei. Selbstverständlich würde er Graf Vilarigues anrufen. Was der Graf wohl mit Toscanos Entdeckung zu tun hatte? Nach seiner Reise nach Israel war Tomás jedenfalls heilfroh, dass sein nächstes Ziel quasi vor der Haustür lag, kaum mehr als eine Autostunde von Lissabon entfernt.

Es war bereits zehn Uhr abends, als er die Wohnungstür aufschloss. Müde, wie er war, wollte er nur noch duschen, etwas essen und schlafen.

„Hallo Schatz, ich bin zurück!", rief er und ließ seine Reisetasche, die noch Staubreste aus Jerusalem trug, neben den Schuhständer fallen. Dann fiel ihm auf, dass die Wohnung im Dunkeln lag.

Das war merkwürdig. Tomás schaltete das Licht ein und sah, dass alles ordentlich aufgeräumt, aber anscheinend niemand zuhause war.

„Schatz?“, rief er unsicher. „Wo bist du?“

Dann warf er einen Blick auf die Uhr. Vermutlich waren sie schon schlafen gegangen. Auf Zehenspitzen schlich er zum Schlafzimmer, aber die Tür war nur angelehnt und Constanze nicht im Bett. Auch Margaridas Kinderzimmertür stand offen, und von seiner Tochter fehlte jede Spur. Erschöpft ließ Tomás sich in einen Sessel fallen und schaute sich um. Wo um Himmels Willen konnten sie sein? Er schloss die Augen. War ihnen etwas zugestoßen? Als er direkt nach der Landung versucht hatte, Constanze anzurufen, hatte sie nicht geantwortet. Er würde es noch einmal probieren. Zu müde, um aufzustehen, kramte er sein Mobiltelefon aus der Hosentasche und wählte Constanzes Handynummer. Auch diesmal nur die Mailbox.

Irritiert schüttelte Tomás den Kopf. Sein Magen knurrte unüberhörbar – er konnte das Essen, das im Flugzeug serviert wurde, nicht ausstehen –, und stand auf. Wenn er seinen Blutzuckerspiegel wieder aufgefüllt hätte, käme ihm vielleicht eine neue Idee. Er befürchtete das Schlimmste – dass Margarida ins Krankenhaus musste –, aber andererseits hätte Constanze ihm dann sicher eine Nachricht hinterlassen. Gerade als er die Küchentür öffnete, sah er aus den Augenwinkeln einen üppigen Strauß gelber Blumen: prächtige Dolden voller glockenförmiger Blüten, dazwischen einige Rosen. Der Strauß war frisch. Nachdenklich strich Tomás über einige der Blüten. Dann machte er kehrt und eilte zurück ins Wohnzimmer.

Dort stand ein identischer Strauß auf dem Tisch, neben dem eine Rechnung des Blumenladens für Rosen und Fingerhüte lag. Mit einer unguten Vorahnung stürzte er zum Bücherregal und fand prompt, was er suchte: *Die Sprache der Blumen*, Constanzes Lieblingsbuch. Er suchte zunächst nach Fingerhut und las, dass diese Blume für Unehrlichkeit und Selbstsucht stand. Entgeistert schaute er die Blumen an.

Dann blätterte er zunehmend hektisch bis zum Buchstaben *R*, und als er die Bedeutung gelber Rosen gefunden hatte, stockte ihm der Atem.

Untreue.

XIX

TOMAR

Die Luft auf dem Platz der Republik war vom Gurren der Tauben erfüllt. Sie waren dick und wohlgenährt, pickten auf dem Pflaster nach Futter und flatterten gelegentlich kurz auf, um sich wenige Meter weiter erneut niederzulassen. Auch auf den Brüstungen und Dächern der umliegenden Gebäude saßen sie, ebenso wie auf dem Denkmal für den Gründer der Stadt, Gualdim Pais, und seiner Bronzestatue auf der Mitte des Platzes.

Tomás hatte sich auf einer Bank niedergelassen. Zu seinen Füßen suchten einige Tauben gurrend nach Brotkrumen. Auf dem schwarz-weißen Pflaster, das den Platz der Republik bedeckte, sahen sie aus wie winzige Schachfiguren. Tomás schaute sich um. Am einen Ende stand das elegante Rathaus, am anderen die Kirche Johannes der Täufer, die von außen eher schlicht wirkte, innen jedoch von gotischer Schönheit war. Die weiße Fassade mit dem Portal im manuelinischen Stil hob sich deutlich ab vom naturbelassenen, achteckigen Glockenturm. Unterhalb der Kirchturmuhr symbolisierten drei Reliefs ein stolzes Trio: das königliche Wappen, eine Armillarsphäre zur Darstellung der Bewegung der Himmelskörper und das Kreuz des Christusordens.

Für einen Augenblick schweiften Tomás' Gedanken ab von den Rätseln um Toscano, Kolumbus, die Stiftung und den Grafen, auf den er jetzt wartete. Seit Constanze vorige Woche ausgezogen war, mied Tomás andere Menschen, und in all den Stunden, die er seitdem allein zuhause verbrachte, hatte er ausgiebig über seine Ehe nachgedacht und wie es zu der Affäre mit Lena hatte kommen können. Dabei erkannte er, dass seine Beziehung zu der jungen Frau mehr war als nur ein erotisches Abenteuer. Seine Untreue war ein Symptom seiner inneren Abschottung gegenüber Constanze, die wiederum auf der Enttäuschung und anschließenden Verbitterung beruhte, nachdem sich seine Erwartungen an ihre gemeinsame Zukunft in Luft aufgelöst hatten.

Stundenlang lag er auf dem Bett oder der Couch und wartete sehnsüchtig auf einen Anruf von Constanze, der nicht kam. Nachts stand er mehrmals auf, tigerte rastlos durch die Wohnung und vergaß tagsüber, sich zu rasieren. Wäre nicht das Rätsel um Toscanos Entdeckung gewesen, hätte er sich vermutlich gehenlassen. So jedoch stand er jeden Morgen auf und zwang sich, einen gewissen Arbeitsrhythmus aufrechtzuerhalten. Dabei motivierte ihn nicht nur das Geld, mit dem das Leben seiner Tochter leichter werden würde, sondern auch sein Sinn für die Wahrheit. Deshalb würde er sich heute endlich mit dem Grafen treffen, zu dem er nur dank Madalenas alten Telefonabrechnungen in Kontakt gekommen war. Ansonsten waren all seine Recherchen ins Leere gelaufen.

Dann näherten sich Schritte. Ein Mann in einem dunkelgrauen Anzug über einer silbern glänzenden Weste mit Fliege kam zielstrebig auf Tomás zu und schaute ihn fragend an.

„Herr Noronha?"

„Der bin ich. Und Sie sind Graf Vilarigues?"

„João Nuno Vilarigues", antwortete der Mann und deutete eine Verbeugung an.

Der Graf war schlank. Sein schwarzes Haar, das an den Schläfen bereits ergraute, hatte er nach hinten gekämmt, wodurch seine hohe Stirn besonders deutlich zur Geltung kam. Sein dünner Oberlippenbart und ein spitzes Ziegenbärtchen verliehen ihm ein ungewöhnliches Aussehen. Am Auffälligsten waren jedoch seine durchdringenden Augen.

„Danke, dass Sie gekommen sind", sagte Tomás. „Wobei ich, um ehrlich zu sein, nicht einmal sicher bin, worüber wir eigentlich sprechen werden."

„Sie sagten am Telefon, dass Sie meine Telefonnummer in Notizen von Professor Toscano gefunden haben."

„Genau."

Der Graf atmete tief durch und sah Tomás einen Moment lang nachdenklich an.

„Wissen Sie, woran Professor Toscano arbeitete?", fragte er dann.

„Ja", antwortete Tomás, und als der Graf nicht weitersprach, sondern offensichtlich auf eine Erklärung wartete, fügte er hinzu: „Der Professor glaubte, dass Kolumbus nicht aus Genua stammte, sondern ein portugiesischer Jude war."

„Weshalb wollen Sie seine Recherchen wieder aufgreifen?"

Diese Frage war alles andere als harmlos; sie war ein Test. Wenn er sein Gegenüber nicht gleich verschrecken wollte, musste er behutsam vorgehen.

„Ich bin Geschichtswissenschaftler an der Neuen Universität Lissabon und habe Frau Toscano einen Besuch abgestattet, um die Unterlagen ihres verstorbenen Mannes zu sichten. Diese bieten meines Erachtens Stoff für eine außergewöhnliche Veröffentlichung, die womöglich alles, was wir über das Zeitalter der Entdeckungen zu wissen glauben, auf den Kopf stellen wird."

Der Graf verengte die Augen zu schmalen Schlitzen und sah Tomás an, als wolle er seine Seele ergründen.

„Haben Sie von der amerikanischen Stiftung gehört?“, fragte er schließlich.

Die Art, wie der Graf die Frage stellte, machte Tomás stutzig. Auch wenn er nicht wusste weshalb, spürte er, dass seine Antwort über den weiteren Verlauf ihrer Zusammenarbeit – oder deren vorzeitigen Abbruch – entscheiden würde. Er beschloss daher, seine Verbindung zu Moliarti sicherheitshalber zu verschweigen. Zumindest vorläufig.

„Welche Stiftung?“, hörte er sich selbst fragen.

Durchdringend beobachtete der Graf Tomás' Reaktion. Der hielt seinem Blick stand und gab sich alle Mühe, unschuldig zu schauen.

„Ach, das tut nichts zur Sache“, winkte Vilarigues schließlich ab und entspannte sich. Tomás hatte den Test offensichtlich bestanden. Dann machte der Graf eine ausladende Armbewegung in Richtung des Hügels oberhalb von Tomar.

„Kennen Sie das Schloss von Tomar und das Christuskloster?“

„Ich war schon einmal dort, aber das ist lange her“, antwortete Tomás.

„Dann kommen Sie mit“, forderte der Graf ihn auf.

Sie überquerten den Platz und gingen durch malerische Seitenstraßen mit Kopfsteinpflaster und farbenfrohen Blumenkästen an den Balkongeländern. Sie erreichten einen großen schwarzen Mercedes, der neben der Mauer parkte, die zur alten Synagoge führte. Graf Vilarigues öffnete Tomás die Tür, dann setzte er sich ans Steuer und fuhr los.

„Sagt Ihnen der Begriff Militia Christi etwas?“, fragte er nach einer Weile.

„Sie meinen die Tempelritter?“

„Nein, die Militia Christi.“

„Davon habe ich noch nie gehört."

„Das ist die Nachfolgeorganisation des Templerordens beziehungsweise der Tempelritter", fuhr Graf Vilarigues fort. „Nachdem der Templerorden 1312 von Papst Clemens V. aufgelöst worden war und vor allem in Frankreich die meisten Ritter verfolgt und verhaftet wurden, führten in Portugal einige Mitglieder die Gruppe unter dem Namen Militia Christi heimlich weiter. Dieser Christusorden hat seine eigenen Statuten und existiert bis heute." Er machte eine kurze Pause. „Ich bin eines ihrer Mitglieder. Jedes Jahr im Frühling versammeln sich eine Handvoll Adliger hier in Tomar, um die alten Riten und mündlich überlieferten Geheimnisse der einstigen Tempelritter lebendig zu halten."

„Wow!", entfuhr es Tomás.

„Was wissen Sie über den Templerorden?", fragte der Graf.

„Nicht allzu viel", gab Tomás zu. „Ich bin zwar Geschichtswissenschaftler, aber mein Spezialbereich sind alte Sprachen und Codeanalyse, nicht das Mittelalter oder die Zeit der Entdeckungen. Sagen wir, ich bin eher zufällig zu diesen Recherchen gekommen … weil ich Professor Toscano kannte, und nicht, weil es mein Spezialthema ist."

Sie näherten sich einer Straßenkreuzung, auf der eine Statue von Heinrich dem Seefahrer stand.

„Er war übrigens ein Mitglied des Christusordens", sagte der Graf mit einem Blick auf die Statue. Dann bog er rechts ab und fuhr stadtauswärts, immer in Richtung des begrünten Hügels mit dem weithin sichtbaren Schloss.

„Lassen Sie mich von Anfang an beginnen", setzte der Graf zu einer längeren Erklärung an. „Als die Moslems den Christen den Zugang zur Heiligen Stadt Jerusalem verwehrten, breitete sich eine Welle des Protests in ganz Europa aus, die wenig später zum Beginn der Kreuzzüge führte. 1099 wurde Jerusalem zurückerobert, und die Christen übernahmen die Herrschaft über das Heilige Land. Problematisch wurde es, als die Kreuzzügler allmählich nach Europa zurückkehrten und christliche Pilgerreisen nach Jerusalem sehr gefährlich wurden. In der Folge kamen zwei neue militärische Orden auf: die Hospitaler, die sich um die Kranken und Verletzten kümmerten, und die Ritter der Neun, eine Gruppierung von neun Rittern, die es sich zur Aufgabe machten, die Pilger auf ihren Reisen zu beschützen. Und obwohl sie nur zu neunt waren, gelang ihnen das tatsächlich. Im Gegenzug erhielten sie das Gelände der heutigen al-Aqsa-Moschee als Hauptquartier. An genau dieser Stelle hatte zuvor der legendäre Tempel des Salomon gestanden. Und so entstand der Orden der Tempelritter."

„So weit ist mir die Geschichte geläufig."

„Diese Geschichte ist ebenso bekannt wie außergewöhnlich und hat überall in Europa die wildesten Fantasien genährt. Manche behaupten, die Tempelritter hätten in den Ruinen des alten Salomontempels wertvolle Reliquien, mystische Geheimnisse und göttliche Objekte gefunden. Den Heiligen Gral. Und aufgrund dieser Gerüchte oder einfach als Folge ihrer Cleverness und Beharrlichkeit wurde der Templerorden immer größer und einflussreicher."

„Unter anderem in Portugal", warf Tomás ein.

„Ja. Nur wenige Jahre nach der offiziellen Gründung im Jahr 1119 war der Orden auch in Portugal etabliert. Zu dieser Zeit hatten die Mauren weite Teile der Iberischen Halbinsel besetzt, darunter auch Tomar. Und nachdem Portugals erster König, Alfons I., Tomar 1147 von den Mauren zurückerobert hatte, übergab er den Ort 1159 dem Templerorden. Im folgenden Jahr wurde unter Gualdim Pais mit dem Bau des Schlosses begonnen."

Der Mercedes bog um die letzte Kurve und rollte auf den Parkplatz, wo der Graf unter einer schiefen Kiefer parkte. Die Aussicht, die sich von dort bot, war atemberaubend.

Eindrucksvoll überragte der massive Wohnturm des Schlosses die Wehrmauern mit ihren Zinnen, die sich klar von dem blauen Himmel abhoben. Tomás und Graf Vilarigues folgten dem Weg, der sich an den Mauern der Zitadelle entlang schlängelte und steuerten auf den Haupteingang an der Porta do Sol zu. Einen Moment lang fühlte es sich an, als seien sie ins Mittelalter zurückversetzt worden, in eine schlichte, raue Zeit der Herrscher und Bauern, von der nichts als diese stolze Ruine übriggeblieben war. So weit das Auge reichte, säumte die roh behauene Schlossmauer linkerhand den Weg. Eine leichte Brise umwehte den Schlossberg und versetzte die Äste der teils kahlen Bäume in rhythmische Schwingungen, als tanzten sie zum Klang einer sanften, natürlichen Melodie.

„Das ist also das Schloss der Tempelritter", sagte Tomás, während er neben dem Graf auf das stolze, geradezu unnahbare Gemäuer zuging.

„Ja. Die Templer erhielten in Portugal zahlreiche Ländereien zum Dank für ihre Kriegsdienste zur Rückeroberung von Lissabon und anderen Städten, aber nirgendwo war ihre Präsenz so offensichtlich wie hier, an ihrem Hauptsitz Tomar. Das änderte sich schlagartig, als 1307 die Mitglieder des Ordens zunächst in Frankreich, später auch in anderen Ländern verfolgt wurden, bis Papst Clemens V. den Orden 1312 endgültig auflöste. In seiner Bulle *Vox in excelso* forderte der Papst alle Monarchen Europas auf, die Tempelritter zu verhaften, aber Portugals König Dionysius weigerte sich, dem Folge zu leisten. Er ignorierte auch, dass dem päpstlichen Geheiß zufolge der gesamte Besitz des Templerordens an die Hospitaler übergehen sollte. Vielmehr behauptete er, dass das Land, auf dem die Tempelritter lebten, gar nicht ihnen, sondern der portugiesischen Krone gehörte. Wenn also der Templerorden aufgelöst würde, fiele das Land an die Krone zurück. Diese Einstellung sprach sich schnell herum, insbesondere bei den Templern in Frankreich, die daraufhin vor der grausamen Verfolgung im eigenen Land nach Portugal flohen. Nachdem etwas Gras über die Sache gewachsen war, schlug König Dionysius vor, einen neuen Militärorden mit Hauptsitz an der Algarve zu gründen, um Portugal gegen die Moslems zu verteidigen. Der Vatikan stimmte diesem Vorschlag zu, und so wurde 1319 der Christusorden offiziell ins Leben gerufen. Dieser neuen Organisation vermachte König Dionysius sämtlichen Besitz des einstigen Templerordens, darunter auch zehn Städte. Selbstverständlich waren die neuen Ordensmitglieder einstige Tempelritter. Anders gesagt wurde der Templerorden zum neuen Christusorden. Diese Entwicklung war 1357 endgültig abgeschlossen, als der Christusorden seinen Hauptsitz in das Schloss von Tomar verlegte."

Sie passierten das grandiose Eingangstor der Porta do Sol und standen kurz danach inmitten geometrisch angelegter Grünflächen mit fein säuberlich gestutzten Hecken und kugelförmigen Büschen, schlanken Zypressen und einigen Blumenbeeten, die jetzt jedoch kahl waren und unattraktiv aussahen.

„Warum erzählen Sie mir all das?", fragte Tomás.

Graf Vilarigues lachte und deutete auf die Mauern zu ihrer Rechten sowie eine breite Steintreppe vor ihnen. Diese führte zum prächtigen Rundturm, dessen Mauern durch massive Pfeiler verstärkt wurden. Auf dem Dach ragten auch hier Zinnen gen Himmel, darüber erhob sich der rechteckige Glockenturm. Auf der anderen Seite der Anlage war die dicke Außenmauer des Hauptklosters zu sehen, und hinter einem riesigen Maulbeerfeigenbaum standen die Überreste des Kapitelhauses.

„Mein Lieber, ich erzähle Ihnen das, damit Sie diesen wundervollen Ort hier besser verstehen können. Immerhin weilt hier in Tomar, hinter diesen mittelalterlichen Mauern, der Geist des Heiligen Grals, die rätselhafte, esoterische Seele hinter dem Aufstieg Portugals und den seefahrerischen Leistungen des Landes.“ Er zwinkerte. „Außerdem spielen diese Details für die Geschichte, die ich Ihnen gleich erzählen werde, eine wesentliche Rolle.“

„Da bin ich gespannt!“

„Nun, Sie wissen doch sicher, worum es geht, oder nicht? Ich werde Ihnen nicht mehr und nicht weniger erzählen als die wahre Geschichte des Christoph Kolumbus, des Mannes, der den Kastiliern Amerika schenkte.“

„Die ... wahre Geschichte des Christoph Kolumbus?“, echote Tomás. „Kennen Sie die denn?“

Sie schlenderten durch die Grünanlage, gingen unter einem Busch in Form eines Torbogens hindurch und nahmen auf einer Bank Platz.

„Die Anfänge dieser Geschichte gehen in die Zeit der Tempelritter zurück“, sagte der Graf und ließ seinen Blick über die Anlage schweifen. „Sagen Sie, haben Sie je auf die Kreuze der portugiesischen Segelschiffe während der großen Seereisen geachtet?“

„Sie waren rot, wenn ich mich nicht irre.“

„Genau. Rote Kreuze auf weißem Hintergrund. Sagt Ihnen das nichts?“

„Nun ja, ...“

„Die Kreuze der Kreuzzügler waren rot auf weißem Hintergrund. Die portugiesischen Tempelritter verwendeten ein sogenanntes rotes Tatzenkreuz mit geschwungenen Armen, ebenfalls rot auf weißem Hintergrund. Und auch die portugiesischen Karavellen hatten rote Kreuze auf weißen Segeln. Das waren die Kreuze des Christusordens beziehungsweise der Tempelritter auf der Suche nach dem Heiligen Gral.“ Er drehte sich seitlich zu Tomás und blickte ihm in die Augen. „Ich nehme an, Sie wissen, was der Heilige Gral war?“

„Der Kelch, aus dem Jesus beim letzten Abendmahl trank. Es heißt, Josef von Arimathäa habe darin Tropfen von Jesu Blut aufgefangen, als er am Kreuz im Sterben lag."

„Das ist reiner Aberglaube, mein Lieber! Der Heilige Gral ist ein Kelch im übertragenen Sinn. Eine Metapher, wenn Sie so wollen." Der Graf deutete auf das Städtchen Tomar zu Füßen des alten Ritterschlosses. „In der Taufkapelle der Kirche dort unten gibt es ein Reliefbild, das Johannes den Täufer mit dem Heiligen Gral zeigt. Im Inneren des Grals ist ein geflügelter Drache zu sehen, ein mythisches Tier aus den Legenden um die Ritter der Tafelrunde. Der Legende zufolge sagte Merlin, der Magier, den Kampf zweier Drachen in einem unterirdischen See voraus, von denen einer geflügelt, der andere nicht geflügelt sein würde. Sie verkörperten die Kräfte des Guten beziehungsweise des Bösen; das Licht beziehungsweise die Dunkelheit. Dieser Kampf zwischen den Drachen ist auch auf einer der Säulen der Kirche dargestellt."

„Sie meinen die Kirche auf dem Platz, wo wir uns getroffen haben?"

„Ja."

Tomás nickte, während er an die weiße Fassade und den massigen, achteckigen Glockenturm dachte.

„Der Drache ist das Symbol der Tempelritter für Weisheit, der auch mit dem ägyptischen Gott Thot und dem griechischen Gott Hermes assoziiert wird. Der Drache im Heiligen Gral verkörpert somit die hermetische Weisheit." Der Graf machte eine kurze Pause. „Was ist also der Heilige Gral? Er ist das Wissen. Und Wissen wiederum ist gleichbedeutend mit Macht. Das haben die Tempelritter früh erkannt. Als sie vor ihren Verfolgern nach Portugal flohen, brachten sie den Kelch und den Drachen mit, den Heiligen Gral – wissenschaftliches ebenso wie geheimes Wissen, das sie in zwei Jahrhunderten während ihrer Kreuzzüge ins Heilige Land erworben hatten. Sie waren Navigatoren, Erfinder, und sie besaßen Entdeckergeist. Portugal war einerseits ihr Ziel, andererseits auch ihr Ausgangspunkt für die Entdeckung der Welt, immer auf der Suche nach neuem Wissen. Der Name Portugal stammt von *Portucalem*, was auch mit dem Heiligen Gral in Zusammenhang stehen kann. Porto Graal. Porto bedeutet Hafen, also der Hafen des Gral. Aus diesem großen Hafen stachen sie in See auf der Suche nach dem neuen Gral. Dem Heiligen Gral der Weisheit. Dem Gral des Wissens. Der Entdeckung einer neuen Welt."

„Wollen Sie damit sagen, die großen Seefahrten waren die Folge davon, dass die Tempelritter nach dem Heiligen Gral suchten?"

„Zum Teil, ja. Die Entdeckungen ferner Länder verdankte Portugal sowohl den Templern als auch den Juden mit ihren mysteriösen kabbalistischen Praktiken, die teils den Heiligen Gral, teils das Heilige Land suchten. Vereint in ihrer Sehnsucht nach Jerusalem beziehungsweise dem heiligen Tempel des Salomon, ergaben die sephardischen Juden und die Tempelritter eine brisante Mischung, die zu Beginn des 15. Jahrhunderts von einem der größten Staatsmänner in der Geschichte Portugals und einem der größten Visionäre der Menschheit zusammengebracht wurden: Prinz Heinrich, vierter Sohn von König Johann I. und weltlicher Leiter des Christusordens. Er wurde später als Heinrich der Seefahrer berühmt und begründete eine Entwicklung, die wir heute Globalisierung nennen. Dazu versammelte er Männer der Wissenschaft unterschiedlichster Herkunft – darunter auch Tempelritter und Juden – und entwickelte einen ambitionierten Plan zur Suche nach dem Heiligen Gral." Der Graf legte eine Pause ein. „Dieser Plan, den unbekannten Meeren zu trotzen und die Welt zu erkunden, wurde während mehrerer Jahrzehnte befolgt. Die einstigen Ritter wurden zu Seefahrern und die portugiesischen Entdeckungsreisen die neuen Kreuzzüge. Das ganze Land wimmelte nur so von neuen Kreuzzüglern. Viele von ihnen kennen wir. Andere allerdings brachen zu geheimen Reisen auf, das heißt, ihre Namen wurden nie bekannt, ihre Entdeckungen nie öffentlich gemacht."

„Wollen Sie damit sagen, Kolumbus war einer von ihnen?"

„Dazu kommen wir gleich. Doch lassen wir einmal die mystischen Aspekte der großen Entdeckungsfahrten beiseite und konzentrieren uns auf die schlichten Ereignisse des Alltagslebens im späten 15. Jahrhundert. Als Heinrich der Seefahrer und später auch König Alfons V. starben, übernahm der neue König Johann II. die Kontrolle über die Flotte und die portugiesische Kolonialpolitik. Kurz nach seiner Thronbesteigung trat ein Ereignis ein, das Christoph Kolumbus' Schicksal prägen sollte."

„Die Entdeckung des Kaps der Guten Hoffnung durch Bartolomeu Dias."

Graf Vilarigues lachte.

„Nein, mein Lieber, das war deutlich später."

Dann stand er auf und ging, gefolgt von Tomás, zwischen einigen Orangenbäumen hindurch zu den Überresten des Königsgemachs, dem inzwischen das Dach fehlte. Mit der Hand fuhr er fast zärtlich über die rauen Steine.

„Hinter diesen Mauern lebte Prinz Heinrich, ehe König Johann II. starb", sagte er träumerisch. „So, wie auch ein anderer Mann, dessen Leben sich durch den Tod König Johanns drastisch veränderte: Manuel der Glückliche, der spätere Thronfolger Johanns II."

„Und was war das für ein Ereignis?", wollte Tomás wissen.

Der Graf neigte seinen Kopf zur Seite und sah Tomás aufmerksam an.

„Das mörderische Komplott gegen König Johann II."

„Wie bitte?"

„Haben Sie noch nie von der Verschwörung gegen König Johann gehört?"

„Jetzt, wo Sie es sagen, erinnere ich mich dunkel", sagte Tomás ausweichend.

„Passen Sie gut auf", sagte der Graf und ging langsam weiter. „1482 beschloss der Königsrat unter dem frischgekrönten Johann II., dass königliche Richter jederzeit das Recht hatten, die Ländereien der Adligen aufzusuchen und zu überprüfen, ob das geltende Recht korrekt angewandt wurde. Das war ein Frontalangriff auf die Machtposition des Adels, der bis dahin auf seinem jeweiligen Territorium unumschränkter Herrscher war. Der mächtigste dieser Adligen war Ferdinand II., Herzog von Braganza und ein entfernter Cousin des Königs. Eines Tages wollte der Herzog die Urkunden und Dokumente vorlegen, um die ihm und seinen Vorfahren gewährten Ländereien und Privilegien zu verteidigen. Er wies seinen Finanzverwalter, João Afonso, an, die Unterlagen aus dem Tresor zu holen. Doch anstatt den Auftrag selbst auszuführen, schickte João Afonso seinen jungen, unerfahrenen Sohn.

Als der Sohn in den Unterlagen nach den entsprechenden Urkunden suchte, kam ein Angestellter namens Lopo de Figueiredo hinzu und bot ihm seine Hilfe an. Dabei stieß er jedoch auf einen merkwürdigen Briefwechsel zwischen dem Herzog von Braganza und den Katholischen Königen von Kastilien und Aragon. Misstrauisch geworden, ließ er diese Briefe unauffällig verschwinden, bat um eine Geheimaudienz beim König und zeigte ihm seinen Fund. Johann II. prüfte die Briefe umgehend, von denen einige handschriftliche Notizen des Herzogs enthielten, und erkannte, dass es sich um eine Verschwörung gegen ihn handelte. Der Herzog von Braganza war ein Geheimagent der Katholischen Könige und sollte den Kastiliern helfen, ihre

Macht auf Portugal auszudehnen." Geheimnisvoll senkte Graf Vilarigues die Stimme. „Ein Verräter. Auch der Herzog von Viseu, ein Schwager des Königs, sowie die Mutter der Königin waren in die Affäre verwickelt. König Johann II. ließ die Briefe eilig kopieren und trug Lopo de Figueiredo auf, sie wieder in den Tresor zurückzubringen. Dann verbrachte er mehr als ein Jahr damit, das Ausmaß der Verschwörung zu ermitteln und zu überlegen, wie er sie am besten auffliegen lassen wollte.

Dann, im Mai 1483, ließ er Ferdinand II. festnehmen und vor Gericht stellen. Er wurde des Verrats für schuldig befunden und wenige Tage später in Évora enthauptet. Die Verschwörer machten dennoch weiter, nun unter der Führung des Herzogs von Viseu, bis König Johann 1484 beschloss, dem Treiben ein für allemal ein Ende zu setzen. Er ließ den Herzog zu einer Unterredung zu sich kommen und stach ihn nach einigen Worten eigenhändig nieder. Andere Adlige, die an der Verschwörung beteiligt waren, wurden enthauptet oder vergiftet, oder sie konnten nach Kastilien fliehen. In all diesem Durcheinander ereignete sich etwas Merkwürdiges: König Johann ließ den Bruder des Herzogs von Viseu zu sich rufen: Manuel den Glücklichen. Dieser kam dem Befehl des Königs nach, fürchtete aber um sein Leben. Immerhin hatte der König seinen Bruder getötet. Doch ihr Treffen verlief ganz anders. König Johann vermachte Manuel das gesamte Vermögen seines Bruders und teilte ihm außerdem mit, für den Fall, dass sein eigener Sohn Alfons ohne einen männlichen Nachfolger sterben sollte, solle er, Manuel, Thronfolger werden. In der Tat starb Prinz Alfons bereits 1491 ohne einen Sohn, sodass Manuel der Glückliche im Jahr 1495 König wurde."

„Eine interessante Geschichte", sagte Tomás, der als Historiker mit den Intrigen der Mächtigen bestens vertraut war. „Aber ich verstehe immer noch nicht, wieso Sie mir das alles erzählen."

Graf Vilarigues verschränkte seine Arme vor der Brust und zog die Augenbrauen hoch.

„Heißt das, Sie führen Recherchen zu Christoph Kolumbus durch, aber die Jahreszahl dieser großangelegten Säuberungsaktion kommt Ihnen nicht bekannt vor?“

„1484?“, sagte Tomás. „Hm … Das war das Jahr, in dem Kolumbus Portugal verließ und nach Kastilien ging.“

„Genau.“

Ein Lächeln umspielte die Lippen des Grafen, und seine Augen leuchteten auf.

Einen Augenblick lang wusste Tomás nicht, was er sagen sollte. Doch dann hatte er den Zusammenhang erkannt.

„Wollen Sie damit etwa andeuten, dass Kolumbus … an der Verschwörung gegen König Johann beteiligt war?“

„Exakt.“

„Oh!“, entfuhr es Tomás, während sein Gehirn anfing, auf Hochtouren die Konsequenzen dieser Enthüllung zu verarbeiten.

„Sagen Sie“, kam ihm der Graf zu Hilfe, „ist Ihnen nie aufgefallen, dass es haufenweise Dokumente über Kolumbus' Zeit in Spanien gibt, aber über all die Jahre, die er in Portugal gelebt hat, Ebbe herrscht? Es gibt nichts. Nicht ein einziges Dokument. Das Wenige, das wir über diese Zeit wissen, stammt aus kurzen Notizen des Biografen Las Casas, von Kolumbus selbst und seinem Sohn Ferdinand. Sonst nichts.“ Er sah Tomás herausfordernd an. „Wie lässt sich das erklären? Nun, einfach dadurch, dass Kolumbus in Portugal einen anderen Namen hatte. Kein Wunder also, dass die Suche nach Unterlagen über einen Mann namens Colom erfolglos verläuft.“

„Und was war das für ein anderer Name?“

„*Nomina sunt odiosa*.“

„Namen sind anstößig", sagte Tomás fast automatisch. „Cicero."

„Das kam aber prompt", nickte der Graf anerkennend.

„Dieses Zitat ist ein Hinweis von Professor Toscano auf Kolumbus' Geheimnis."

„Ah", sagte Graf Vilarigues. „Wussten Sie, dass ich es war, der ihm das Zitat genannt hatte?" Er zuckte mit den Schultern. „Wie dem auch sei, Kolumbus' wahrer Name ist und bleibt ein Rätsel. *Nomina sunt odiosa*. Viel wichtiger ist in diesem Zusammenhang, dass sein anderer Name der eines Adligen war."

„Woher wissen Sie das?"

„Kolumbus war ein Mitglied des Christusordens, und seine wahre Geschichte ist Bestandteil der mündlichen Überlieferungen unseres Ordens. Zahlreiche allgemein bekannte Fakten bestätigen diese Geschichte. Haben Sie beispielsweise den Brief gelesen, den König Johann 1488 an Kolumbus schrieb?"

„Ja."

„Was halten Sie von der Passage, in der der König Kolumbus' Probleme mit den portugiesischen Behörden erwähnt?"

Tomás nahm sein Notizbuch aus der Manteltasche und suchte nach der Seite mit den Notizen zu diesem Brief.

„Hier ist es", sagte er dann. „Der König schrieb: ‚Und wenn Sie Bedenken hinsichtlich unseres Rechtswesens anlässlich einer gewissen Schuld haben, garantieren wir Ihnen hiermit, dass Sie während Ihrer Reise hierher, während Ihres Aufenthalts und Ihrer Rückkehr für keinerlei zivile oder kriminelle Handlung jeglicher Art festgenommen, aufgehalten, angeklagt, vorgeladen oder verklagt werden.'" Er sah den Grafen nachdenklich an.

„So?", fragte dieser. „Was war das wohl für eine kriminelle Handlung, die ihn 1484 mit seinem Sohn nach Spanien fliehen ließ?"

„Die Verschwörung gegen König Johann."

„Richtig. Die 1484 zerschlagene Verschwörung. In diesem Jahr flohen zahlreiche Adelsfamilien nach Spanien, um der Verurteilung und Hinrichtung durch den König zu entgehen."

Tomás blieb stehen und kramte in seiner Aktentasche. Dann zog er eine Ausgabe des Buches *Leben und Abenteuer des Admirals* von Ferdinand Kolumbus hervor und blätterte eilig darin.

„Warten Sie", sagte er, als habe er Angst, sein Gedanke könne ihm wieder entfallen. „Wenn ich mich recht erinnere, schrieb Ferdinand über die Ankunft seines Vaters in Kastilien etwas Ähnliches. Gleich habe ich es … Ah, hier ist es. Und zwar ‚der mit seinem kleinen Sohn Diego gegen Ende des Jahres 1484 heimlich Portugal verließ, aus Angst, vom König festgenommen zu werden'."

„Kolumbus verließ Portugal also heimlich?", fragte Graf Vilarigues ironisch. „Aus Angst, vom König festgenommen zu werden?" Er verzog den Mund zu einem Grinsen. „Deutlicher geht es ja wohl kaum noch, würde ich sagen."

„Halten Sie es für normal, dass der König Kolumbus vergeben hat, wenn er wirklich an der Verschwörung beteiligt war?"

„Das kommt auf die Umstände an, aber nach allem, was wir über den Fall wissen, ist es durchaus plausibel. Kolumbus war keiner der Drahtzieher der Verschwörung, sondern nur ein Mitläufer. Und ihm wurde 1488 vergeben, vier Jahre nach den eigentlichen Vorfällen, also zu einer Zeit, als keinerlei Gefahr mehr für den König bestand. Außerdem hat König Johann ja sogar den Bruder eines der Hauptverschwörer zu seinem Thronfolger bestimmt. Umso leichter dürfte es ihm gefallen sein, einer Randfigur wie Kolumbus zu verzeihen, wenn das für ihn selbst von Nutzen war." Der Graf deutete auf das Buch in Tomás' Händen. „Ist Ihnen aufgefallen, wie der König Kolumbus in seinem Brief anredet?"

Tomás warf einen kurzen Blick in sein Notizbuch.

„An Xpoval Colon, unseren besonderen Freund in Sevilla“, las er vor.

„Besonderer Freund? Können Sie sich eine solch intime Anrede zwischen dem großen König von Portugal und einem unbedeutenden ausländischen Seidenweber vorstellen?“ Der Graf schüttelte vehement den Kopf. „Nein, das ist ein Brief an einen Adligen, den der König gut kannte. Wichtiger noch, es ist ein Versöhnungsbrief.“

„Wer war Kolumbus also wirklich?“, fragte Tomás.

Langsam setzte sich der Graf wieder in Bewegung und steuerte auf den Treppenaufgang am Ende des Kiesweges zu.

„Christoph Kolumbus war ein portugiesischer Adliger jüdischer Abstammung, mit einer Verbindung zur Familie des Herzogs von Viseu. Er spielte eine untergeordnete Rolle bei der Verschwörung gegen König Johann II. und floh 1484 zusammen mit anderen Verschwörern und deren Familien nach Spanien. Dabei ließ er seinen früheren Namen zurück und baute sich in Sevilla ein neues Leben auf, wobei ihm seine in Portugal erworbenen Fertigkeiten als Navigator zugute kamen. Er nannte sich Cristóbal Colon und breitete den Mantel des Schweigens über seine Vergangenheit, nicht zuletzt aufgrund des starken Antisemitismus der Spanier. Nach der Entdeckung Amerikas erklärten italienische Autoren, Kolumbus sei Genueser gewesen. Diese Behauptung kam Kolumbus äußerst gelegen, und er unterstützte sie indirekt, indem er sie weder abstritt noch bestätigte. So konnte der Argwohn gegenüber seiner Herkunft beschwichtigt werden.“ Der Graf legte den Kopf schief. „Wussten Sie, dass nicht einmal sein spanischer Sohn die Wahrheit über seine Abstammung kannte? Ferdinand reiste extra nach Italien, um das Gerücht zu überprüfen, sein Vater stamme aus Genua.“ Er blieb stehen und schaute Tomás in die Augen. „Ist das nicht ein starkes Stück? Kolumbus hat nicht einmal seinem Sohn die eigenen Wurzeln preisgegeben! Dieses Geheimnis muss ihm extrem wichtig gewesen sein. Und selbstverständlich konnte Ferdinand in Genua keinerlei Hinweise finden, wie er in seinem Buch schreibt, was ihn zu der Vermutung verleitete, sein Vater sei in Piacenza geboren worden. Dabei brachte er allerdings die Vorfahren seines Vaters mit denen seiner Frau Filipa Moniz Perestrello durcheinander, deren Vorfahren väterlicherseits tatsächlich aus Italien stammten."

„Dann wussten also auch die Katholischen Könige nicht, wer Kolumbus war?"

„Doch, sie wussten es", entgegnete der Graf. „Kolumbus war immerhin an der Verschwörung gegen König Johann beteiligt gewesen, und im Tresor des Herzogs von Braganza fanden sich auch Briefe der Katholischen Könige. Das heißt, sie kannten sicherlich Kolumbus' Namen, und sei es nur flüchtig. Das ist übrigens die einzige logische Erklärung dafür, dass sie ihn am Hof empfingen." Er streckte die Hand nach dem Buch von Ferdinand Kolumbus aus. „Lassen Sie mal sehen." Bald hatte er gefunden, was er suchte. „Es gibt eine sehr aufschlussreiche Passage in einem Brief von Kolumbus an den spanischen Prinzen Johann. Ah, hier! Und zwar, ‚Ich bin nicht der erste Admiral in meiner Familie.'" Graf Vilarigues sah Tomás mit gespielter Überraschung an. „Wie bitte? Kolumbus war nicht der erste Admiral in seiner Familie? Soll er nicht ein ungebildeter genuesischer Seidenweber gewesen sein?" Er lachte. „Der Admiral selbst gab also diesen indirekten Hinweis auf seine adlige Herkunft, die den spanischen Königen ohnehin bekannt war. Wäre Kolumbus tatsächlich ein genuesischer Seidenweber gewesen, wie die offizielle Version lächerlicherweise lautet, hätten die Katholischen Könige über sein Audienzgesuch allenfalls müde gelächelt.

Angesichts der Rivalität zwischen Portugal und Spanien wäre es jedoch ungünstig gewesen zuzugeben, dass der Admiral der spanischen Flotte ein Portugiese war, noch dazu jüdischer Abstammung. Das war völlig inakzeptabel, und so blieb seine wahre Herkunft geheim. Selbst die Einbürgerungsurkunde von Kolumbus' jüngerem Bruder Diego, der ebenfalls Seefahrer war, erwähnte nicht seine ursprüngliche Nationalität, obwohl diese nach spanischem Recht zwingend genannt werden musste. Das zeigt, wie weit die spanische Krone zu gehen bereit war, um die Herkunft ihres künftigen Admirals zu verschleiern. Wäre Kolumbus wirklich Genueser gewesen, hätte es keinerlei Grund dafür gegeben, seine Nationalität zu verheimlichen. Das Gerücht, Kolumbus stamme aus Italien, kam also auch den Katholischen Königen sehr gelegen. Und durch diese Mischung aus falschen Behauptungen, Verschweigen und Andeutungen seitens der italienischen Autoren, der spanischen Krone und natürlich des Admirals selbst, blieb seine wahre Abstammung unbekannt."

Sie setzten ihren Weg fort und stiegen die mächtige Steintreppe empor, eine stille Zeugin der schicksalhaften Ereignisse in diesem mehr als achthundert Jahre alten Ordenskomplex.

„Etwas verstehe ich nicht", sagte Tomás. „Wenn Kolumbus an der Verschwörung gegen ihn beteiligt war, warum ließ König Johann ihn dann 1488 nach Lissabon kommen?"

„Eine Staatsangelegenheit, mein Lieber", antwortete der Graf und strich sich über sein Ziegenbärtchen. „Kolumbus glaubte, es müsse einen westlichen Seeweg nach Indien geben, aber die Katholischen Könige waren nicht davon überzeugt. König Johann indes ging davon aus, dass diese Route so nicht möglich war, und zwar aus zwei Gründen. Erstens, weil die Erde deutlich größer war, als Kolumbus dachte, und zweitens, weil er wusste, dass sich auf halber Strecke eine riesige Landmasse befand.“

Sie hatten den obersten Treppenabsatz erreicht und genossen einen Moment lang die Aussicht.

„Das heißt also, König Johann wusste bereits von der Existenz Amerikas?“

Graf Vilarigues lachte.

„Aber ja! Und das war keine große Kunst. Soweit ich weiß, wurde der amerikanische Kontinent ein paar tausend Jahre zuvor von Asien aus entdeckt und von der Nord- bis zur Südspitze bevölkert. Die Wikinger, insbesondere Erik der Rote, waren die ersten Europäer, die Ende des 10. Jahrhunderts Amerika erreichten. Dieses Wissen wurde von den Tempelrittern der nordischen Orden bewahrt, von denen einige nach Portugal kamen. Und die Portugiesen haben diese Region eindeutig bereits während des 15. Jahrhunderts erforscht, ohne etwas über diese Reisen zu berichten. Admiral Gago Coutinho, der 1922 als erster Mensch die Südatlantikroute von Lissabon nach Rio de Janeiro mit einem Flugzeug zurücklegte, war der Meinung, dass schon vor 1472 – aber nach der Wikingerzeit – europäische Segelschiffe die amerikanische Küste angesteuert hatten und dass es sich dabei um Seefahrer im Dienst der portugiesischen Krone gehandelt haben musste. Auf Bestreben der Söhne von Kapitän Pinzón, der unter Kolumbus zur See gefahren war, begann 1532 das berühmte Gerichtsverfahren *Pleito de la Prioridad*, bei dem es um die seltsame Theorie ging, dass der Admiral ein Land entdeckt hatte, das bereits bekannt war. Jedenfalls wurden bei dem Verfahren auch mehrere Zeugen angehört, die Kolumbus persönlich gekannt hatten, darunter ein gewisser Alonso Gallego, der Kolumbus als einen Mann beschrieb, ‚der dem König von Portugal gedient hat und von dem besagten Land Indien gehört hatte'. Das wird von dem Biografen und Kolumbus' Zeitgenossen, Bartolomé de Las Casas, bestätigt. Dieser schrieb, dass ein portugiesischer Segler dem Admiral erzählt habe, es gebe Land westlich der Azoren. Las Casas bereiste übrigens selbst die Antillen und berichtete, die Eingeborenen Kubas haben ihm gesagt, dass bereits vor den Spaniern weißhäutige und bärtige Seeleute Teile der Inselgruppe besuchten. Kennen Sie die Cantino-Planisphäre?"

„Selbstverständlich."

„Ist Ihnen je aufgefallen, dass darauf die Küste Floridas zu sehen ist?"

„Ja."

„Die Planisphäre wurde allerspätestens 1502 von einem portugiesischen Kartographen gezeichnet, aber Florida wurde laut offizieller Geschichtsschreibung erst 1513 entdeckt. Merkwürdig, nicht wahr?"

„Offensichtlich wurde da einiges geheimgehalten", sagte Tomás nachdenklich.

„Allerdings", stimmte der Graf zu. „Und wie erklären Sie es sich, dass Kolumbus auf seiner ‚Entdeckungsfahrt' portugiesische Münzen in die Neue Welt mitnahm? Wieso keine spanischen? Das ergibt nur dann einen Sinn, wenn er wusste, dass er auf Menschen treffen würde, die mit der portugiesischen Währung bereits vertraut waren, nicht wahr?"

Das reich verzierte Südportal des Ordensgebäudes war verschlossen. Sie wandten sich nach rechts, gingen an der Basis des Rundturms entlang und betraten dann durch eine kleine Tür die dämmrige Sakristei. Dort kauften sie Eintrittskarten, gingen hinaus in den Kreuzgang, überquerten den Innenhof mit seinen schmucken Orangenbäumchen und nahmen schließlich einen dunklen Gang, durch den sie das Herzstück des einstigen Templerklosters erreichten: die Rotunde.

Das Gebäude verströmte einen leichten Geruch nach Schimmel, wie er für alte Orte üblich war. Im Zentrum der Rotunde erhob sich eine achteckige Struktur mit dem Hochaltar. Die Mauern waren von Fresken verziert, an den Säulen prangten vergoldete Statuen. Hier hatten die Tempelritter also einst zu Gott gebetet. Die Rotunde war der Grabeskirche in Jerusalem nachempfunden und mit ihrer ungewöhnlichen Konstruktion das Schmuckstück der Klosterkirche. Das Südportal war auf der Innenseite von zwei gedrehten Säulen flankiert, wie jene, die der Heiligen Schrift zufolge einst den Salomontempel beschützten. Tomás und Graf Vilarigues waren jedoch nicht wegen der Kunstschätze hierher gekommen, sondern um sich zu unterhalten. Sie setzten sich auf eine Bank.

„Es gibt da noch ein paar Dinge, die ich nicht verstehe“, sagte Tomás. „Wenn die Portugiesen von der Existenz Amerikas wussten – warum haben sie es dann nicht erforscht?“

„Weil sie dachten, es gebe dort nichts Lohnendes zu entdecken“, antwortete der Graf achselzuckend. „Sie dürfen nicht vergessen, mein Lieber, dass die Portugiesen einen Weg nach Indien suchten, um das venezianische Handelsmonopol für Gewürze zu umgehen. Abgesehen davon glaubten sie, dass das spirituelle Wissen, nach dem sie strebten, irgendwo im östlichen Asien verborgen lag, im Reich des mythischen Priesterkönigs Johann, das Wolfgang von Eschenbach in seinem Versroman *Parzival* beschrieb. Diese Suche nach dem Heiligen Gral – dem höheren Wissen – war die ursprüngliche Motivation für die Reisen Heinrichs des Seefahrers und seiner Templer. Erst allmählich wurden die wirtschaftlichen

Interessen immer wichtiger, doch schien es ihnen, als habe Amerika nichts als ein paar Eingeborene und öde Wälder zu bieten. Das war der Grund dafür, dass König Johann sich für Kolumbus' Pläne zu interessieren begann. Kolumbus wusste, dass es westlich der Azoren Land gab. Ich persönlich denke, dass er glaubte, dieses Land gehöre schon zu Asien, dem Kontinent, von dem Marco Polo so viel berichtet hatte. Er versuchte, den portugiesischen König von der Machbarkeit der westlichen Seeroute zu überzeugen, doch Johann II. wusste bereits, dass Asien in Wirklichkeit viel weiter entfernt war, und so wies er die Gesuche des jungen Adligen ab. Als Kolumbus 1484 nach Kastilien floh, versuchte er, den Katholischen Königen seinen Plan schmackhaft zu machen. Es ist wichtig zu verstehen, dass diese Entwicklung König Johann sehr gelegen kam. Er war ein kluger Stratege und erkannte, dass die Spanier nicht ruhig zusehen würden, wenn Portugal einen Weg nach Indien fände und eigene, florierende Handelspartnerschaften schlösse. Das hätte Krieg gegeben. Um das zu vermeiden, wollte König Johann die Spanier mit einer scheinbar wertvollen Beute vom eigentlichen Hauptgewinn ablenken."

„Amerika", murmelte Tomás.

„Ganz genau", bestätigte der Graf. „Amerika eignete sich geradezu perfekt für König Johanns Ablenkungsmanöver. Das Problem bestand jedoch darin, dass es den Spaniern an Informationen und seefahrerischer Erfahrung mangelte und sie zudem noch damit beschäftigt waren, die Mauren aus dem Süden des Landes zu vertreiben und deshalb Kolumbus' Vorschläge ablehnten. Entmutigt sehnte sich Kolumbus nach Portugal zurück, aber da gab es ja noch die alte Geschichte mit der Verschwörung gegen König Johann. Er schrieb dem Monarchen daher 1488 einen Brief, in dem er ihn um Vergebung bat. Der König wiederum packte die Gelegenheit beim Schopf und antwortete mit dem vorhin erwähnten Versöhnungsschreiben, in dem er Kolumbus zusicherte, ihn für keine kriminelle Handlung der Vergangenheit festzunehmen, aufzuhalten oder zu verklagen. Mit diesem Geleitbrief reiste Kolumbus also nach Portugal, um seinen Plan erneut vorzubringen. Doch zu seiner Überraschung wollte König Johann, dass Kolumbus die Katholischen Könige dazu brachte, diese Seereise nach Westen durchzuführen. Dazu versprach er, Kolumbus auf alle nur erdenkliche Weise zu unterstützen, damit seine Reise erfolgreich verlief. Und während er in Lissabon war, wurde Kolumbus Zeuge der Rückkehr von Bartolomeu Dias, der gerade eine Passage um das Kap der Guten Hoffnung nach Indien gefunden hatte. Kolumbus sah also ein, dass König Johann die westliche Seeroute zu Recht ablehnte. Somit willigte er notgedrungen in den Plan des Königs ein und kehrte nach Spanien zurück."

„Die Ankunft von Bartolomeu Dias ist ein entscheidender Punkt", warf Tomás ein. „Den Geschichtsbüchern zufolge verwarf König Johann Kolumbus' Plan, in westlicher Richtung nach Indien zu segeln, nachdem Dias vom Kap der Guten Hoffnung zurückgekehrt war."

„Quatsch!", platzte Graf Vilarigues heraus. „König Johann wusste schon lange, dass es eine bessere Seeroute gab." Er tätschelte Tomás' Unterarm. „Überhaupt, mein Lieber, denken Sie einmal nach. Wenn König Johann tatsächlich je geplant hätte, in westlicher Richtung nach Indien zu segeln, hätte er dazu doch keineswegs – wie die offizielle Version lautet – einen unbekannten genuesischen Navigator gebraucht! Ihm standen doch viel erfahrenere Männer zur Verfügung wie Vasco da Gama, Bartolomeu Dias, Pacheco Pereira und

Diogo Cão, die allesamt für eine solche Mission besser geeignet waren als der vermeintliche Seidenweber. Allein die Idee, König Johann habe Kolumbus nach Lissabon bestellt, um mit ihm über den westlichen Seeweg zu sprechen, ist geradezu lächerlich!" Der Graf schnalzte mit der Zunge. „Finden Sie es eigentlich nicht bemerkenswert, dass Bartolomeu Dias den Seeweg zum Indischen Ozean schon 1488 entdeckte, Vasco da Gama aber erst 1497 aufbrach, um diese Passage ernsthaft zu erforschen?" Er sah Tomás an und zog eine Augenbraue hoch. „Wieso hat der König fast zehn Jahre gewartet?"

„Nun, ich denke, um die Reise vorzubereiten …"

„Zehn Jahre, um eine Seereise vorzubereiten? Ich bitte Sie! Wenn die Portugiesen eine unerfahrene Seefahrernation gewesen wären, meinetwegen, dann könnte ich das glauben. Aber sie machten solche Seefahrten damals regelmäßig, das war ihr Tagesgeschäft. Somit ist die Theorie einer zehnjährigen Vorbereitung schlicht hinfällig." Er sah Tomás von der Seite an. „Wieso also lagen zehn lange Jahre zwischen den Reisen von Dias und Da Gama? Nun?" Mit einem Lächeln fuhr er fort: „Das, mein Lieber, ist eines der größten Rätsel der portugiesischen Seefahrtszeit, über das die Historiker sich schon die Zungen wunddiskutiert haben. Und Sie haben gewissermaßen Recht: Die zehn Jahre dienten zur Vorbereitung. Zur Vorbereitung der Spanier."

„Wie bitte?"

„König Johann wusste, dass er erst sein Problem mit den Spaniern lösen musste, ehe Portugal sein Handelsabenteuer mit Indien starten konnte. Der Vertrag von Toledo 1480 gab Portugal zwar bereits das Recht, die Küste Afrikas ‚bis nach und einschließlich Indien' zu erforschen, doch Johann II.

fürchtete, dass die Spanier neidisch werden und es sich anders überlegen könnten. Immerhin hatten die Katholischen Könige trotz der Verträge von Alcaçovas und Toledo an der Verschwörung gegen seine Person mitgewirkt. König Johann konnte ihnen nicht trauen. Deshalb brauchte er Kolumbus, damit dieser die Spanier von der Westroute überzeugte und sie glauben machte, Amerika sei das ersehnte Asien. Die Portugiesen mussten also bis zu Kolumbus' Reise und den anschließenden geopolitischen Neuverhandlungen warten."

„Diese Reise fand 1492 statt."

„Ja. Mit der geheimen Unterstützung durch König Johann II."

„Inwiefern?"

„Zunächst einmal mit einer satten Finanzspritze", sagte der Graf. „Die spanische Königin sagte eine Million Goldmünzen für die Expedition zu, doch das war zu wenig, und so steuerte Kolumbus selbst eine Viertelmillion bei. Sagen Sie, woher um alles in der Welt hatte ein verarmter Adliger – geschweige denn ein vermeintlicher Seidenweber – so viel Geld? Die Unterstützer der Genueser Theorie behaupten, er habe das Geld von italienischen Bankiers erhalten, aber wenn das stimmte, hätten diese nach der Reise wieder bei Kolumbus angeklopft. Doch wer auch immer ihm dieses Geld gegeben hat, kam später nicht auf die Idee, ein Stück vom großen Kuchen zu fordern, den die Handelsprofite mit den Westindischen Inseln abwarfen. Warum? Weil die wahre Absicht hinter dieser Investition kein Geldgewinn sondern geostrategische Ziele waren. Sprich, der heimliche Investor war der König von Portugal.

Zweitens versorgte König Johann Kolumbus mit Navigationsinstrumenten. Nur wenige Tage bevor Kolumbus in See stach, erhielt er aus Lissabon einige astronomische

Tafeln mit Sonnenstandsdiagrammen. Diese waren in Hebräisch geschrieben und ein wesentliches Hilfsmittel, um die Messungenauigkeit des Astrolabiums zu korrigieren. Wer schickte ihm diese Tafeln?“ Lächelnd sah der Graf Tomás an. „Der portugiesische König. Er tat alles dafür, damit diese Reise den gewünschten Erfolg hatte. König Johann hat den Spaniern regelrecht den Weg nach Amerika geebnet.“

„Einverstanden, aber Kolumbus brach 1492 auf, Vasco da Gama jedoch erst 1497. Wieso haben die Portugiesen weitere fünf Jahre gewartet?“

„Weil sie erst die geopolitischen Entwicklungen abwarten mussten. Dazu gehörte ein neuer, vom Vatikan abgesegneter Vertrag mit den Spaniern, der Portugal den größtmöglichen Vorteil bot. Dieser Vertrag kam 1494 zustande, als die beiden Nationen den Vertrag von Tordesillas unterzeichneten, mit dem sie die Welt in zwei Hälften untereinander aufteilten. Selbstverständlich glaubten die Spanier, ihre Hälfte sei die bessere, da sie das jüngst von Kolumbus ‚entdeckte‘ Land beinhaltete, das sie für Indien hielten.“ Graf Vilarigues machte eine bedeutungsvolle Pause. „Aber denken Sie wirklich, mein Lieber, Portugal hätte einen solchen Vertrag unterzeichnet, wenn König Johann davon ausgegangen wäre, Indien den Spaniern zu überlassen? Die einzig plausible Erklärung lautet, dass der König diese Aufteilung akzeptierte, weil er bereits wusste, dass die spanische Hälfte eben nicht Indien enthielt. Mit diesem klugen Schachzug hatte Johann II. das Risiko eines Kriegs mit Spanien beseitigt und konnte endlich die große Reise des Vasco da Gama vorbereiten.“

„Und doch stach Da Gama erst drei Jahre nach der Unterzeichnung des Vertrags in See“, erwiderte Tomás.

„Das stimmt“, sagte der Graf. „König Johann II. starb 1495, was die Vorbereitungen verzögerte, sodass die Flotte erst 1497 unter König Manuel I. aufbrechen konnte.“

„Wie können Sie mit solcher Sicherheit behaupten, dass Kolumbus nur eine Marionette des portugiesischen Königs war, der die Spanier auf eine falsche Fährte locken sollte?“

„Das ist keine bloße Vermutung“, antwortete der Graf. „Die Informationen über die Absprache zwischen König Johann und Kolumbus sind Teil des geheimen Erbes des Christusordens, und sie werden von einer Mischung aus Indizienbeweisen und harten Fakten belegt.“

„Welche Fakten?“

„Dazu kommen wir gleich“, winkte der Graf lächelnd ab. „Beginnen wir zunächst mit den Indizienbeweisen. Sind Sie mit den Dokumenten vertraut, auf denen die Theorie beruht, Kolumbus sei Genueser gewesen?“

„Selbstverständlich.“

„Halten Sie sie für zuverlässig?“

„Nein. Sie sind voller Widersprüche und Ungereimtheiten.“

„Sie glauben also, Kolumbus war Portugiese?“

„Ja. Wobei es keine Fakten gibt, die das beweisen.“

„Sie meinen eine Art Video, in dem Kolumbus in die Kamera lächelt und die portugiesische Nationalhymne singt?“, fragte der Graf spöttisch.

„Unsinn“, grinste Tomás zurück. „Nichtsdestotrotz ist die Genueser Theorie die einzige, die – ungeachtet all ihrer Unklarheiten und Absurditäten – Kolumbus zumindest eine Identität, eine Familie, eine Heimat verschafft. Und es gibt Dokumente dazu. Alle anderen Aspekte sind zugegebenermaßen fragwürdig. Bei der Theorie, Kolumbus sei Portugiese gewesen, ist es umgekehrt: Auch wenn sie schlüssig ist und die rätselhaften Umstände im Leben des Admirals erklärt, gibt es kein einziges Dokument, das ihn eindeutig identifizieren würde."

„Immer mit der Ruhe, mein Lieber", sagte der Graf. „Die harten Fakten kommen später. Ergibt das, was ich Ihnen bisher erzählt habe, Sinn?"

„Natürlich. Es passt alles zusammen."

„Dann lassen Sie uns jetzt die Ereignisse betrachten, die sich während der ersten Seereise 1492 abspielten: Kolumbus kam auf den Antillen an und nahm Kontakt zu den Einheimischen auf, die er als Indianer bezeichnete. Soweit, so gut. Auf der Rückreise jedoch kam es zu einer Serie äußerst merkwürdiger Entscheidungen. Anstatt auf der gleichen Route, auf der er gekommen war, nach Osten zurückzusegeln, wie der Kapitän der *Pinta* es tat, trennten sich die beiden Schiffe, und Kolumbus nahm mit der *Niña* einen nördlicheren Kurs. Wie wir heute wissen, ist das zu dieser Jahreszeit die leichteste Segelroute mit den günstigeren Winden. Hatte Kolumbus diese Route damals zufällig entdeckt? Oder wusste er nicht vielleicht auch darüber schon Bescheid? Er segelte zwei Wochen lang in nordnordöstliche Richtung, fast parallel zur nordamerikanischen Küste, und bog dann auf Höhe der Azoren, die er punktgenau erreichte, nach Osten ab. Er geriet in einen Sturm und ankerte vor der Insel Santa Maria.

Dort folgte eine weitere Besonderheit: Die spanische Karavelle wurde von den dort ansässigen Portugiesen freundlich empfangen. Diese gingen sogar so weit, Kolumbus ein Boot mit Vorräten zu schicken. Der Übergangsgouverneur der Insel, ein gewisser João Castanheira, sagte, er habe Kolumbus gut gekannt. Als Kolumbus einen Teil seiner Mannschaft an Land schickte, um in einer Kapelle zu beten, wurden die Männer jedoch von den Portugiesen aufgehalten. Dann kam ein Boot von Santa Maria zu Kolumbus und forderte ihn auf, sich zu ergeben, da ein Haftbefehl des Königs gegen ihn vorliege. Doch anstatt der Aufforderung zu folgen, versuchte Kolumbus, die weiter nördlich gelegene Insel São Miguel zu erreichen, was mit so wenigen Matrosen und angesichts eines erneuten Sturms nicht möglich war, sodass Kolumbus nach Santa Maria zurückkehrte. Am nächsten Tag ließen die Portugiesen die Mannschaft gehen. Als sie zurück an Bord der *Niña* kamen, sagten die Männer, Castanheira habe nur Kolumbus verhaften wollen und kein Interesse an den Spaniern gehabt." Der Graf schaute Tomás in gespielter Überraschung an. „Ist das nicht alles äußerst seltsam? Kolumbus macht einen Abstecher nach Norden und steuert gezielt die Azoren an statt direkt nach Kastilien zurückzusegeln? Und was war das für eine merkwürdige Reaktion, als der Gouverneur ihn verhaften wollte? Anstatt so schnell wie möglich vor dem Feind zu fliehen, wie jeder normal denkende Mensch es getan hätte, segelte Kolumbus zur Nachbarinsel São Miguel, wo doch ebenfalls der Haftbefehl des portugiesischen Königs galt. Oder etwa nicht?"

„Wie lautet Ihre Erklärung?", fragte Tomás.

„Castanheira kannte nur den ursprünglichen Haftbefehl gegen Kolumbus, aber er hatte auf der abgelegenen Insel nicht mitbekommen, dass dieser inzwischen wieder aufgehoben worden war. Kolumbus wollte also zur Nachbarinsel segeln, weil er wusste, dass der dortige Gouverneur die aktuellen Verhältnisse kannte." Er machte eine wegwischende Handbewegung. „Was glauben Sie, machte Kolumbus nach diesem Intermezzo auf den Azoren?"

„Nach Kastilien zurückkehren?"

„Das wäre in der Tat das Naheliegendste gewesen, nicht wahr? Aber nein – welch böses Schicksal – ein erneuter Sturm zwang ihn dazu, den Hafen von Lissabon anzusteuern. Ausgerechnet Lissabon! Die Winde hatten sich also gegen ihn verschworen und trieben ihn direkt in die Höhle des Löwen." Der

Graf lachte herzhaft. „Kolumbus erreichte am 4. März 1493 den Hafen von Lissabon und ankerte direkt neben dem Schiff von König Johann. Der Kapitän des portugiesischen Schiffes kam daraufhin an Bord der *Niña* und fragte Kolumbus, was er in Lissabon tue. Doch dieser antwortete, er werde nur mit seinem ‚speziellen Freund' sprechen, dem König persönlich.

Am 9. März brachte man Kolumbus nach Azambuja, etwa zwanzig Meilen nördlich von Lissabon, wo er Johann II. traf. Er küsste dem König zur Begrüßung die Hand, und sie wechselten einige Worte. Dann führte der König ihn in einen Raum, in dem bereits mehrere erlauchte Mitglieder seines Hofes warteten. Über das, was sich danach ereignete, gibt es widersprüchliche Berichte.

Ferdinand Kolumbus schrieb, der König habe dem Reisebericht seines Vaters mit einem zufriedenen Gesichtsausdruck zugehört und lediglich gesagt, dass das Land, das er entdeckt habe, laut den Verträgen von Alcaçovas und Toledo nun ihm – also der spanischen Krone – gehöre. Der Chronist Rui de Pina indes schrieb, dem König habe der Bericht seines einstigen Untertanen gar nicht gefallen, außerdem sei Kolumbus im Überschwang der Begeisterung ausfällig geworden und habe den König kritisiert, weil er selbst nicht an das Projekt der westlichen Seeroute geglaubt habe. Dabei soll Kolumbus den König derart beleidigt haben, dass die anwesenden Edelmänner ihn töten wollten! Aber, oh Wunder, Johann II. behandelte seinen Besucher äußerst nachsichtig. Und als sie am nächsten Tag ihre Unterredung fortsetzten, versprach der König Kolumbus sogar jede nur mögliche Hilfe und überschüttete ihn regelrecht mit Lob und Anerkennung. Am 11. März schließlich reiste Kolumbus wieder ab, und die portugiesischen Adligen verabschiedeten sich höchst respektvoll von ihm." Graf Vilarigues sah Tomás von der Seite an. „Was halten Sie von alledem?"

„Nun, angesichts dessen, was Sie mir erzählt haben, passt es auffallend gut ins Bild."

„Nicht wahr? Übrigens war der dritte Sturm gerade mal ein heftiger Regen, kaum genug, um einen Halt in Lissabon zu rechtfertigen. Während des berühmten Gerichtsverfahrens *Pleito con la Corona*, bei dem sämtliche Teilnehmer von Kolumbus' erster Reise als Zeugen gehört wurden, erinnerten die spanischen Seeleute sich lebhaft an den Sturm auf den Azoren, nicht aber an einen Sturm vor Lissabon. Anders gesagt, Kolumbus fuhr nach Lissabon, weil er das so wollte. Und weil er mit seinem ‚speziellen Freund', dem König, sprechen wollte." Der Graf verengte die Augen. „Ist es nicht komisch? Auf Santa Maria konnte Kolumbus gerade noch einem Haftbefehl des portugiesischen Königs entkommen, und das erste Ziel, das er von den Azoren aus ansteuert, ist ausgerechnet Lissabon, wo er um eine Audienz beim König bittet. Ist das normal? Wie konnte er so seelenruhig dem Feind in die Arme laufen?"

„Weil er wusste, dass der Feind gar kein Feind war", sprach Tomás das Offensichtliche aus.

„Exakt."

„Weiß man, was der König und Kolumbus miteinander gesprochen haben?"

„Nein, aber höchstwahrscheinlich zogen sie eine hübsche Show ab. Las Casas hat Kolumbus als einen höflichen und ruhigen Mann geschildert, der nie fluchte und dessen schlimmste Ausbrüche ‚zum Gott mit dir' lauteten. Wie konnte er derart unflätig mit dem König sprechen, dass die Edelmänner ihn töten wollten? Und was ist von der Reaktion des großen, unerbittlichen Johann II. zu halten? Dieser König hatte einige der einflussreichsten Adligen Portugals enthaupten oder vergiften lassen. Er hatte seinen eigenen Schwager erstochen. Aber ein ausländischer Seidenweber darf ihn in seinem eigenen Haus aufs Übelste beleidigen?" Der

Graf ließ die Frage einen Moment lang im Raum stehen. „Der König hielt nicht nur seine Leute davon ab, Kolumbus zu töten, er überhäufte ihn vielmehr mit Ehren. Er lieferte außerdem reichlich Vorräte für die Weiterreise nach Kastilien und bat Kolumbus, den Katholischen Königen seine Empfehlungen auszurichten." Er klatschte leicht in die Hände. „So, mein Lieber, verhält sich kein fremder Seefahrer, der notgedrungen seinem Erzfeind einen Besuch abstattet, und auch kein König, der von einem Widersacher, der zudem seine größten Ambitionen zunichte gemacht hat, beleidigt wird. Das war eine abgekartete Show."

„Und da Spanien jetzt mit dem vermeintlichen Indien beschäftigt war, konnte König Johann endlich die Reise von Vasco da Gama vorbereiten."

„Genau." Graf Vilarigues sah Tomás verschmitzt an. „Und wissen Sie, was Kolumbus tat, nachdem er sich von König Johann verabschiedet hatte?"

„Nun, er ... segelte nach Kastilien, nehme ich an."

„Nein!", sagte der Graf lachend. „Anstatt direkt zu seinem Schiff zurückzukehren, machte er einen Zwischenstopp in Vila Franca de Xira."

„Was um Himmels Willen wollte er denn da?"

„Mit der Königin sprechen, die dort in einem Kloster weilte. Las Casas berichtet, dass die Königin von ihrem Bruder, dem neuen Herzog von Viseu, sowie dem Marquis begleitet wurde, als Kolumbus ihr seine Ehre erwies. Ist das nicht merkwürdig?"

„Mich wundert fast nichts mehr", sagte Tomás. „Worüber haben sie gesprochen?"

„Familienangelegenheiten, nehme ich an."

„Wessen Familienangelegenheiten?"

„Mein Lieber, denken Sie einmal nach. Kolumbus war ein portugiesischer Adliger, der mit seinem Sohn nach

Kastilien fliehen musste, weil er an der Verschwörung gegen König Johann beteiligt gewesen war. Die eigentlichen Drahtzieher hinter der Verschwörung waren ein Bruder und die Mutter der Königin. Kolumbus stand in Verbindung zur Königin persönlich. Ich kann Ihnen nicht genau sagen, wer er war, aber seien Sie versichert, dass er die Königin kannte, möglicherweise sogar mit ihr verwandt war." Der Graf senkte verschwörerisch die Stimme. „Wie sonst ließe sich ein solches Treffen erklären? Noch dazu, dass es bis in den Abend hinein dauerte? Und wieso war auch der andere Bruder der Königin, der spätere König Manuel, anwesend?" Er breitete theatralisch die Arme aus. „Die einzige vernünftige Erklärung dafür ist, dass es sich um ein Treffen von Familienmitgliedern handelte, die einander schon lange nicht mehr gesehen hatten. Oder haben Sie eine andere Idee?"

„Nein", gab Tomás zu. „Aber das bedeutet nicht zwangsläufig, dass all das wahr ist."

„Die Nacht vom 11. auf den 12. März verbrachte Kolumbus in Alhandra, ganz in der Nähe von Vila Franca de Xira", fuhr der Graf ungerührt fort. „Am nächsten Morgen überbrachte eine Kutsche des Königs den Vorschlag, für Unterkünfte und Tiere zu sorgen, damit Kolumbus über Land nach Kastilien reisen konnte." Er zwinkerte Tomás zu. „Wie nett vom König, nicht wahr? Kolumbus sollte die Nachricht vom erfolgreichen Seeweg nach ‚Indien' – und somit von der Niederlage Portugals – so leicht und schnell wie möglich überbringen können." Er verzog spöttisch den Mund. „Kolumbus lehnte das Angebot jedoch dankend ab, kehrte zur *Niña* zurück und lichtete am 13. März den Anker."

Der Graf sah Tomás abermals herausfordernd an.

„Wissen Sie, welches Ziel Kolumbus als nächstes ansteuerte?“

„Wollen Sie damit sagen, er blieb noch länger in Portugal?“

„Volltreffer! Er legte noch einmal in Faro an.“

Beide Männer lachten. Die Geschichte von Kolumbus' Rückreise wurde allmählich zur Farce.

„Was zum Kuckuck hat er in Faro gemacht?“, fragte Tomás.

„Das weiß nur der Herr“, sagte der Graf und zuckte mit den Schultern. „Kolumbus kam am 14. März in Faro an und verbrachte fast den gesamten Tag dort, ehe er am Abend wieder aufbrach. Vermutlich besuchte er dort einen Bekannten oder Verwandten. Am 15. März erreichte er dann endlich Palos im Südosten Kastiliens.“ Der Graf zwirbelte sein Bärtchen. „Man muss sich das einmal vor Augen führen: Die spanischen Seeleute brannten vor Ungeduld, nach Hause zu kommen, und Kolumbus dürfte es eilig gehabt haben, den Katholischen Königen die frohe Kunde seiner erfolgreichen Seeroute nach Indien zu überbringen. Und nichtsdestotrotz trifft er sich in aller Seelenruhe mit dem portugiesischen König, der Königin und Gott weiß wem, als mache er eine Spazierfahrt. Glauben Sie mir, mein Lieber, Kolumbus war ein adliger Portugiese, der seinem Land einen großen Dienst erwiesen hat, indem er die Kastilier mit der Entdeckung Amerikas vom Seeweg nach Indien ablenkte.“

Tomás nickte gedankenverloren und fuhr sich mit der Hand über das Gesicht.

„Aber fanden die spanischen Seeleute sein Verhalten nicht merkwürdig?“

„Doch, selbstverständlich.“ Der Graf deutete auf Tomás' Aktentasche. „Haben Sie eine Kopie von Kolumbus' Brief dabei, den er 1500 aus der Gefangenschaft an Doña Juana de la Torre schrieb?“

Tomás zog ein Bündel Fotokopien aus der Tasche und blätterte es durch. Dann reichte er dem Grafen den betreffenden Brief. Vilarigues überflog kurz den Inhalt.

„Ah, hier", sagte er. „Hören Sie: ‚Euer Gnaden erinnert sich bestimmt, dass man mich zu Unrecht verdächtigte, Indien dem König übergeben zu haben, als der Sturm unser Schiff nach Lissabon trieb.' Sprich, die Matrosen konnten sich sein Verhalten nicht erklären und hatten sein Treffen mit dem portugiesischen König als Verrat an der spanischen Krone gedeutet."

„Okay", sagte Tomás. „Unabhängig davon, ob all diese Details korrekt sind, passen sie perfekt in die Theorie, Kolumbus sei ein portugiesischer Adliger gewesen. Aber Sie hatten vorhin von harten Fakten gesprochen ..."

„Sie erwarten hoffentlich kein Dokument, in dem steht, Kolumbus sei ein Geheimagent im Dienst von Portugal gewesen, oder?"

„Das wäre sicher zu viel verlangt. Aber zumindest einen Beweis dafür, dass Kolumbus Portugiese war."

Vilarigues räusperte sich.

„Wie Sie vielleicht wissen, sagte der frühere Präsident der Königlichen Geografischen Gesellschaft Spaniens, Beltrán y Rózpide, dass es Beweise in einem portugiesischen Privatarchiv gebe, die ..."

„Ja, ich weiß", unterbrach ihn Tomás. „Der Historiker und Kartograph Armando Cortesão hat das erwähnt. Aber das Dokument wurde nie gefunden, weil Beltrán y Rózpide starb, ohne Hinweise zu hinterlassen, wo es sein sollte."

Graf Vilarigues atmete tief ein und ließ seinen Blick einen Moment lang über das achteckige Innere der Rotunde schweifen. Er sah empor an den reich verzierten gotischen Säulen, die sich unter dem Kuppeldach strahlenförmig fortsetzten. Das war eindeutig das Juwel des Templerklosters.

„Haben Sie schon einmal vom *Codex 632* gehört?“, fragte er schließlich.

„Nun ja“, antwortete Tomás und runzelte die Stirn. „Ich habe in Professor Toscanos Tresor einen Verweis auf diesen Codex auf der Rückseite einer Fotokopie gefunden, zusammen mit einem Zettel, auf dem Ihre Telefonnummer stand. Hier“, sagte er und reichte dem Grafen ein paar Blätter aus seiner Aktentasche. „Wissen Sie, was das ist?“

„Das ist Rui de Pinas *Chronik von König D. Johann II.*, und zwar die Passage, in der er das Treffen zwischen König Johann II. von Portugal und Christoph Kolumbus beschreibt.“ Der Graf atmete erneut tief durch. „Das, mein Lieber, ist ein Auszug aus dem *Codex 632.*“

Tomás starrte auf das Papier in der Hand des Grafen.

„Die *Chronik von König D. Johann II.* ist der *Codex 632*?“

„Nein. Der *Codex 632* ist eine Version der *Chronik von König D. Johann II.* Irgendwann Anfang des 16. Jahrhunderts beauftragte König Manuel den Chronisten Rui de Pina mit dem Erstellen der Chronik, denn de Pina war ein persönlicher Freund von König Johann gewesen und mit den Einzelheiten seines Lebens bestens vertraut. Sein Manuskript diente den Schreibern als Vorlage, die weitere Kopien auf Pergament und Papier anfertigten. Das Original ging zwar verloren, doch es gibt drei wichtige Abschriften, alle noch aus dem 16. Jahrhundert. Das schönste dieser Dokumente befindet sich in einer Schatzkammer des Portugiesischen Nationalarchivs Torre do Tombo, wo fast alle bedeutenden Urkunden aufbewahrt werden. Dieses sogenannte *Pergament 9* ist in prächtigen gotischen Lettern geschrieben und mit farbenfrohen

Miniaturen reich verziert. Die beiden anderen Abschriften sind in der Portugiesischen Nationalbibliothek. Eine von ihnen ist als *Códice Alcobacense* bekannt, weil sie im Kloster von Alcobaça gefunden wurde. Die andere ist der *Codex 632*. Alle drei erzählen die gleiche Geschichte in unterschiedlicher Kalligraphie. Nur ein einziges Detail, eine winzige Kleinigkeit, ist anders. Diese Abweichung findet sich im *Codex 632* in dieser Passage über das Treffen zwischen Kolumbus und König Johann." Er hielt Tomás die Fotokopie hin. „Fällt Ihnen irgendetwas an dem Text auf?"

Tomás las die Stellen, auf die der Graf gedeutet hatte, aufmerksam durch. Dann schüttelte er den Kopf.

„Nein. Die Beschreibung klingt ganz normal."

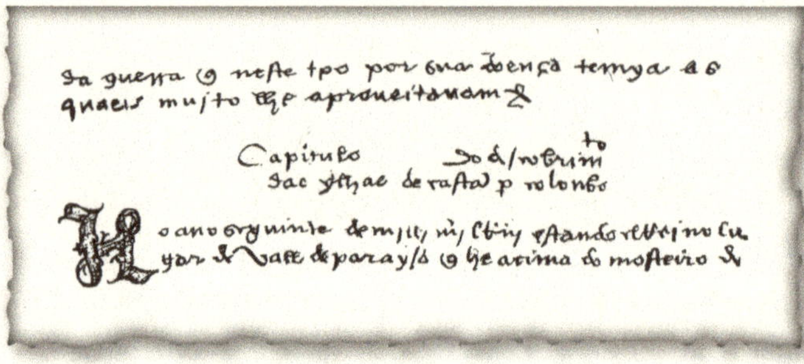

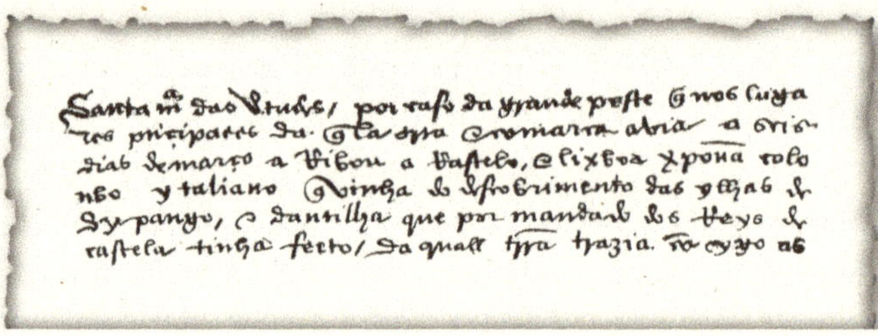

Der Graf zog die linke Augenbraue hoch und sah Tomás an wie einen Schüler, der soeben die falsche Antwort gegeben hatte.

„Wirklich? Schauen Sie noch einmal die Abstände zwischen den Wörtern an. Sie sind alle einheitlich – mit einer Ausnahme. Sehen Sie es?“

Erneut beugte sich Tomás über die Kopie und kniff im dämmrigen Licht der Klosterkirche die Augen zusammen.

„Am Ende der ersten Seite ist eine größere Lücke hinter dem Wort *Capítulo*.“

„Weil der Schreiber auf Anweisungen gewartet hat, welche Kapitelnummer er eintragen sollte“, erklärte der Graf. „Gut. Was fällt Ihnen sonst noch auf?“

„Vor und hinter *y taliano* ist ein ungewöhnlich großer Abstand.“

„Genau. Und was bedeutet das? Na los, was meinen Sie?“

„Nun … es sieht aus, als habe der Schreiber da ursprünglich ebenfalls eine Lücke gelassen und die Angabe zu Kolumbus’ Herkunft erst nachträglich eingetragen.“

„Bingo!“, sagte der Graf. „Wie alle Hofchronisten schrieb auch Rui de Pina nur das, was er schreiben sollte beziehungsweise schreiben durfte.“

„Und auf diese Weise fiel selbstverständlich einiges unter den Tisch, was den Herrschenden nicht passte.“

Mit spitzem Finger deutete Graf Vilarigues auf die dritte und vierte Zeile der zweiten Seite.

„Ist Ihnen aufgefallen, dass hier der Name *Colo nbo* in der Mitte getrennt ist? Die dritte Zeile endet mit *Colo*, und die vierte beginnt mit *nbo*, als hätte der Schreiber im Nachhinein die Anweisung erhalten, die Lücke mit *nbo y taliano* zu füllen.“ Er hob den rechten Zeigefinger und fügte hinzu: „Anstatt die Wahrheit zu schreiben.“ Und im Flüsterton sagte er: „Anstatt des Geheimnisses.“

„Unglaublich!“, entfuhr es Tomás, der die Augen gar nicht von der fraglichen Stelle abwenden mochte.

Der Graf rutschte nach dem langen Sitzen auf der harten Bank hin und her.

„Als ich kurz vor seinem Tod mit Professor Toscano gesprochen habe, schlug er noch eine andere Hypothese vor. Seiner Meinung nach wurde nicht etwa eine Lücke im Nachhinein ergänzt, sondern die Originalabschrift von de Pinas Manuskript, die Kolumbus' wahre Identität verriet, nachträglich manipuliert und mit *nbo y taliano* überschrieben. Er wollte das natürlich überprüfen, hat sich dann aber nicht mehr bei mir gemeldet." Er zuckte mit den Schultern. „Vermutlich war sein Verdacht also unbegründet."

„Wissen Sie, ob diese Fotokopien hier vom Original gemacht wurden?", fragte Tomás.

„Das ist selbstverständlich eine Mikrofilm-Kopie aus der Nationalbibliothek. Das Original ist unter Verschluss, das kann man nicht einfach so anschauen."

Tomás stand auf und streckte sich.

„Das war es, was ich wissen wollte", sagte er.

Auch der Graf stand auf.

„Was haben Sie als nächstes vor?"

„Etwas, das ich schon länger hätte tun sollen", antwortete Tomás und strich seine Jacke glatt.

„Und das wäre?"

„In der Nationalbibliothek den echten *Codex 632* unter die Lupe nehmen." Er wollte sich schon zum Gehen wenden, als ihm noch etwas einfiel. „Eine Frage noch, Graf. Wieso haben Sie all das nicht schon anderen Historikern erzählt? Wieso Toscano? Wieso mir?"

Graf Vilarigues nickte und lächelte.

„Ich wurde beauftragt, das Geheimnis zu lüften. Das ist alles, was ich dazu sagen kann. Es ist Zeit, dass die Welt es erfährt. Diejenigen, die ich vertrete, haben für alles, was sie tun, einen Grund."

XX

Langsam öffnete sich die Tür des Aufzugs, und Tomás trat auf den düsteren, leeren Flur im dritten Stock der Nationalbibliothek in Lissabon. Durch ein Fenster am Ende des Gangs schien die Sonne herein, und in der Entfernung waren einige Bäume zu sehen. Als Tomás zügig auf die Glastür zum Leseraum zuging, hallten seine Schritte auf dem Marmorboden wider.

An den Wänden standen Regale voller Kataloge und alter Bücher, Werke von unschätzbarem Wert, die dem Betrachter nur ihren leinengebundenen Rücken präsentierten. An einigen Tischen saßen Historiker und andere Akademiker, die zu den Schätzen Zugang hatten, und studierten Dokumente. Ein paar der Gesichter waren Tomás bekannt: Hinten saß ein Professor der klassischen Universität Lissabon, ein schrulliger alter Herr mit weißem Bart, der sich über einen Brief aus dem Mittelalter beugte; in einer Ecke machte sich ein junger Dozent mit Schnurrbart und dicker Hornbrille von der Universität Coimbra Notizen zu einem alten Gebetsbuch; und in der ersten Reihe erkannte Tomás eine schmächtige, nervöse Frau mit fettigem Haar und ungepflegter Kleidung, die in einem abgegriffenen Katalog las.

„Guten Tag, Herr Noronha“, begrüßte ihn die Bibliothekarin, eine attraktive Frau mittleren Alters, die alle regelmäßigen Besucher mit Namen kannte.

„Guten Tag Alexandra“, sagte Tomás. „Wie geht es Ihnen?“

„Danke, gut“, sagte sie und stand auf. „Ich hole Ihnen eben den gewünschten Titel.“

Tomás hatte tags zuvor einen Antrag gestellt, den *Codex 632* im Original anzuschauen. Er setzte sich an einen Tisch am Fenster, schlug sein Notizbuch auf und überflog noch einmal die Informationen, die er zum Verfasser des Originalmanuskripts gefunden hatte. Rui de Pina war ein hochrangiger Palastangestellter gewesen, der König Johanns volles Vertrauen genoss. Er hatte die großen Auseinandersetzungen zwischen Portugal und Kastilien als Diplomat aus nächster Nähe miterlebt und war 1493 als Gesandter der portugiesischen Krone nach Barcelona gereist, wo er mit den Katholischen Königen über die Situation nach Kolumbus' Entdeckung von ‚Asien‘ sprach. Er bereitete außerdem die Verhandlungen vor, die später zum Vertrag von Tordesillas führten, mit dem die beiden Seemächte der damaligen Zeit, Portugal und Spanien, die Welt unter sich aufteilten. Nach dem Tod von König Johann II. wurde de Pina Hofchronist und verfasste die *Chronik von König D. Johann II.*

Das Geräusch nahender Schritte ließ Tomás von seinen Notizen aufblicken. Vor ihm stand Alexandra und hielt ein gewaltiges Werk in den Händen. Als sie es auf den Tisch legte, lächelte sie Tomás erleichtert an.

„Hier ist es“, sagte sie. „Behandeln Sie es bitte sorgfältig.“

„Keine Sorge“, antwortete Tomás und zog routiniert seine Schutzhandschuhe an. Mit leuchtenden Augen betrachtete er den dicken Band, auf dessen braunem Leder die Manuskriptnummer *Codex 632* stand. Vorsichtig, fast ehrerbietig, drehte er die Seiten um, die vom Alter gelblich und fleckig geworden waren. Die ersten Buchstaben jeder Seite waren vergrößert geschrieben und leuchteten golden. Auf der ersten Seite prangte der Titel: *Chronik von König D. Johann II.* Die Seiten waren nicht nummeriert, und Tomás blätterte langsam eine Seite nach der anderen um, aufmerksam nach der fotokopierten Passage suchend.

Auf Seite 76 wurde er fündig. Die goldverzierte Initiale markierte den Beginn des Satzes ‚Im folgenden Jahr … war der König aufgrund der großen Epidemie, die in der Region herrschte, in Paraíso Valley, oberhalb des Klosters …' Als er auf der nächsten Seite in der vierten Zeile den ungewöhnlich großen Abstand zwischen den Worten zu Kolumbus' Herkunft sah, stockte ihm fast der Atem. Es bestand kein Zweifel, dass die Worte *nbo y taliano* eine nachträgliche Änderung waren. Der ursprüngliche Text war entfernt worden. Eine Fälschung.

Die Fälschung.

Nervös öffnete Tomás den obersten Knopf seines Hemdes. Ihm war plötzlich heiß. Er fühlte sich, als sei er kurz vor dem Ertrinken und sah sich um, ob jemand in der Nähe war, der ihm helfen könnte. Am liebsten hätte er seine Enthüllung dieses jahrhundertealten Betrugs in die Welt hinausgeschrien, aber die anderen Anwesenden im Lesesaal waren so in ihre Arbeit versunken, dass sie von Tomás' fulminanter Entdeckung keinerlei Notiz nahmen. Tomás widmete sich wieder dem Manuskript, um sicherzugehen, dass er sich nicht getäuscht hatte und die Fälschung nicht inzwischen verschwunden war. Aber nein, die Änderung war eindeutig da, subtil und doch unverkennbar. Sie schien ihn geradewegs zu verhöhnen. Er schüttelte immer noch ungläubig den Kopf über die unausweichliche Schlussfolgerung dieser Tatsache. Jemand hatte die *Chronik von König D. Johann II.* manipuliert und die Passage, in der Kolumbus' wahre Nationalität gestanden hatte, ausradiert und mit *nbo y taliano* überschrieben, sodass man es jetzt als *der Italiener Xpova Colonbo* lesen musste. Wer konnte das getan haben? Und noch wichtiger: Was hatte ursprünglich dort gestanden? Bei der zweiten Frage begann sein Gehirn, auf Hochtouren zu arbeiten. Welches Geheimnis war hier ausgemerzt worden? Wer war Kolumbus wirklich? Tomás drehte den Codex auf dem Tisch so, dass er die Seite gegen das Licht halten konnte, aber es half nichts: Das Pergament war zu dick.

Es war nichts zu erkennen.

Nachdem er minutenlang vergeblich versucht hatte, das Unsichtbare zu sehen, sprang Tomás auf. Er wollte einen Spezialisten für elektronische Bildgebung fragen, ob es möglich sei, eventuelle Reste des ursprünglichen Textes aufzuspüren. Er trug den *Codex 632* zur Theke und legte ihn vor Alexandra auf den Tisch.

„Sind Sie schon fertig, Herr Noronha?“, fragte sie erstaunt.

„Ja.“

Sie nahm das Manuskript an sich, um es ins Archiv zurückzubringen.

„Dieser Codex ist offenbar gerade sehr gefragt“, sagte sie.

Tomás, der sich schon zum Gehen gewandt hatte, drehte sich noch einmal um.

„Wie bitte?“

„Der *Codex 632* ist in letzter Zeit sehr gefragt“, wiederholte sie.

„Wer war hier, um ihn zu sehen?“

„Vor zwei oder drei Monaten hat ein Professor ihn ausgiebig untersucht.“

„Ah, das muss Professor Toscano gewesen sein“, sagte Tomás.

„Sie kannten ihn? Der arme Mann. Einfach so in Brasilien zu sterben … so weit weg von seiner Familie.“

Tomás hatte es eilig. Dennoch zwang er sich zu einem mitfühlenden Gesichtsausdruck.

„Ja, es ist ein Jammer."

„Und ich habe hier eine Antwort auf sein Ersuchen. Aber ich weiß gar nicht, was ich jetzt damit machen soll."

„Was denn für ein Ersuchen?"

Alexandra hob den Codex ein wenig höher.

„Zu diesem Manuskript hier", sagte sie. „Er hat unser Labor um eine Röntgenuntersuchung gebeten. Vor etwa zwei Wochen kam das Ergebnis der Analyse, und jetzt weiß ich nicht, wohin damit."

„Was?", fragte Tomás eine Spur zu laut. „Professor Toscano hat den Codex analysieren lassen?"

„Nicht den ganzen Codex", lachte Alexandra. „Nur eine Seite."

Das konnte nur Seite 76 sein.

„Wo ist die Antwort?", wollte er wissen.

„In meinem Schreibtisch."

Mit unverhohlener Neugier beugte sich Tomás vor und sah die Bibliothekarin eindringlich an. Sein Herz wollte ihm schier aus der Brust springen.

„Darf ich sie sehen? Ich arbeite an demselben Projekt wie Professor Toscano."

Alexandra legte den Codex wieder auf den Tisch, zog die Schublade auf und nahm einen großen weißen Briefumschlag mit dem Logo der Lissabonner Nationalbibliothek heraus.

„Hier", sagte sie und reichte ihn Tomás.

Er platzte fast vor Ungeduld, als er den Umschlag aufriss und das Röntgenbild herauszog. Ein kurzer Blick bestätigte, dass es sich in der Tat um die gefälschte Passage handelte. Sofort suchte er die vierte Zeile. Die Worte *nbo y taliano* waren noch immer zu lesen, aber vermischt mit anderen Buchstaben, die ein verworrenes Durcheinander bildeten. Tomás kniff die Augen zusammen und starrte hochkonzentriert auf die Buchstaben. Er wollte, nein, er *musste* verstehen, was ursprünglich dort gestanden hatte.

Dann sah er es plötzlich. Er erkannte, wie die Linien und Kurven der Buchstaben zusammengehörten und was Rui de Pina tatsächlich im Original geschrieben hatte. Die Wahrheit sprang ihm regelrecht entgegen.

Endlich wusste er, was Toscano herausgefunden hatte.

Majestätisch ragte der weiße Turm über der grünschillernden Wasseroberfläche des Tejo auf. Stolz und unnahbar stand der von König Manuel I. in Auftrag gegebene Turm seit fast fünfhundert Jahren inmitten des Flusses, wie ein steinernes Schiff, ein Sinnbild für die Glanzzeit des portugiesischen See- und Handelsimperiums. Wie ein Wächter stand der Torre de Belém an der Mündung des Tejo und schützte Lissabon vor dem Unbekannten, dem Fremden.

Zufrieden schlenderte Tomás über den erhöhten Steg in Richtung des Turms, der mit jedem Schritt größer und eindrucksvoller zu werden schien. Die runden Wachtürmchen trugen geriffelte Runddächer, und vor einigen bogenförmigen Fenstern luden zierliche Balkone dazu ein, die Rundsicht zu genießen. Das Kreuz des Christusordens, das Symbol der portugiesischen Tempelritter, war allgegenwärtig, vor allem an den Zinnen rund um die Aussichtsplattformen.

Tomás betrat den Turm und ging zielstrebig zur großen Aussichtsterrasse, wo Moliarti bereits an eine der Zinnen gelehnt auf ihn wartete.

„Ich habe gute Neuigkeiten", platzte Tomás heraus und schüttelte überschwänglich die Hand des Amerikaners. Dann deutete er auf seine Aktentasche.

„Ich habe die Untersuchung abgeschlossen."

Moliarti strahlte.

„Das ist großartig!", sagte er. „Lassen Sie hören!"

Ohne Umschweife und überflüssige Worte berichtete Tomás, was er in Jerusalem und Tomar herausgefunden hatte. Dabei durchlebte er die Ereignisse noch einmal, sodass er Raum und Zeit um sich herum vergaß. Er achtete weder auf die leicht salzige Meeresbrise, die die Luft erfrischte, noch auf die sanften Wellen, die gegen die Mauern des Turms schwappten. Erst als eine Möwe laut schreiend und auf der Suche nach Futter knapp neben ihm auf einer Zinne landete, schreckte er wie aus einem Traum auf.

Moliarti hörte Tomás' Bericht mit ausdrucksloser Miene zu. Er wirkte beinahe gelangweilt, was sich jedoch schlagartig änderte, als Tomás die Röntgenaufnahme aus seiner Aktentasche zog.

Mit offensichtlichem Interesse starrte Moliarti auf die Aufnahme, dann sah er Tomás auffordernd an.

„Der ursprüngliche Text ist noch zu lesen", fuhr Tomás fort. „Die jüngere Version ist dunkler, sehen Sie? *nbo y taliano* wurde nachträglich geschrieben. Die hellere Schrift darunter ist das Original."

Moliarti hielt die Aufnahme gegen das Licht und konzentrierte sich.

„Ja", sagte er schließlich. „Da ist noch irgendetwas."

„Können Sie es erkennen?"

„Da steht ein *n* und ... ein *a*."

„Gut. Und weiter?"

„Das sieht aus wie ... ein *l*?"

„Es ist ein *d*. Was noch?"

„Ein *o*."

„Genau. Und was heißt das bisher?"

„*Nado.*"

„Ausgezeichnet. Was ist mit dem nächsten Wort?"

„Das könnte ein *e* sein, gefolgt von einem *n*."

„Richtig."

„Das ergibt also *en*."

„Und was kommt zum Schluss? Schauen Sie gut hin, es ist wirklich nicht leicht zu erkennen."

„Hm …", brummte Moliarti. „Es beginnt mit einem *c*, danach … könnte es ein *n* sein."

„Ein *u*."

„Ah, ja. Also *c* und *u*. Danach steht ein *b*, nicht wahr?"

„Ja."

„Und zuletzt ein *a*, würde ich sagen."

„Haargenau. Wie lautet also die vollständige Passage?"

„*Nado en cuba*."

Tomás schaute Moliarti triumphierend an.

„Na, verstehen Sie?"

„Nein", gab der Amerikaner zu.

„Dann schauen Sie erst einmal das letzte Wort der dritten Zeile an", forderte Tomás ihn auf. „Hier steht *colo*, was zusammen mit dem gefälschten Text *colo nbo y taliano* ergibt, also ‚der Italiener Colonbo'. Die Buchstaben *colo* sind nicht überschrieben sondern echt. Aber in der Aufnahme sind noch zwei weitere Buchstaben zu sehen, die zu diesem *colo* gehörten. Sehen Sie?"

Moliarti verengte die Augen zu Schlitzen.

„Ein *n* und ein *a*."

„Also *na*. Und zusammen mit *colo* ergibt das …?"

„Colona."

„Genau."

„*Colona nado en cuba*."

„Verstehen Sie es jetzt?"

„Nicht wirklich."

In einer Mischung aus Ungeduld und Verzweiflung raufte sich Tomás die Haare.

„Also gut", sagte er. „Anfang des 16. Jahrhunderts verfasste Rui de Pina die *Chronik von König D. Johann II.* Dabei erwähnte de Pina die wahre Herkunft von Kolumbus, vermutlich, weil er dachte, eine Geheimhaltung sei nicht mehr nötig. Sein Originaltext wurde einem Schreiber gegeben, der den *Codex 632* anfertigte. Als dieser fertig war, las jemand den Text, möglicherweise König Manuel selbst, und war entsetzt darüber, dass Kolumbus' wahre Identität preisgegeben wurde. Er ließ die Passage also ändern. Dazu wurde am Ende der dritten Zeile das *na* von *Colona* entfernt, und anstelle von *nado en cuba* ließ er *nbo ytaliano* einfügen. Weil die neue Version etwas weniger Platz einnahm als die erste, ließ der Schreiber eine Lücke vor, zwischen und nach *y taliano*. De Pinas Originalmanuskript wurde vernichtet, und die beiden anderen Kopien, das *Pergament 9* und der *Códice Alcobacense*, wurden anhand des *Codex 632* erstellt. Aus *Xpova colona nado en cuba* wurde somit *Xpova colo nbo y taliano*. Ist es jetzt klar?"

„Ja", sagte Moliarti zögernd. „Aber was genau bedeutet dieses *colona nado en cuba*?"

„Beginnen wir mit *nado en cuba*. *Nado en* ist Altportugiesisch für *nascido em*, also ‚geboren in'. *Cuba* ist logischerweise sein Geburtsort. Also ‚geboren in Cuba'."

„Geboren in Kuba? Aber wie soll das möglich sein? Als Kolumbus geboren wurde, war Kuba doch noch gar nicht entdeckt?"

Tomás lachte.

„Nelson! Natürlich wurde er nicht auf der Insel Kuba geboren!"

„Aha? Wo denn sonst?"

„Im Süden von Portugal gibt es eine Kleinstadt namens Cuba."

Endlich hatte es auch Moliarti verstanden.

„Diese Entdeckung passt auch perfekt zu Kolumbus' Familienverhältnissen", fuhr Tomás fort. „Erinnern Sie sich, dass

Kolumbus 1484 nach Kastilien floh, nachdem die Verschwörung gegen König Johann aufgeflogen war? Deren Anführer war der Herzog von Viseu, der gleichzeitig auch Herzog von Beja war. Beja ist eine bedeutende Stadt im Süden Portugals, ganz in der Nähe des Städtchens Cuba. Es versteht sich von selbst, dass der Herzog von Viseu und Beja in dieser Gegend Freunde und Verwandte hatte. Kolumbus war einer von ihnen.

Als der große Admiral 1492 die Insel, die wir heute als Kuba kennen, erreichte, nannte er sie zunächst Juana. Wenig später indes änderte er ihren Namen." Tomás warf Moliarti einen bezeichnenden Blick zu. „Wieso? Warum änderte er nur den Namen dieser einen Insel? Ich denke, die Erklärung ist offensichtlich. Als er hörte, dass die Einheimischen ihre Insel Colba nannten, erkannte er eine gewisse Ähnlichkeit mit dem Namen seiner Geburtsstadt und beschloss, Juana in Cuba umzubenennen. Eine Hommage an seine wahre Heimat."

„So so", brummte Moliarti. „Und was heißt *colona*?"

„Es scheint so, als sei das Kolumbus' richtiger Nachname gewesen. Colona. In der Tat gab es damals eine portugiesische Familie namens Colona, deren Name sowohl mit einem als auch mit zwei *n* geschrieben wurde, die Familie Sciarra Colona oder Colonna. Sciarra ist eine Variante von Guiarra. Oder Guerra. Was auch sämtliche Unklarheiten hinsichtlich der verschiedenen Namen des Admirals erklärt. Sie erinnern sich sicher, dass Ferdinand Kolumbus schrieb, er habe in Piacenza Grabsteine von Verwandten gefunden? Nun, die Familie Colonna stammte tatsächlich aus Piacenza, wie auch die väterlichen Vorfahren seiner ersten Frau, die Familie Palestrello, woraus Perestrello wurde."

„Sie behaupten also, Kolumbus sei Portugiese italienischer Herkunft gewesen?"

„Cristóvam Colonna war ein portugiesischer Adliger jüdischer Abstammung mit Wurzeln in Italien. Als die Familie

Sciarra Colonna aus Piacenza nach Portugal kam, heiratete sie in den hiesigen Adel ein. Es ist kein Zufall, dass Ferdinand schrieb, der wahre Name seines Vaters ergäbe in lateinischer Form Christophorus Colonus. Und da er auch Sciarra hieß, wird verständlich, wieso Peter Martyr und andere Zeugen beim *Pleito de la Prioridad* aussagten, er habe Guiarra oder Guerra geheißen. Cristóvam Sciarra Colonna. Cristóvam Guiarra Colon. Cristóvam Guerra Colom."

„Und was hat es mit seiner jüdischen Herkunft auf sich?"

„Damals lebten in Portugal viele Juden. Sie standen unter dem Schutz des Adels, der oft freundschaftliche Beziehungen zu ihnen hatte. Von daher kam es regelmäßig vor, dass sie in portugiesische Familien einheirateten oder uneheliche Kinder zeugten. Eine Folge davon ist, dass heutzutage die meisten Portugiesen ‚jüdisches Blut' in den Adern haben, ohne es zu wissen."

Moliarti ließ seinen Blick über den Tejo schweifen. Er atmete tief ein und genoss das leicht salzige Aroma der Luft.

„Herzlichen Glückwunsch, Tom", sagte er dann. „Sie haben das Rätsel gelöst."

„Ja, das denke ich auch."

„Sie haben sich also den Bonus verdient", fügte Moliarti hinzu. „Eine halbe Million Dollar." Er zwinkerte und verzog den Mund zu einem schiefen Lächeln. „Das ist eine Menge Geld, nicht wahr?"

„Ähm … ja", bestätigte Tomás. Es war ihm unangenehm, über den Bonus zu sprechen, auch wenn er schon seit Tagen ständig an ihn dachte. Eine halbe Million war verdammt viel Geld. Und das würde zweifellos für seine Tochter eine große Hilfe sein.

„Okay, Tom", sagte Moliarti dann und legte Tomás fast väterlich eine Hand auf die Schulter. „Ich gebe der Stiftung in New York Bescheid und schicke John meinen Bericht. Danach rufe ich Sie wegen der Details für die Scheckübergabe an. Einverstanden?"

„Ja, sicher."

Moliarti steckte die Röntgenaufnahme in den Umschlag zurück.

„Das ist die einzige Kopie, oder?"

„Ja", bestätigte Tomás argwöhnisch.

„Sicher?"

„Ja", wiederholte Tomás.

„Gut. Die behalte ich."

Er drehte sich um, winkte Tomás zum Abschied kurz zu und steuerte dann zügig auf den Ausgang am Ende der Aussichtsplattform zu, wo er in der dunklen Türöffnung verschwand.

Vier Tage lang wartete Tomás vergeblich auf eine Nachricht von Moliarti. Dann, am fünften Tag, rief er endlich an, und sie vereinbarten ein Treffen für den nächsten Tag.

Als Tomás mit offenem Fenster am Meer entlang fuhr, ließ er sich die Meeresluft um die Ohren wehen. Er fühlte sich schrecklich einsam. Wenn er nachts allein im Bett lag, überkam ihn oft das Verlangen, sich Hals über Kopf in die Arbeit zu stürzen, Kurse vorzubereiten, Prüfungen zu korrigieren oder neue Forschungsstudien zu lesen, um seine Situation zu vergessen. Constanze hatte jede Verbindung zu ihm abgebrochen und ihm nur mitgeteilt, sie sei bereit, ihm Margarida jedes zweite Wochenende vorbeizubringen. Doch daraus war noch nichts geworden, weil seine Tochter sich einen grippalen Infekt mit Fieber eingefangen hatte und einige Tage im Bett verbringen musste. In einem Moment der Verzweiflung hatte Tomás sogar versucht, Lena anzurufen, aber sie war schon seit ein paar Wochen nicht mehr in seine Vorlesung gekommen, und ihre Handynummer schien nicht mehr vergeben zu sein. Vermutlich war sie zurück nach Schweden gegangen.

Auf dem Rossio Platz wimmelte es nur so von Menschen. Die meisten von ihnen hatten es eilig, andere schlenderten gemütlich über den Platz mit seinem wellenförmigen Mosaikpflaster, während wieder andere auf einer Bank oder dem Rand eines Springbrunnens saßen und die dahin hetzenden Menschen beobachteten. Tomás saß an einem kleinen Tisch des Straßencafés Nicola und starrte mit leerem Blick auf den Boden seiner Kaffeetasse.

Dann tauchte Nelson Moliarti in der Menge auf und setzte sich zu ihm. Er war vierzig Minuten zu spät.

„Tut mir leid, dass ich wieder einmal zu spät bin“, sagte er. „Ich habe mit John Savigliano telefoniert …“

„Ist schon gut“, warf Tomás ein und zwang sich zu einem Lächeln.

„Nein, gut ist es nicht, ich bin nicht gern unpünktlich“, entgegnete Moliarti. Dann winkte er dem Kellner und bestellte für beide noch einen Kaffee.

„Wie geht es John?“, fragte Tomás.

„Oh, bestens“, antwortete Nelson und blickte an Tomás vorbei, als wollte er ihm nicht in die Augen sehen. „John geht es gut. Und … ich habe die Anweisung, Ihnen außer den fünftausend Dollar pro Woche auch den vereinbarten Bonus von einer halben Million Dollar zu zahlen.“ Er räusperte sich. „Wann möchten Sie ihn haben?“

„Na … sofort wäre nicht schlecht.“

Moliarti öffnete seine Brieftasche und zog einen Scheck heraus.

„In Ordnung, Tom. Aber eine Kleinigkeit müssen wir noch klären.“

„Was?“

„Es geht um die Vertraulichkeit.“

„Vertraulichkeit?“, echote Tomás verwirrt. „Inwiefern?“

„Ihre Recherchen für uns unterliegen der Vertraulichkeit."
„Nelson, was soll das?"
„Kein Wort über das, was Sie herausgefunden haben."
Tomás kratzte sich am Kinn und runzelte die Stirn.
„Sie meinen, Sie wollen mit der Veröffentlichung noch bis zum fünfhundertsten Jahrestag der Entdeckung Brasiliens warten?"
Moliarti sah Tomás unbehaglich an.
„Tom", sagte er dann sachlich. „Es wird keine Veröffentlichung geben. Weder jetzt noch später."
Einen Augenblick verschlug es Tomás die Sprache. Er glaubte, sich verhört zu haben.
„Aber ...", setzte er an. „Wieso? Die Beweise sind solide, Nelson. Oder trauen Sie ihnen etwa nicht? Das Thema ist natürlich heiß umstritten, und das Ergebnis wird nicht jedem gefallen. Einige Historiker werden wahrscheinlich fuchsteufelswild werden, aber ..."
„Tom."
„Das geht vorüber, und irgendwann müssen sie einsehen, dass die Beweise eindeutig sind."
„Tom, wir werden die Ergebnisse nicht veröffentlichen. Punkt."
Tomás beugte sich vor und war nur noch eine Armlänge von Moliarti entfernt.
„Nelson, es handelt sich hier um eine außergewöhnliche Entdeckung. Wir haben ein fünfhundert Jahre altes Rätsel gelöst. Ein Geheimnis, um das sich die Historiker jahrhundertelang gestritten haben. Wieso wollen Sie die Leute weiterhin im Dunkeln tappen lassen?"
„Es ist besser so."
„Tut mir leid, Nelson, aber das ist keine Antwort. Wieso will die Stiftung diese Ergebnisse nicht veröffentlichen?"

Moliarti ging nicht auf die Frage ein.

„Tom, Sie haben eine Vertraulichkeitserklärung unterzeichnet."

„Was habe ich?"

Ungerührt bückte sich Moliarti zu seiner Aktentasche und legte einige Papiere auf den Tisch: eine Kopie des Vertrags, den Tomás in New York unterschrieben hatte.

„Sie sehen keinen Cent, wenn Sie etwas veröffentlichen. Außerdem wird die Stiftung Sie auf Vertragsbruch verklagen."

Dann las der Amerikaner die betreffenden Paragraphen laut vor. Darin stand, dass die Stiftung für die gesamtamerikanische Geschichte Tomás Noronha fünfhunderttausend Dollar als Ausgleich für seine Arbeit und die Zusicherung zahlen würde, nichts über die Ergebnisse seiner Recherchen bekanntzugeben. Er durfte die Ergebnisse weder in Fachartikeln, Aufsätzen, Interviews noch Pressekonferenzen erwähnen, und es war ihm strikt untersagt, jegliche Namen beteiligter Personen zu erwähnen. Außerdem sah eine Strafklausel vor, dass Tomás für den Fall des Vertragsbruchs der Stiftung den doppelten Betrag seines vereinbarten Honorars und Bonus zu zahlen hatte. Also alles in allem mehr als eine Million Dollar. Die Stiftung hatte sich bestens abgesichert.

„Das ... kann ich nicht machen", stammelte Tomás schließlich.

„Doch, können Sie."

„Oh nein! Ich bin nicht käuflich! Glauben Sie etwa, mich mit Geld zum Schweigen zu bringen, egal, wie viel es ist?"

„Tom, die Ergebnisse der Arbeit, die Sie im Auftrag der Stiftung übernommen haben, *gehören* der Stiftung, und nur die Stiftung entscheidet darüber, was mit ihnen passiert."

„Diese Arbeit, Nelson, gehört Professor Toscano. Ich habe lediglich seine Ergebnisse rekonstruiert."

„Auch Toscano hat für die Stiftung gearbeitet."

„Er arbeitete an der brasilianischen Geschichte, nicht über Kolumbus."

„Er hat auf Kosten der Stiftung über die Herkunft von Kolumbus recherchiert, und deshalb gehört der Stiftung das Ergebnis seiner Arbeit. Er hat den gleichen Vertrag unterzeichnet wie Sie."

„Jetzt ist mir klar, wieso Frau Toscano Sie verabscheut …"

„Das tut nichts zur Sache. Fakt ist, dass Ihre und seine Ergebnisse allesamt der Stiftung gehören."

„Sie gehören der gesamten Menschheit."

„Die Menschheit zahlt keine Rechnungen, Tom. Das haben wir auch Professor Toscano schon erklärt."

„Und was hat er dazu gesagt."

Moliarti sah Tomás einen Augenblick lang unschlüssig an. Dann sagte er: „Er war anderer Ansicht."

„Ich verstehe es einfach nicht, Nelson. Wieso diese Geheimniskrämerei?"

Der Amerikaner überlegte kurz, was er antworten sollte. Instinktiv blickte er sich um und musterte die Menschen an den Nachbartischen. Dann atmete er einmal tief ein und beugte sich zu Tomás vor.

„Tom", sagte er fast flüsternd. „Was wissen Sie über die Stiftung für die gesamtamerikanische Geschichte?"

„Nun ja, sie fördert Studien über … Amerika", antwortete Tomás gereizt. „Was soll das?"

„Hören Sie, John Savigliano ist der Präsident und Vorstandsvorsitzende. Wissen Sie, wer sonst noch dem Vorstand angehört?"

„Keine Ahnung. Aber …"

„Jack Mordenti ist der Vizepräsident, dann gibt es noch Paul Morelli und Mario Ghirotto. Sagen Ihnen diese Namen etwas?"

„Nein."

„Also, Tom." Er zählte jeden der Namen an den Fingern ab. „Savigliano, Mordenti, Morelli, Ghirotto. Und Johns sauertöpfische Sekretärin, die Sie in New York kennengelernt haben, ist Maria Racca. Was sind das für Namen?"

„Verdammt, Nelson. Ich verstehe die Frage nicht …"

„Wo kommen diese Namen ursprünglich her?"

„Aus Italien?"

„Ja. Und woher genau?"

Tomás blitzte Moliarti ungeduldig an.

„Nun sagen Sie es endlich selbst!"

„Aus Genua, Tom. Die Stiftung für die gesamtamerikanische Geschichte wird von genuesisch-stämmigen Geschäftsleuten finanziert." Moliarti verzog abschätzig den Mund. „Diese Leute sind äußerst stolz darauf, aus der Heimatstadt des großen Seefahrers zu stammen, der Amerika entdeckt hat: Für sie ist Kolumbus nach Jesus Christus der zweitwichtigste Mann der gesamten Geschichte. Glauben Sie im Ernst, sie würden eine Studie veröffentlichen, die beweist, dass Kolumbus in Wirklichkeit kein Genueser war, sondern portugiesischer Jude?" Er tippte sich mit dem Zeigefinger an die Stirn. „Niemals."

Tomás fühlte sich wie gelähmt. Er verstand zwar, was Moliarti gesagt hatte, weigerte sich aber, es zu glauben.

„Sie … Sie sind aus Genua?"

„Ich nicht", erwiderte Moliarti mit einem gequälten Lächeln. „Aber die Bosse der Stiftung. Ich bin in Boston geboren, und meine Familie stammt aus Brindisi im Süden Italiens."

„Und wenn schon, Nelson. Worin besteht das Problem? Hat nicht schon Umberto Eco zugegeben, dass Kolumbus kein Italiener war?"

„Umberto Eco war kein Genueser."

„Aber er war Italiener."

Moliarti seufzte.

„Seien Sie nicht so naiv, Tom“, fuhr er geduldig fort. „Wenn die Vorstandmitglieder der Stiftung aus Piacenza oder Venedig stammten, könnten Sie sicher sein, dass die Ergebnisse über Kolumbus’ Herkunft sofort veröffentlicht würden. Andere Italiener oder italienischstämmige Amerikaner würden, auch wenn es ihnen nicht besonders gefiele, dieses Geheimnis lüften. Aber für einen Genueser ist das zu viel verlangt.“

„Die Wahrheit ist und bleibt aber doch die Wahrheit“, entgegnete Tomás verzweifelt. Dann kam ihm eine Idee. „Aber selbst wenn ich Ihr Bestechungsgeld annehme und bereit bin, den Mund zu halten – wer garantiert Ihnen, dass nicht jemand anders auf die gleiche Spur kommt wie Professor Toscano und den *Codex 632* überprüft?“

Diesmal war das Lächeln auf Moliartis Lippen echt, als er sich entspannt auf seinem Stuhl zurücklehnte.

„Wissen Sie, weshalb ich vorhin zu spät kam?“

„Weil Sie mit Savigliano telefoniert haben?“

„Das habe ich gesagt. In Wahrheit konnte ich mich nicht vom Radio und Fernsehen losreißen.“ Er zwinkerte schelmisch. „Haben Sie heute schon die Nachrichten gehört, Tom?“

„Nein.“

„In die Nationalbibliothek wurde eingebrochen.“

Als Tomás in den Lesesaal des Archivs stürmte, stand ein Handwerker auf einem Tisch und tauschte gerade die eingeschlagene Fensterscheibe aus. Eine Putzfrau kehrte über den Boden verstreute Glassplitter zusammen, und im hinteren Teil des Saals deuteten Hammerschläge darauf hin, dass dort ein Schreiner am Werk war.

„Die Tür sollte eigentlich geschlossen sein, Herr Noronha“, hörte er eine Stimme. Es war Alexandra, die mit geröteten Wangen hinter ihrem Schreibtisch saß.

„Was ist passiert?“, fragte Tomás.

„Als ich heute morgen zur Arbeit kam, habe ich gesehen, dass das Fenster dort eingeschlagen war und die Tür zum Manuskriptarchiv offen stand“, antwortete Alexandra und fächerte sich mit einem Blatt Luft zu. „Meine Güte, mir ist heiß“, sagte sie und seufzte.

„Was haben die Einbrecher gestohlen?“, wollte Tomás wissen.

„Sie haben mir meine Ruhe gestohlen, meinen Seelenfrieden!“, klagte Alexandra.

„Ja, aber was haben sie geklaut?“

„Das wissen wir noch nicht. Wir machen gerade eine Inventur der Manuskripte, um zu sehen, was fehlt.“ Sie sah Tomás verstört an. „Wenn Sie mich fragen, war das das Werk von Verrückten. Oder von Drogenabhängigen. Hier in der Gegend sieht man in letzter Zeit immer mehr …“

„Holen Sie mir den *Codex 632*“, unterbrach Tomás sie.

„Wie bitte?“

„Holen Sie mir bitte den *Codex 632*“, wiederholte Tomás. „Es ist dringend.“

„Aber Herr Noronha, wir haben geschlossen. Kommen Sie doch bitte morgen …“

„Ich brauche den *Codex 632*“, sagte Tomás und blitzte Alexandra ungeduldig an. „Jetzt.“

Die Bibliothekarin zögerte kurz, von seiner Heftigkeit überrascht, beschloss dann aber, nicht weiter zu diskutieren. Während sie in den Raum, wo die alten Manuskripte aufbewahrt wurden, verschwand, trommelte Tomás nervös mit den Fingern auf der Theke herum und bereitete sich auf das Schlimmste vor. Wenig später kam Alexandra mit dem *Codex 632* unter dem Arm zurück. Tomás atmete erleichtert auf.

„Moliarti, du Mistkerl, ich hatte schon befürchtet ...“, presste er leise hervor und nahm Alexandra das Werk mit einem entschuldigenden Lächeln ab.

Hektisch streifte er ein Paar Handschuhe über. Dann untersuchte er das Manuskript von allen Seiten. Es war einwandfrei. Mit wachsender Spannung schlug Tomás den Deckel auf und las den verschnörkelt geschriebenen Titel: *Chronik von König D. Johann II.* Eilig suchte er Seite 76 und starrte wie gebannt auf die vierte Zeile. Erleichterung wollte sich in ihm breit machen. Die verdächtigen Abstände zwischen den Worten waren unverändert. Doch dann stockte ihm der Atem: Die Oberfläche des Pergaments war komplett glatt. Die Stelle, wo der Text überschrieben worden war, wies keinerlei Unebenheit mehr auf. Tomás traute seinen Augen kaum. Er zog sogar einen Handschuh aus und fuhr mit den Fingerspitzen über die Seite.

Keinerlei Unebenheit.

Adrenalin schoss durch seine Adern, ihm wurde gleichzeitig heiß und kalt, und er wollte es nicht glauben. Jegliche Spur der Veränderung war verschwunden, als hätte es sie nie gegeben. Wie war das möglich? Dann besah er sich die gesamte Seite, suchte nach Schnittmarken oder Klebstoffresten, irgendwelchen Abweichungen des Papiers, egal wie unauffällig. Aber er fand nichts. Die Seite sah makellos aus und echt. Nur die Spuren der Textmanipulation waren verschwunden. Das war das Werk von Profis, dachte Tomás den Tränen nahe. Um nicht laut loszuschreien, biss er sich auf die Lippen und schüttelte den Kopf. Es bestand kein Zweifel: Das hatten professionelle Fälscher gemacht. Sie hatten die ursprüngliche Seite kopiert und ausgetauscht, ohne auch nur den Hauch einer Spur zu hinterlassen.

„Verdammte Dreckschweine!“

XXI

Mittlerweile hatte Tomás die Hoffnung aufgegeben, dass Constanze ihn anrufen würde, sodass er umso erstaunter war, als er eines Morgens ihre Stimme am Telefon hörte.

„Oh, hallo“, sagte Tomás ehrlich erfreut, versuchte aber sofort, sich seine Erleichterung nicht allzu sehr anmerken zu lassen. „Wie geht es dir?“

„Ich weiß nicht“, sagte Constanze. „Doktor Oliveira will heute Vormittag mit uns sprechen.“

„Heute Vormittag? Das geht nicht, ich muss in die Bibliothek und …“

„Er sagte, es sei dringend. Wir sollen um elf Uhr im Krankenhaus Santa Marta sein.“

Tomás blickte auf seine Uhr. Es war halb zehn.

„Wieso diese Eile?“, fragte er.

„Keine Ahnung“, sagte Constanze. „Gestern habe ich Margarida für ein paar Routineuntersuchungen in die Klinik gebracht …“

„Und wie waren die Ergebnisse?“

„Die wollte er mir heute mitteilen.“

„Hmm“, brummte Tomás und rieb sich die Augen.

„Ich fürchte, sie haben etwas gefunden“, sagte Constanze mit einem leichten Zittern in der Stimme.

Sie trafen sich eineinhalb Stunden später am Eingang des Krankenhauses. Das Gebäude war ein ehemaliges Frauenkloster und für seine farbigen, gemusterten Fliesen bekannt. Dafür hatte Tomás jetzt jedoch keine Augen. Während sie in die Kardiologieabteilung eilten, erzählte Constanze ihm, dass Margarida gestern besonders blass und müde gewesen sei und sich nicht einmal mit Frikadellen und Spaghetti habe aufmuntern lassen.

Sie nahmen den Aufzug in den dritten Stock, wo die Station der Kinderkardiologie lag und trafen Doktor Oliveira im Stationszimmer an. Er begrüßte sie freundlich und bat sie in sein Büro.

„Heute Morgen sind Margaridas Testergebnisse gekommen", kam er ohne Umschweife zur Sache. Er nahm einige Ausdrucke zur Hand, die auf seinem Schreibtisch lagen. „Es sieht nicht gut aus", sagte er ernst. „Allem Anschein nach haben wir es mit Leukämie zu tun."

Tomás und Constanze wechselten einen entsetzten Blick.

„Leukämie?", fragte Tomás schließlich. „Aber … hat das etwas mit ihrem Herz zu tun?"

„Nein." Doktor Oliveira deutete auf einen der Messwerte auf dem Papier. „Margarida hat zu viele weiße Blutkörperchen. Und ihr Hämoglobinwert ist zu niedrig. Sie hat sieben Gramm pro Deziliter, normal sind zwölf. Das ist ein Zeichen für Anämie, auch Blutarmut genannt."

„Ist Leukämie nicht das gleiche wie Blutkrebs?", fragte Constanze mit erstickter Stimme.

„Ja", bestätigte der Arzt. „Und es handelt sich hier um eine akute Form der Leukämie, wie sie bei Kindern mit Downsyndrom verstärkt auftritt."

„Kann das behandelt werden?", fragte Tomás mit einem Anflug von Panik.

„Selbstverständlich.“

„Was müssen wir dazu tun?“

„Das liegt außerhalb meiner Zuständigkeit. Akute Leukämie kann nur am Institut für Onkologie behandelt werden. Ich kenne dort einige ausgezeichnete Spezialisten. Und nachdem ich die Ergebnisse gesehen hatte, habe ich mir erlaubt, eine Kollegin um Rat zu bitten.“ Er räusperte sich. „Wo ist Margarida jetzt?“

„In der Schule.

„Gut. Holen Sie sie bitte ab und bringen Sie sie in die Onkologie.“

„Jetzt sofort?“, fragte Constanze verwirrt.

„Ja. Sofort.“ Er schrieb einen Namen auf ein Stück Papier und reichte es ihr. „Fragen Sie nach Doktor Tulipa. Sie weiß Bescheid.“

„Margarida wird ... wieder gesund, nicht wahr?“

„Wie schon gesagt, Leukämie fällt nicht in mein Fachgebiet. Aber in der Onkologie wird man sich gut um Margarida kümmern“, antwortete der Arzt ausweichend. „Doktor Tulipa wird sie untersuchen und Ihnen alles erklären. Und dann mit Ihnen die beste Lösung besprechen.“

Déjà vu. Constanze saß zusammengesunken und laut schluchzend auf dem Beifahrersitz, während Tomás schweigend das Lenkrad umklammerte und versuchte, sich nicht von seinen Emotionen überwältigen zu lassen. Er fühlte sich hilflos und am Boden zerstört. Dabei war das erst der Anfang.

Als sie an der Schule ankamen, nahm Tomás Constanze das Versprechen ab, dass sie vor ihrer Tochter keine Träne vergießen würde. Mit einem aufgesetzten Lächeln auf den Lippen und einem Knoten im Hals sagten sie Margarida nur, sie müssten noch einmal mit ihr zum Arzt fahren. Die Freude darüber, ihre Eltern wieder gemeinsam zu sehen, wurde somit im Keim erstickt, und sie schaute nur ängstlich von einem zum anderen.

„Bin ich wieder krank?“

Da sie keine zufriedenstellende Antwort erhielt, schrie Margarida auf und wiederholte die Frage so lange, bis Constanze schließlich sagte, es handle sich nur um eine Kontrolluntersuchung. Mit der Aussicht darauf, später noch einen Hamburger essen zu gehen, ließ Margarida sich ins Auto locken, doch kaum waren sie losgefahren, fing sie von Neuem an zu toben, dass sie nicht zu dieser Untersuchung wolle. Constanze, die neben ihr auf dem Rücksitz saß, redete so lange beschwichtigend auf ihre Tochter ein, bis Margarida nach einigen Minuten müde wurde und sich an ihre Mutter kuschelte. Der Rest der Fahrt verlief größtenteils schweigend. Im Rückspiegel sah Tomás, wie Constanze beide Arme schützend um ihre Tochter gelegt hatte, als könnte sie sie so vor den bevorstehenden Schwierigkeiten bewahren.

Dr. Tulipa war eine lebhafte Frau Mitte vierzig mit einer modischen Brille und pfiffig hochgesteckten Haaren. Liebevoll nahm sie Margarida an die Hand und ging mit ihr in einen Raum, der an ein OP-Zimmer erinnerte.

„Keine Sorge, hier wird nicht operiert“, sagte die Ärztin, als sie Tomás' und Constanzes entsetzten Blick bemerkte. „Ich habe mir die Blutwerte, die Dr. Oliveira mir heute Morgen geschickt hat, angeschaut. Sie sind zwar verdächtig, reichen aber für eine klare Diagnose nicht aus. Um sicher zu gehen, dass die Diagnose stimmt, müssen wir daher etwas Knochenmark aus Margaridas Hüfte entnehmen.“

Mit einer routinierten Mischung aus ruhigem Zureden und energischem Handeln bat die Ärztin Constanze, Margaridas Hand zu halten und ihre Tochter abzulenken, während sie ihr ein örtliches Betäubungsmittel spritzte und die Nadel vorbereitete, mit der sie das Gewebe entnehmen würde. Anschließend wurden die Probengläschen beschriftet und sofort ins Labor geschickt. Dann stellte Dr. Tulipa noch einige Fragen zu Margaridas Problemen während der letzten Wochen, und Constanze berichtete, wie blass und müde ihre Tochter gewesen sei, dass sie Fieber und mehrfach auch Nasenbluten gehabt habe. Eine Vermutung, woran Margarida leiden könnte, lehnte die Ärztin kategorisch ab. Sie verwies lediglich darauf, dass sie die Testergebnisse abwarten müssten, die bereits am späten Nachmittag eintreffen würden. Sie notierte sich die Handynummern von Tomás und Constanze und versprach, sich sofort zu melden, sobald die Ergebnisse einträfen.

Als sie um 16:30 Uhr Dr. Tulipas Sprechstundenzimmer betraten, kam die Ärztin prompt zur Sache.

„Die Testergebnisse sind eindeutig“, sagte sie. „Margarida hat akute myeloische Leukämie.“

Als Margarida ihren Namen hörte, zerrte sie ungeduldig an Constanzes Hand und stampfte mit dem Fuß auf, um die verhasste Umgebung des Krankenhauses zu verlassen. Doch Constanze reagierte gar nicht, denn genau wie Tomás sah sie die Ärztin mit vor Angst geweiteten Augen an. Bis zuletzt hatten sie gehofft, die Vermutung von Dr. Oliveira möge sich nicht bestätigen.

„Was bedeutet das jetzt … genau?“, fragte Constanze zaghaft.

Die Ärztin seufzte.

„Ich nehme an, Sie wissen, was Leukämie ist …“

„Blutkrebs.“

„So wird sie häufig genannt.“

„Sie sagten, es handle sich um eine akute Form der Leukämie“, sagte Tomás.

„Akute myeloische Leukämie“, korrigierte Dr. Tulipa. „Sie ist bei Kindern mit Downsyndrom relativ häufig. Dabei handelt es sich um eine unkontrollierte Vermehrung der Myeloblasten, das heißt, einer Vorstufe der weißen Blutkörperchen.“ Sie warf einen Blick auf die Laborwerte. „Margarida hat zweihundertfünfzigtausend Myeloblasten pro Kubikmillimeter Blut. Normal ist ein Wert von höchstens zehntausend.“

„Wie gefährlich ist diese Form der Leukämie?“, fragte Tomás.

„Sie kann tödlich sein.“

„In welchem Zeitraum?“

„Ein paar Tagen.“

Ungläubig starrten Tomás und Constanze die Ärztin an. Sie glaubten, sich verhört zu haben.

„In ein paar *Tagen*?“

„Ja.“

Entsetzt schlug Constanze sich die Hand vor den Mund. Tränen schossen ihr in die Augen.

„Was … können wir tun?“, stammelte Tomás.

„Wir werden sofort mit einer Chemotherapie beginnen und versuchen, die Situation zu stabilisieren.“

„Wird das Margarida heilen?“

„Die Lage Ihrer Tochter ist ernst. Ich muss Sie darauf hinweisen, dass die Sterblichkeitsrate in diesem Fall sehr hoch ist.“

Tomás und Constanze schauten einander an. Die Nachrichten waren deutlich schlimmer, als sie befürchtet hatten. Auch wenn ihnen bewusst war, dass Margarida durch ihren angeborenen Herzfehler anfälliger war als die meisten Kinder, hätten sie doch nie damit gerechnet, sie so plötzlich verlieren zu können. Erneut empfanden sie das Schicksal als ungerecht und gemein.

„Wie hoch … ist die Sterblichkeitsrate?“, fragte Tomás schließlich, wobei er die Antwort am liebsten gar nicht hören wollte, so sehr graute ihm davor.

„Die Überlebenschancen bei akuter myeloischer Leukämie liegt zwischen fünfunddreißig und sechzig Prozent“, sagte die Ärztin mit resigniertem Achselzucken. Auch für sie war es immer wieder schwer, Eltern über den kritischen Zustand ihrer Kinder aufzuklären. „Sie müssen jetzt stark sein und sich auf das Schlimmste vorbereiten“, sagte sie.

Nach diesem Gespräch waren Tomás und Constanze am Boden zerstört, bemühten sich aber, sich das in Gegenwart von Margarida nicht anmerken zu lassen, sondern sie vielmehr aufzuheitern und so auch indirekt für die kräftezehrende Behandlung, die ihr bevorstand, aufzubauen. Wie Dr. Tulipa gesagt hatte, begannen die Ärzte unverzüglich mit einer aggressiven Polychemotherapie, bei der mehrere Wirkstoffe mit unterschiedlichem Wirkmechanismus kombiniert wurden, um Komplikationen durch Infektionen und Blutungen möglichst von vornherein zu vermeiden. Aus dem Bereich der Lendenwirbel wurde Nervenwasser entnommen und untersucht, und die Medikamente wurden ihr direkt in die Wirbelsäule gespritzt. Die Idee war, die degenerierten Zellen zu zerstören, indem das Knochenmark zur Produktion neuer Blutzellen angeregt wurde.

In den nächsten Tagen fiel Margaridas Haar büschelweise aus, und sie magerte immer mehr ab. Constanze und Tomás wechselten sich ab, sodass tagsüber immer einer von ihnen bei ihrer Tochter war. Und auch die Nächte verbrachten sie häufig im Krankenhaus. Immerhin gab es Grund zur Hoffnung: Die Chemotherapie zeigte Ergebnisse. Eine Kontrolluntersuchung ergab, dass die Zahl der Myeloblasten massiv zurückgegangen war. Als es nach drei strapaziösen Wochen so aussah, dass Margaridas Situation sich stabilisieren würde, bat Dr. Tulipa Tomás und Constanze noch einmal zu sich.

„Ich gehe davon aus, dass die erste Phase überstanden ist und Margarida nächste Woche aus dem Krankenhaus entlassen werden kann“, sagte sie.

Ihr ernster Blick verhieß dennoch nichts Gutes.

„Die Zahl ihrer Myeloblasten hat sich normalisiert“, fuhr die Ärztin fort. „Allerdings fürchte ich, dass ihre Situation instabil bleiben wird. Margarida braucht eine Knochenmarkstransplantation.“

„Ist das möglich?“

„Ja.“

„In Portugal?“

„Ja.“

Abermals sahen Tomás und Constanze einander an, als suchten sie die Zustimmung des jeweils anderen.

„Worauf warten wir dann noch?“, fragte Tomás.

Dr. Tulipa setzte ihre Brille ab und rieb sich mit den Knöcheln die Augen. Sie war müde.

„Da gibt es ein Problem.“

„Was für ein Problem?“

„Die Transplantationszentren sind überfüllt. Margarida kann frühestens in einem Monat operiert werden.“

„Und?“

„Ich weiß nicht, ob sie so lange aushält. Meine Kollegen denken, dass sie es schafft. Ich bin mir nicht so sicher.“

„Sie glauben, Margarida kann keinen Monat warten?“

„Doch, aber es ist riskant.“ Dr. Tulipa setzte ihre Brille wieder auf und sah Tomás in die Augen. „Wenn Sie kein weiteres Risiko mehr eingehen möchten, gibt es nur eine Möglichkeit: Margarida muss im Ausland operiert werden.“

„Einverstanden!“

„Aber das ist teuer.“

„Deckt die Krankenversicherung das denn nicht ab?“

„Normalerweise schon, aber nicht in diesem Fall, denn die Behandlung ist ja prinzipiell in Portugal möglich. Weil wir nicht beweisen können, dass es dringend ist, wird die Versicherung für eine Behandlung im Ausland nicht zahlen."

„Aber ist die Dringlichkeit nicht offensichtlich?"

„Meiner Meinung nach schon, aber meine Kollegen sind anderer Ansicht. Und leider ist es ihre Einschätzung, die bei der Versicherung den Ausschlag gibt."

„Ich werde mit ihnen reden."

„Sie können so viel reden, wie Sie wollen, das ist reine Zeitverschwendung. Und Zeit ist etwas, wovon Ihrer Tochter möglicherweise nicht mehr viel bleibt."

„Dann zahlen wir die Operation eben selbst."

„Wie schon gesagt, das ist teuer."

„Wie teuer?"

„Ein Kinderkrankenhaus in London könnte Margarida nächste Woche operieren. Sie haben sogar einen passenden Spender zur Verfügung, was allein schon an ein Wunder grenzt. Wenn wir in ein paar Tagen die Behandlung aussetzen, sollte Margarida in der Verfassung sein, nach London gebracht und gleich operiert zu werden."

„Und was kostet das?", hakte Tomás nach.

„Alles in allem etwa fünfzigtausend Pfund."

Tomás nickte bedächtig. Er fühlte sich machtlos und hasste das, was er als nächstes sagen würde.

„Ich muss jemanden anrufen."

Das türkisfarbene Wasser des Swimmingpools des Lapa Palace Hotels glitzerte hell und verlockend in der Sonne. Der Himmel war wolkenlos und tiefblau, doch bei 16 Grad Lufttemperatur und einer leichten Brise zitterte Nelson Moliarti bei der Vorstellung, eine Runde zu schwimmen. Er hatte das Hotelrestaurant

Pavilhão für sein Treffen mit Tomás gewählt, weil man dort in aller Ruhe auf der Terrasse sitzen und das Nützliche mit dem Angenehmen verbinden konnte. Als sich Tomás, von einem Kellner begleitet, Moliartis Tisch näherte, prostete ihm der Amerikaner zur Begrüßung mit einem Glas frisch gepressten Orangensaft zu.

„Sie sehen nicht gut aus“, sagte Moliarti dann mit einem Blick auf Tomás' blassen Teint und seine Ringe unter den Augen. „Waren Sie krank?“

„Nein, meine Tochter“, sagte Tomás, ließ sich auf einen Stuhl fallen und schaute an Moliarti vorbei über die luxuriöse Hotelanlage.

Ein paar lange Sekunden sagte keiner von beiden ein Wort.

„Ich brauche Geld“, presste Tomás schließlich hervor.

Moliarti nippte an seinem Orangensaft.

„Wie viel.“

„Eine Menge.“

„Wann?“

„Sofort. Meine Tochter muss operiert werden. In London. Ich brauche das Geld dringend.“

Moliarti seufzte.

„Wie Sie wissen, habe ich einen Scheck über eine halbe Million Dollar für Sie. Allerdings sollten Sie sich gut überlegen, ob Sie ihn annehmen, wenn Sie vorhaben, später den Vertrag zu brechen.“

„Ich weiß. Und ich habe nicht vor, den Vertrag zu brechen.“

„Umso besser“, sagte Moliarti. „Die halbe Million reicht sicher neben der Operation Ihrer Tochter auch aus, um Ihre Frau zurückzugewinnen.“

Tomás starrte ihn verwirrt an.

„Meine Frau zurückgewinnen?“

„Ja. Wenn Sie sie zurückgewinnen wollen, meine ich. Am Geld sollte es jetzt ja nicht mehr scheitern …“

„Woher wissen Sie, dass meine Frau und ich getrennt sind?“
Moliarti errötete.
„Sie haben es mir gesagt.“
„Oh nein, das habe ich nicht!“, erwiderte Tomás prompt. „Woher wissen Sie das?“
„Jemand anders muss es mir erzählt haben.“
„Wer?“, bohrte Tomás nach.
„Hmm … ich weiß es nicht mehr. Hey, regen Sie sich nicht so auf …“
„Erzählen Sie keinen Scheiß, Nelson! Woher zum Teufel wissen Sie, dass meine Frau und ich getrennt sind?“
„Keine Ahnung, ich habe es eben gehört.“
„Einen Dreck haben Sie. Und ich gebe nicht eher Ruhe, bis Sie mir eine vernünftige Antwort gegeben haben!“
„Hören Sie, das spielt doch keine Rolle, woher ich es weiß, oder?“
„Nelson, hat die Stiftung mich ausspioniert?“
„Sagen wir, sie hat sich informiert.“
„Wie?“
„Das tut doch nichts zur Sache.“
„Wie?“, fragte Tomás so laut, dass sich die Gäste am Nachbartisch zu ihm umdrehten.
„Tom, bleiben Sie ruhig“, versuchte Moliarti, ihn zu beschwichtigen.
„Ich bleibe ganz sicher nicht ruhig!“, fauchte Tomás. „Und ich frage so lange, bis Sie mir eine Antwort liefern.“
Moliarti seufzte erneut.
„Okay, okay“, sagte er. „Ich erzähle es Ihnen, unter einer Bedingung.“
„Und die wäre?“
„Dass Sie hier keine Szene machen.“
„Das kommt darauf an …“

„Nein, kommt es nicht. Ich sage es Ihnen nur, wenn Sie versprechen, ruhig zu bleiben und auch später mit niemandem über unser Gespräch zu reden."

Tomás wäre ihm am liebsten an den Hals gesprungen, aber er riss sich zusammen.

„Also gut. Schießen Sie los!"

Moliarti nippte an seinem Saft und räusperte sich.

„Ding Gu Da Fang, der Herr."

Der Kellner stellte eine Tasse dampfenden grünen Tee vor Tomás auf den Tisch.

„Diese Angelegenheit war äußerst wichtig für uns", begann Moliarti, als der Kellner sich entfernt hatte. „Im Rahmen der Recherchen zur Entdeckungsgeschichte Brasiliens stieß Professor Toscano auf ein brisantes Dokument."

„Den *Codex 632*?"

„Ja."

„Aus dem Ihre Leute eine Seite kopiert und ausgetauscht haben?"

„Ich habe keine Ahnung, wovon Sie sprechen."

„Hören Sie endlich auf, mir Märchen zu erzählen! Sie haben mir die Sache doch selbst unter die Nase gerieben!"

„Wollen Sie nun hören, worum es geht oder nicht?"

„Ja, natürlich. Legen Sie los", knurrte Tomás.

„Also ... wegen dieses Dokuments fing Toscano an, sich für genau die Frage zu interessieren, von der die Stiftung wollte, dass sie nie gestellt würde: die wahre Herkunft von Christoph Kolumbus. Wir haben versucht, ihn davon abzubringen, damit er sich wieder mit der Entdeckung Brasiliens beschäftigen sollte, was er scheinbar auch getan hat. Später mussten wir jedoch feststellen, dass er heimlich weiter zu Kolumbus geforscht hat, und in der Stiftung brach Panik aus. Wir dachten erst daran, ihn zu entlassen, aber das hätte ihn ja nicht von seinen Forschungen abgehalten. Dafür hatte er schon zu viel herausgefunden. Außerdem gab es das Problem, dass wir nicht wussten, auf welches Dokument er gestoßen war und wo es sich befand. Damit bestand also immer die Möglichkeit, dass ein anderer Historiker irgendwann die gleiche Entdeckung machen würde.

Als Toscano urplötzlich starb, erschien uns das wie eine glückliche Fügung. Und natürlich haben wir versucht, in seinen Papieren einen Hinweis auf das verdächtige Dokument zu finden, aber vergeblich. Aus den unverständlichen Codes und Ziffern wurden wir nicht schlau.

Damit kam uns die Idee, Sie zu engagieren. Wir brauchten einen Codespezialisten, der sich mit Geschichte auskannte und möglichst auch Portugiese war, der also die Gedanken des Professors nachvollziehen und das Geheimnis entschlüsseln konnte. Dabei war uns selbstverständlich bewusst, dass Sie im Rahmen Ihrer Recherchen zu demselben Schluss wie Toscano kommen würden, dass Kolumbus kein Seidenweber aus Genua sein konnte. Um das Risiko auszuschließen, dass Sie wie Toscano die Ergebnisse Ihrer Arbeit verheimlichen würden, hatte John eine Idee. Er hat einige Freunde bei einer amerikanischen Ölgesellschaft in Angola und fragte sie, ob sie nicht eine Edelprostituierte kannten, die gut Portugiesisch sprach. Sie vermittelten ihm eine beeindruckende junge Frau, die John sofort einstellte."

Jetzt wurde Tomás einiges klar. Was war er doch für ein Trottel gewesen.

„Lena."

„Ihr richtiger Name ist Emma."

„Ihr Schweine!"

„Sie haben versprochen, ruhig zu bleiben", mahnte Moliarti. „Wenn Sie eine Szene machen ..."

Mit schier übermenschlicher Anstrengung gelang es Tomás, seine Wut zu zügeln. Er ballte die Hände zu Fäusten und biss die Zähne zusammen.

„Reden Sie weiter", presste er dann hervor.

„Wie schon gesagt, war es für die Stiftung von höchster Bedeutung, dass die Dinge nicht wieder aus dem Ruder liefen. Es war ja schön und gut, dass Sie mich regelmäßig über Ihre Fortschritte informierten, aber wie konnten wir sichergehen, dass Sie uns tatsächlich alles erzählten? Dazu brauchten wir Emma. Sie hatte in Angola reichlich Erfahrungen mit den Größen aus der Ölindustrie gemacht und wusste, worauf es uns ankam. Außerdem konnte sie es sich leisten, Angebote, die ihr nicht gefielen, einfach abzulehnen. Aber als wir ihr ein Foto von Ihnen zeigten, hat sie den Job sofort akzeptiert. Darauf können Sie stolz sein! Damit sie als Studentin glaubwürdig war, haben wir ihr erst noch etwas Privatunterricht erteilen müssen und sie dann nach Lissabon geschickt, ehe wir Sie kontaktierten."

„Aber ich habe die Affäre doch beendet."

„Stimmt, und das hat uns gar nicht gepasst", sagte Moliarti. „Mann, da gehört schon etwas dazu, so einer Mieze den Laufpass zu geben! Damit hatte ich nicht gerechnet. Das war eine echte Leistung von Ihnen – und für uns ein echtes Problem. Immerhin hatten wir damit unsere verlässlichste Informationsquelle verloren. Dann trug John Emma auf, mit Ihrer Frau zu sprechen. Er glaubte, wenn Ihre Frau Sie rausschmeißen würde, gingen Sie wieder zu Emma zurück."

„Wo ist sie jetzt?"

„Ihr Job ist beendet. Ich habe keine Ahnung."

Tomás saß zusammengesunken auf seinem Stuhl. Sein Tee war kalt geworden, und ihm lief ein Schauer über den Rücken. Die ganze Geschichte war einfach nur widerwärtig.

„Das war meine Ehe, Ihr Arschlöcher!"

Moliarti wich Tomás' Blick aus und zog stattdessen den Scheck aus seiner Brieftasche.

„Ja, wir sind auch nicht unbedingt stolz darauf. Aber was sollten wir machen? So ist das Leben."

Er reichte Tomás den Scheck. In dunkelblauer Tinte standen dort sechs Ziffern. Eine fünf und fünf Nullen. Eine halbe Million Dollar.

Der Preis für sein Schweigen.

XXII

LONDON

Die neoklassische Fassade des pompösen British Museum in London glitt linker Hand an ihnen vorbei. Wenig später bog das schwarze Taxi von der Great Russell Street links ab in die Southampton Row. Margarida saß neben ihrer Mutter auf dem Rücksitz und drückte ihre Stupsnase gegen die Fensterscheibe. Sie starrte fasziniert auf die unbekannte Umgebung mit ihren sauberen Plätzen, eleganten Gebäuden und gepflegten Bäumen, und trotz des grau-kalten Wetters wirkte die Stadt freundlich. Von ihrem feuchten Atem beschlug die Scheibe so sehr, dass sie die dick eingemummelten Passanten nur mehr erahnen konnte. Sie selbst trug eine flauschig-warme blaue Skimütze auf ihrem kahlen Kopf.

Als Tomás die Tür öffnete, fiel feiner Nieselregen. Vor ihm lag der imposante Backsteinkomplex des Great Ormond Street Hospitals, des größten Zentrums für Kindermedizin im Vereinigten Königreich und eines der größten Zentren für Herztransplantationen weltweit. Während Margarida und Constanze ausstiegen, bezahlte Tomás den Fahrer und ließ sich ihr Gepäck aus dem Kofferraum geben.

An der Rezeption füllte Constanze erst Margaridas Aufnahmeformular aus, dann musste Tomás einen Scheck über fünfundvierzigtausend Euro ausstellen und die Kostenübernahmeerklärung unterschreiben.

„Für den Fall, dass die Behandlungskosten höher sind", sagte die Rezeptionistin nüchtern. „Okay?"

„Ja."

„Drei Tage nach Abschluss der Behandlung erhalten Sie eine Endabrechnung, die innerhalb achtundzwanzig Tagen zu begleichen ist", fügte sie hinzu. Dann erklärte sie ihnen, wo sie das Stationszimmer finden würden und dass Margaridas Zimmer schräg gegenüber lag.

Sie fuhren mit dem Aufzug in den zweiten Stock und betraten eine kleine Vorhalle, in der drei Pfeile in unterschiedliche Richtungen wiesen. Sie folgten der Ausschilderung des Grail Ward, eines ruhigen Ganges in der Abteilung für Hämatologie. Tomás konnte sich ein Schmunzeln nicht verkneifen: Grail Ward, die Station des Grals. Wer aus dem Heiligen Gral trank, würde ewiges Leben finden, hieß es. Einen treffenderen Namen konnte es kaum geben für eine Einrichtung, die Kindern mit Blutkrankheiten neue Hoffnung schenken wollte. Bald fanden sie die diensthabende Krankenschwester, die sie zu Margaridas Zimmer begleitete. Darin standen zwei Betten, eins für den Patienten, das andere für ein Elternteil, daneben je ein Nachttisch mit einer Lampe und einem Sträußchen violetter Blumen in einer Vase.

„Was sind das für welche, Mama?", fragte Margarida.

„Das sind Veilchen."

„Erzähl mir ihre Geschichte", bettelte Margarida und warf sich schwungvoll auf ihr Bett.

Tomás stellte die Koffer ab, Constanze setzte sich neben ihre Tochter auf den Bettrand.

„Es war einmal ein wunderschönes Mädchen namens Io. Sie war so schön, dass der mächtige griechische Gott Zeus sich in sie verliebte. Aber Zeus' Frau Hera war darüber gar nicht glücklich, sondern sehr eifersüchtig, und sie fragte Zeus, wieso er dem Mädchen so viel Aufmerksamkeit schenkte. Zeus stritt alles ab und verwandelte Io in eine weiße Kuh, um seine Untreue zu vertuschen. Er schenkte ihr ein Feld voller köstlicher Veilchen, auf dem sie grasen konnte. Aber Hera war immer noch nicht zufrieden und schickte eine Stechfliege, um die Kuh zu peinigen. Io wurde darüber so verzweifelt, dass sie sich ins Meer stürzte, das ihr zu Ehren heute als Ionisches Meer bekannt ist. Dann nahm Hera Io das Versprechen ab, Zeus nie wiederzusehen und verwandelte sie im Gegenzug wieder in ihre Mädchengestalt. Veilchen sind also ein Symbol für unschuldige Liebe."

„Wieso?"

„Weil Io unschuldig war. Sie konnte ja nichts dafür, dass Zeus sie liebte, nicht wahr?"

„Nein", sagte Margarida und schüttelte den Kopf.

Die Krankenschwester kam mit einigen Unterlagen zurück ins Zimmer. Sie war Anfang vierzig und hatte ihre braunen Haare zu einem Knoten hochgesteckt. Mit einem freundlichen Lächeln stellte sie sich als Margaret vor, bat aber darum, dass man sie Maggie nannte. Dann lehnte sie sich mit ihrem Klemmbrett in der Hand an das Kopfende von Margaridas Bett und stellte allerlei Fragen: nach ihrem üblichen Tagesablauf, dem, was sie gern und weniger gern aß, und natürlich nach ihrer Krankengeschichte. Sie bat Margarida, auf eine Waage zu steigen. Dann maß sie ihre Körpergröße, ihre Temperatur, ihren Puls, ihren Blutdruck und ihre Atemfrequenz.

Derweil packte Constanze den größeren der beiden Koffer aus. Sie würde bei Margarida im Krankenhaus bleiben, Tomás hatte ein Hotelzimmer in der Nähe gebucht. Nachdem sie Kleidung und Toilettenartikel im Schrank beziehungsweise im Bad verstaut hatte, setzte Constanze Margaridas Lieblingspuppe auf ihr Bett.

Die Tür ging auf, und ein dicker, kahlköpfiger Mann in einem weißen Kittel betrat das Zimmer.

„Guten Tag“, sagte er. „Ich bin Dr. Stephen Penrose und werde Ihre Tochter operieren.“

Tomás und Constanze schüttelten ihm die Hand. Dann kniete er sich vor Margarida und fragte sie freundlich nach ihrem Namen. Mit Hilfe ihrer Lieblingspuppe stellte er geschickt weitere Fragen zu ihrer Krankengeschichte, ehe er Maggie bat, Margarida zu einer neuen Knochenmarkspunktion zu bringen. Constanze wollte schon aufstehen und die beiden begleiten, aber der Arzt hielt sie zurück.

„Wir sollten uns über den Behandlungsablauf unterhalten“, sagte er. „Und die Risiken.“

„Was werden Sie genau machen?“

Dr. Penrose setzte sich auf Margaridas Bett.

„Wir werden das erkrankte Knochenmark Ihrer Tochter austauschen, indem wir sämtliche alten Zellen entfernen und normale Zellen injizieren, die anschließend neues Mark produzieren werden. Damit diese neuen Zellen nicht abgestoßen werden, mussten wir aus einem riesigen Karteisystem nach einem geeigneten Spender suchen.“

„Wer ist der Spender?“

„Irgendein Bursche, der sich etwas dazuverdient“, sagte der Arzt. „Für ihn besteht dabei kein Risiko, und er kann dafür ein paar Bier trinken gehen. Das Knochenmark Ihrer Tochter wird also vollständig zerstört, ehe sie die Spenderzellen wie bei einer Bluttransfusion über einen Katheter erhält. Das Ganze ist ein hochkomplizierter und leider auch riskanter Vorgang.“

Er räusperte sich. „Es dauert etwa zwei Wochen, bis sich das neue Mark voll entwickelt hat, und das ist eine kritische Zeit, in der Margarida für Blutungen und Infektionen äußerst anfällig sein wird. In diesen zwei Wochen ist ihr Körper beispielsweise nicht in der Lage, genug weiße Blutkörperchen zu bilden, um eine Bakterieninfektion abzuwehren."

Tomás legte die Stirn in Falten und dachte nach.

„Aber wie wollen Sie verhindern, dass Bakterien in ihren Körper eindringen?"

„Indem wir sie in einem sterilen Raum isolieren. Das ist alles, was wir tun können."

„Und wenn sie sich trotzdem infiziert?"

„Dann hat sie keinerlei Immunsystem."

„Und was heißt das?"

„Das heißt, dass sie nicht überleben wird."

Tomás und Constanze wussten, dass es noch riskanter war, auf die Transplantation zu verzichten. Aber dieses Wissen tröstete sie nicht im Geringsten.

„Die gute Nachricht ist", fuhr Dr. Penrose fort, „dass nach diesen zwei kritischen Wochen das neue Mark anfangen wird, reichlich neue Zellen zu produzieren, sodass Margarida wahrscheinlich von ihrer Leukämie geheilt sein wird. Sie braucht dann zwar noch ein umfangreiches Rehaprogramm, aber darum kümmern wir uns, wenn es soweit ist."

An diese Aussicht auf Heilung klammerten sich Tomás und Constanze, wobei sie während der nächsten Stunden und Tage den Eindruck hatten, in einem endlosen Wechselbad der Gefühle gefangen zu sein, das sie von Hoffnung in Verzweiflung stürzte, um ihnen dann wieder neue Hoffnung zu geben.

Am dritten Tag betrat Maggie schon früh um halb acht Margaridas Zimmer, um ihr eine Beruhigungsspritze zu geben.

Constanze und Tomás hatten die ganze Nacht lang kein Auge zugetan, sondern am Bett ihrer Tochter gesessen und ihr beim Schlafen zugesehen. Durch die Krankenschwester wurde diese Idylle jäh unterbrochen, und beim Anblick der Spritze schreckte Constanze zusammen. Sie hatte urplötzlich das Bild vor Augen, wie ein zum Tode Verurteilter abgeholt und auf den elektrischen Stuhl geführt wurde. Gleichzeitig schalt sie sich eine Närrin, denn Maggie wollte ihre Tochter schließlich nicht töten, sondern ihr Leben retten.

Sie wollen sie retten, wiederholte sie krampfhaft.

Als eine weitere Krankenschwester ins Zimmer kam, wurde Margarida auf ein fahrbares Krankenbett gelegt und zum Operationssaal gefahren. Die Betäubung wirkte bereits, sodass Margarida kaum noch die Augen offenhalten konnte.

„Mama, ich bin so müde“, murmelte sie.

„Dann schlaf gut, mein Schatz. Und träum schön“, antwortete Constanze.

Als Dr. Penrose die Tür des Operationssaals öffnete, war er mit seiner Atemschutzmaske und der OP-Haube kaum wiederzuerkennen.

„Machen Sie sich keine Sorgen“, sagte er. „Alles wird gut.“

Dann verschwand das Rollbett mit Margarida hinter der Tür, und Tomás und Constanze standen hilf- und orientierungslos auf dem Flur. Sie fühlten sich, als habe man ihnen ihre Tochter gestohlen. Es dauerte einige lange Sekunden, bis sie sich wieder gefasst hatten. Schweigend gingen sie in das Zimmer zurück und fingen an, die Sachen wieder in den Koffer zu packen, da Margarida nach der Operation ja in den sterilen Raum gebracht würde. Sie führten jede Bewegung so langsam wie möglich aus, um die Wartezeit zu füllen, aber nach einer halben Stunde war alles im Koffer verstaut, und ihnen blieb nichts anderes mehr zu tun, als zu warten.

Constanze setzte sich auf ihr Bett und verschränkte die Finger so stark ineinander, dass ihre Knöchel weiß hervortraten. Tomás starrte mit leerem Blick aus dem Fenster.

Zwei Stunden später war die Folter vorbei. Dr. Penrose klopfte kurz an die Tür und trat noch im gleichen Moment ein. Sein zuversichtliches Lächeln war Balsam für ihre Seelen.

„Alles ist gut verlaufen“, sagte er. „Die Transplantation war erfolgreich, und es gab keine Komplikationen.“

Prompt setzte ihre emotionale Achterbahnfahrt wieder ein, wobei diesmal die Angst, die sie noch eine Minute zuvor fest im Griff gehabt hatte, durch Freude und Erleichterung ersetzt wurde.

„Wo ist sie?“, fragte Constanze und wäre dem Arzt am liebsten um den Hals gefallen.

„Sie ist in einem Isolationsraum am anderen Ende der Station.“

„Können wir sie sehen?“

Dr. Penrose winkte ab und bat sie, geduldig zu sein.

„Noch nicht. Sie schläft. Und sie braucht jetzt Ruhe.“

„Aber wann können wir zu ihr?“

Der Arzt lachte.

„Keine Sorge, am Nachmittag können Sie Ihre Tochter sehen. An Ihrer Stelle würde ich jetzt erst einmal an die frische Luft gehen und etwas zu Mittag essen. Wenn Sie gegen drei Uhr zurückkommen, sollte Margarida wach sein, und Sie können zu ihr.“

Als Tomás und Constanze dem Rat des Arztes folgten und das Krankenhaus verließen, fühlten sie sich beschwingt und voller Hoffnung. Alles war gut verlaufen, hatte Dr. Penrose gesagt! Welch wunderbare Worte! Es war schier unglaublich, wie machtvoll diese vier schlichten Worte waren, was sie für eine Magie entwickeln konnten.

Alles war gut verlaufen.

Regelrecht ausgelassen lachten und kicherten sie bei dem geringsten Anlass. Die Farben schienen ihnen heute leuchtender und die Luft reiner zu sein als noch am Vortag. Sie gingen um ein paar Ecken in südliche Richtung, schlenderten auf der Southampton Row bis zur Holborn Station, wo sie rechts in die New Oxford Street abbogen und dann schnurgeradeaus nach Westen steuerten. Jenseits der Charing Cross Road ließen sie sich von den Schuh- und Modegeschäften, Kaffee- und Teeläden zum Schaufensterbummel verleiten, ehe sie in einem japanischen Restaurant ein Teriyaki bestellten. Nach dem Essen machten sie noch einen kleinen Abstecher in den Soho Park, und als sie am Ende ihres Verdauungsspaziergangs wieder am Krankenhaus ankamen, war es Viertel vor drei.

Als Maggie ihnen sagte, sie könnten Margarida jetzt besuchen, fragte Tomás, ob sie dadurch nicht Mikroben in den Raum tragen würden. Aber Maggie beruhigte ihn und sagte, es sei ausreichend, wenn sie sich Gesicht und Hände wüschen, Gesichtsmasken aufsetzten sowie OP-Kittel und Handschuhe anzögen.

„Außerdem müssen Sie ein paar Meter Abstand halten."

Dann trat sie auf den Flur und zeigte ihnen den Weg.

„Aber können nicht Bakterien in den Raum gelangen, wenn die Tür geöffnet wird?", fragte Constanze.

„Um das zu verhindern, ist im Isolationsraum die Luft sterilisiert, und es herrscht ein höherer Luftdruck, sodass die Außenluft nicht hinein kann, wenn wir die Tür öffnen."

„Und wie isst sie?"

„Mit dem Mund natürlich", sagte Maggie lachend.

„Besteht nicht die Gefahr, dass sie sich über das Essen infiziert?"

„Auch das Essen ist sterilisiert."

Dann blieb Maggie stehen und deutete auf eine Tür mit der Aufschrift ‚Zutritt nur für Befugte'.

„Hier ist es", sagte sie.

Die Luft im Zimmer war kühl, und es roch nach Desinfektionsmitteln. Margarida saß mit einem Kissen im Rücken aufrecht im Bett und sah einer Krankenschwester zu, die geschickt zwei Marionetten tanzen ließ. Als ihre Eltern eintraten, stutzte sie. Mit den OP-Kitteln, Atemmasken und Hauben hätte sie sie fast nicht erkannt. Dann strahlte sie über das ganze Gesicht und winkte ihnen zu.

Die Schwester bedeutete ihnen allerdings, Abstand zu halten, und so blieben Constanze und Tomás am Fußende des Bettes stehen.

„Gib mir ein Küsschen", bat Margarida und streckte ihre Arme aus.

„Das würde ich gern, mein Schatz, aber der Arzt sagt, das darf ich nicht", erwiderte Constanze.

„Warum nicht?"

„Weil ich winzige Tierchen in mir habe, und wenn ich dir einen Kuss gebe, könntest du sie auch bekommen."

„Was?", staunte Margarida. „Du hast winzige Tierchen in dir?"

„Ja."

„Igitt!"

Sie plauderten fröhlich, bis Maggie ihnen vierzig Minuten später ein Zeichen gab, dass sie jetzt gehen müssten. Sie versprachen Margarida, am Folgetag selbstverständlich wiederzukommen und verabschiedeten sich schweren Herzens mit einem Dutzend Luftküssen von ihrer Tochter.

Während der nächsten Tage merkte Tomás, dass er jedes Mal leicht nervös wurde, je näher die Besuchsstunde bei seiner

Tochter rückte. Er kam immer schon viel zu früh ins Krankenhaus und saß dann mit einem Kribbeln im Bauch auf einer Couch im Wartezimmer, wo er zwar die eine oder andere Zeitschrift zur Hand nahm, aber die Seiten umblätterte, ohne auch nur ansatzweise auf ihren Inhalt zu achten. In seine Unruhe mischte sich stets eine seltsame Vorfreude, die ihren Höhepunkt fand, wenn Constanze zehn Minuten vor der Besuchszeit die Glastür zum Wartezimmer öffnete. Dann wich seine Ungeduld einer diffusen Anspannung, die ebenso ungewohnt wie angenehm war. Das war der schönste Augenblick seines Tages, direkt gefolgt vom Wiedersehen mit seiner Tochter, die stets fröhlich und redselig war. Margaridas Genesung verlief gut; ihre kurzen Fieberschübe bezeichnete Dr. Penrose als völlig normal. Tomás musste sich jedoch eingestehen, dass Margarida nicht der einzige Grund für seine gute Stimmung während der Besuche war.

Da war vor allem Constanze.

Ihre Gespräche im Wartezimmer verliefen unbeholfen, sie fingen Sätze an, ohne sie zu beenden, und schwiegen manchmal minutenlang, aus Angst, etwas Falsches zu sagen. Vor ihrem dritten Treffen war Tomás derart nervös, dass er sich im Voraus überlegte, worüber er sprechen könnte. Unter der Dusche und beim Frühstück legte er sich bereits im Geiste zurecht, was er zu Constanze sagen und welche Fragen er ihr stellen könnte, bis sie zu Margarida dürften.

Als Constanze an diesem Tag ins Wartezimmer kam, ratterte Tomás seine Themenliste herunter wie bei einer mündlichen Prüfung. War eine Frage beantwortet, stellte er sofort die nächste. Sie sprachen über Filme, über Bücher, die sie in einem Buchladen in der Charing Cross Road gesehen hatten, eine Ausstellung in der Tate Gallery, über die Straßenkünstler und Blumenverkäufer rund um den Covent Garden und bemerkten gar nicht, wie die Zeit verging. Sie hatten auch nicht gemerkt, dass Maggie bereits zweimal durch die Tür geschaut hatte, sie aber letztlich nicht stören wollte, da sie so sehr in ihr Gespräch vertieft waren.

Dann machte sich unverhofft Stille im Raum breit. Keiner von beiden sagte mehr ein Wort, und auch Tomás zögerte, seine nächste vorbereitete Frage zu stellen. Sie sahen aneinander vorbei, während sie an die Ereignisse der letzten Wochen und Monate dachten. Verletzter Stolz und die Angst, sich eine Blöße zu geben, hinderten sie daran, den ersten Schritt auf den anderen zuzugehen, um möglicherweise zu retten, was noch zwischen ihnen zu retten war. Dann warf Constanze einen Blick auf ihre Uhr: Die Besuchszeit hatte vor mehr als einer halben Stunde begonnen.

„Wir sind spät dran", sagte Constanze. „Margarida wartet schon auf uns."

Als sie aufstehen wollte, hielt Tomás sie am Arm zurück.

„Einen Moment noch", bat er, nach wie vor ihrem Blick ausweichend. „Kannst du mir je verzeihen?"

Constanze setzte sich wieder hin und starrte ausdruckslos aus dem Fenster. Sie seufzte.

„Denkst du, Verzeihen ist in dieser Situation überhaupt möglich?", fragte sie nach einer Weile.

„Ich weiß nicht", entgegnete Tomás zaghaft. „Ich hoffe, ja."

Constanze biss sich auf die Unterlippe.

„Meine Mutter ist eine kluge Frau, wie du weißt. Und sie sagt, dass es im Leben Dinge gibt, die man nicht verzeihen kann. Nie."

„Ah", machte Tomás und ließ den Arm seiner Frau los.

Langsam stand Constanze auf und öffnete die Tür des Wartezimmers. Dann drehte sie sich noch einmal um und sah Tomás endlich in die Augen. Sie lächelte schwach.

„Die Meinung meiner Mutter ist nicht unbedingt auch meine.“

Am nächsten Morgen verließ Tomás schon früh sein Hotel, um spazieren zu gehen. Er war zuversichtlich. Margarida ging es trotz gelegentlicher Fieberschübe zusehends besser. Sie hatte die Transplantation offenbar gut verkraftet. Und dass Constanze nach ihrer emotionalen Eiszeit bereit war, wieder mit ihm zu sprechen, war ebenfalls ein gutes Zeichen. Sie hielt zwar noch eine gewisse Distanz, aber wenn ihm jetzt keine Dummheit unterlief, würde sich ihre Ehe retten lassen.

Um sich die Beine zu vertreten, ging er nach Süden, einfach seiner Nasenspitze nach, bis er sich in der malerischen Charing Cross Road wiederfand, wo er in einen Buchladen nach dem anderen ging und in den Geschichtsabteilungen stöberte. Bei Foyles, Waterstone's und einigen Antiquariaten blätterte er in alten Texten über den Nahen Osten, die seiner Lust, Hebräisch und Aramäisch zu lernen, neue Nahrung lieferten.

Für seine leibliche Nahrung suchte er dann ein indisches Restaurant unweit des Leicester Square auf und kaufte anschließend am Covent Garden ein Sträußchen Salbei; Constanze hatte ihm einmal erzählt, dass Salbei den Wunsch nach Gesundheit und ein langes Leben symbolisierte – also genau das Richtige für Margarida. Auf dem Weg zum Krankenhaus kam er am British Museum vorbei, und da er immer noch eineinhalb Stunden Zeit hatte, beschloss er, auf einen Sprung hineinzugehen. Zielstrebig ging er in die Ägyptische Kunstsammlung, einer der Schätze des Museums. Er schlenderte an den Obelisken und Statuen von Isis und Amon vorbei und blieb erst stehen, als er vor einem dunklen, mehr als meterhohen Steinfragment ankam, auf dessen glatter Fläche drei untereinander stehende Schriftblöcke zu sehen waren: der Stein von Rosette.

Als er das Museum verließ, beschleunigte Tomás seinen Schritt, denn in zwanzig Minuten begann die Besuchszeit. Diesmal war Constanze bereits vor ihm auf der Station. Gerade als Tomás seine Frau begrüßen wollte, trat eine Krankenschwester auf die beiden zu.

„Bitte kommen Sie mit“, sagte sie. „Dr. Penrose möchte Sie sprechen.“

Die Schwester war schlank und klein, machte aber derart schnelle Schritte, dass Constanze Mühe hatte, ihr zu folgen. Wenig später standen sie vor dem Büro des Arztes. Die Schwester klopfte kurz und öffnete die Tür, ohne auf eine Antwort zu warten.

„Doktor, Mr. und Mrs. Noronha sind hier“, sagte sie.

„Danke“, antwortete der Arzt, der von seinem Schreibtischsessel aufstand und den beiden die Hand reichte.

Sofort fiel Constanze sein ernstes Gesicht auf.

„Was gibt es, Doktor?“, fragte sie.

Dr. Penrose bat sie, auf dem Sofa in einer Ecke Platz zu nehmen und ließ sich neben ihnen auf einen Stuhl fallen. Dann beugte er sich vor und sah einen Moment lang schweigend von einem zum anderen.

„Ich habe leider … schlechte Nachrichten.“

Tomás’ Herz fing an zu rasen, Constanze unterdrückte nur mit Mühe einen Schrei.

„Was ist mit Margarida?“

„Es tut mir schrecklich leid, aber die Situation ist ernst. Es ist wider Erwarten zu einer Bakterieninfektion gekommen.“

Mit glanzlosen Augen schaute Constanze durch das Türfenster in Margaridas Zimmer. Sie schluchzte unentwegt und hielt sich die linke Hand vor den Mund, während sie sich mit der rechten umständlich schnäuzte. Tomás stand mit dem Arm um sie gelegt neben ihr, und gemeinsam betrachteten sie ihre Tochter, die jenseits des Fensters in ihrem Bett lag und schlief. Ihr kahler Kopf glänzte in dem kalten Neonlicht, und ihr Schlaf war unruhig, während sie auf der Schwelle zwischen Leben und Tod stand. Zwei Krankenschwestern eilten in Margaridas Zimmer umher, und wenig später kam Dr. Penrose hinzu. Er überprüfte einige Messdaten, runzelte die Stirn und gab den Schwestern neue Anweisungen. Als er den Raum verließ, platzte Constanze heraus:

„Wird sie es schaffen, Doktor?"

„Wir tun, was wir können", antwortete der Arzt. „Aber die Lage ist ernst. Das neue Knochenmark hatte nicht genug Zeit zu reifen, das heißt, Margarida hat quasi kein Immunsystem. Ich kann Ihnen leider keine große Hoffnung machen …"

Tomás und Constanze konnten sich nicht von dem Fenster losreißen. Wenn ihre Tochter tatsächlich sterben musste, sollte sie wenigstens nicht ganz allein sein. Ihre Eltern wollten zumindest so nah wie möglich bei ihr sein. Sie verbrachten den gesamten Nachmittag, den Abend und schließlich auch die gesamte Nacht vor der Glastür. Eine Pflegerin brachte ihnen Stühle und etwas zu essen, das sie jedoch kaum anrührten. Die Sorge um Margarida hatte ihnen nicht nur den Appetit genommen, sondern auch regelrecht die Sprache verschlagen. Schweigend saßen sie nebeneinander und hofften immer noch auf ein gutes Ende.

Gegen vier Uhr morgens wurden sie von einer plötzlichen Bewegung aufgeschreckt: Margarida, die sich bis dahin unruhig im Fieberschlaf gewälzt hatte, lag jetzt ganz entspannt und mit einem seligen Lächeln da. Die Krankenschwester, die ständig im Zimmer war, war aufgesprungen und an ihre Seite geeilt. Dann zog sie ein kleines Gerät aus der Tasche und funkte den diensthabenden Arzt an. Tomás und Constanze konnten zwar nicht hören, was auf der anderen Seite der Tür gesprochen wurde, aber sie beobachteten jede noch so kleine Bewegung mit höchster Aufmerksamkeit, und selbstverständlich ahnten sie, was passiert war.

Nicht einmal eine Minute später stand der Arzt mit OP-Kittel und Haube am Bett ihrer Tochter. Seine Augen wirkten müde; wahrscheinlich hatte der Piepser ihn aus dem Schlaf gerissen. Er beugte sich über Margarida, prüfte ihre Temperatur, den Puls, ihre Pupillen sowie die Werte der Maschine, an die das Mädchen angeschlossen war. Dann wechselte er einige Sätze mit der Krankenschwester und nickte traurig. Als der Arzt sich zum Gehen wandte und den Raum durch die Tür für das Pflegepersonal verlassen wollte, deutete die Schwester in Richtung der Glastür. Nach einem kurzen Zögern folgte er dem Wink und trat zu Tomás und Constanze auf den Flur.

„Ich bin Dr. Hackett", sagte er unbeholfen.

Tomás legte seinen Arm schützend um seine Frau.

„Es tut mir so leid ..."

Es gibt keinen größeren Schmerz, als ein Kind zu verlieren. Nach Margaridas Tod fühlten sich Tomás und Constanze völlig orientierungslos. Sie waren allem und jedem gegenüber desinteressiert und gleichgültig, sie hatten jede Lust am Leben verloren. Sie kapselten sich fast vollständig von der Welt ab, suchten Trost in alten Erinnerungen, in vergessen geglaubten Emotionen. In diesem Prozess der gemeinsamen Trauer kamen sie einander wieder näher, und nach ein paar Wochen war Constanze nahezu unbemerkt wieder bei Tomás eingezogen.

Dabei war das Leben in der alten Wohnung nicht leicht. Jede Ecke und jedes Möbelstück schien eine Geschichte über ihre Tochter zu erzählen, die sie so schmerzlich vermissten. Dementsprechend hatten sie auch noch nicht den Mut gefunden, Margaridas Zimmer zu betreten, als befände sich hinter der Tür eine magische Welt, deren Zauber sie keinesfalls brechen wollten. Die Tatsache, dass sie im Zimmer ihrer Tochter nie wieder ihr fröhliches Lachen hören würden, war schier unerträglich.

Als sie sich endlich überwanden, die Tür zu öffnen und der Wirklichkeit ins Gesicht zu schauen, lagen die Puppen noch so auf dem Bett und standen die Bücher noch so in den Regalen, wie Margarida sie hinterlassen hatte. Als hätte sie gerade frisch aufgeräumt. Dass ihre Kleidung nicht mehr im Schrank lag und ihre Schulsachen fehlten, war auf den ersten Blick nicht zu sehen. Nur die leichte Staubschicht zeugte davon, dass ihre sauberkeitsversessene Tochter schon länger nicht mehr in diesem Zimmer gewesen war.

Tomás und Constanze wurden von ihren Gefühlen regelrecht überwältigt, sodass sie das Zimmer schnell wieder verließen und es anschließend weiterhin mieden. Gleichzeitig litten sie darunter, dass Nostalgie und Trauer sie so sehr im Griff hatten und ihr Leben bestimmten. Sie litten in der Wohnung, und sie litten, wenn sie einmal hinausgingen. Das Leben schien seinen Sinn verloren zu haben. Wenn Tomás nicht durch seine Vorlesungen gelegentlich an die Uni gemusst hätte, wäre jeder Tag eine Kopie des vorherigen gewesen.

Allmählich wurde ihnen bewusst, dass sie etwas ändern mussten, wenn sie nicht völlig abstürzen wollten, aber erst am Ende des zweiten Monats, als sie in alten Erinnerungen schwelgend auf dem Sofa saßen, konnten sie eine Entscheidung treffen: Sie nahmen sich vor, die Vergangenheit zu akzeptieren und die Sackgasse, in die sie sich manövriert hatten, hinter sich zu lassen. Doch um nach vorn schauen zu können, brauchten sie ein neues Ziel, ein Projekt. Und sie erkannten rasch, dass sie dafür zweierlei brauchen würden: ein neues Kind und ein neues Zuhause.

Sie kauften zunächst ein Häuschen am Meer in Santo Amaro de Oeiras und hofften darauf, dass Constanze wieder schwanger werden würde. Dabei mussten sie sich eingestehen, dass sie beide sich wieder ein Kind wie Margarida wünschten, die ihre Freude und Großzügigkeit so reichlich verschenkt hatte.

Margaridas Tod hatte Tomás unter anderem dazu gebracht, seine Integrität zu hinterfragen. Er hatte seine Ehre verkauft, um das Leben seiner Tochter zu retten, aber alles, was sich seither ereignet hatte, empfand er wie eine Strafe für seine schändliche Entscheidung, als habe er bei einer göttlichen Prüfung seiner Moral kläglich versagt.

Er wollte nicht länger untätig bleiben und holte den vermaledeiten Vertrag mit der Stiftung hervor, den er so gedankenlos unterschrieben hatte. Jetzt las er jede Klausel wieder und wieder mit akribischer Genauigkeit durch und suchte nach einem Schlupfloch, nach einer Möglichkeit, die Worte ein wenig umzudrehen, um seiner Verschwiegenheitspflicht zu entkommen. Er bat sogar Daniel, einen Cousin Constanzes, der als Rechtsanwalt arbeitete, den Vertrag zu überprüfen.

Sollte es auch nur die geringste Chance geben, aus dem Vertrag auszusteigen, wollte Tomás endlich die Wahrheit sagen. Allerdings konnte er es sich nicht leisten, Constanzes und seine Zukunft mit einer Millionen-Dollar-Klage zu belasten. Er hatte nun mal nicht das Geld, um sein Schweigen einfach zu brechen.

Dabei litt Tomás zum einen darunter, dass er die Wahrheit über Christoph Kolumbus und seine Herkunft verschweigen musste, und zum zweiten darunter, dass er sich als Versager und Verräter eben dieser Wahrheit fühlte. Es kam ihm vor, als hätte er sich prostituiert. Er fühlte sich beschmutzt und unwürdig.

Zum ersten Mal wurde ihm bewusst, dass auch er fähig war, die Wahrheit für einen bestimmten Preis zu verraten. Erstmals konnte er das Dilemma nachempfinden, in dem sich König Johann II. rund fünfhundert Jahre zuvor befunden hatte. Er stellte sich vor, wie der König auf einer Mauer des Castelo de São Jorge gesessen haben mochte – unweit der Olivenbäume der königlichen Festung, Lissabon zu seinen Füßen –, und wie er über seine Entscheidungen grübelte. Es gab Land im Westen und Asien im Osten. Gern hätte er beides gehabt, aber das hätte einen Krieg mit Spanien bedeutet. Er musste sich also für eines entscheiden. Und das andere opfern. Auch er, Tomás, hatte vor einer ähnlichen Wahl gestanden. Und er hatte sich entschieden. Sein Kolumbus war die Vertraulichkeitserklärung gegenüber der Stiftung, sein Asien das Leben Margaridas.

Aber Tomás war mit seiner Wahl nicht glücklich.

König Johann hatte die Wahrheit nur so lange verheimlicht, bis er erreicht hatte, was er wollte: den östlichen Seeweg nach Indien zu finden. Sein engster Vertrauter, Rui de Pina, hatte später die Tatsachen offenbart, als er der Meinung war, die Wahrheit sei keine Gefahr mehr für die Politik Portugals; und wäre König Manuel nicht gewesen, hätte die *Chronik von König D. Johann II.* eine ganz andere Geschichte erzählt als die, die wir heute kennen. Aber Tomás hatte keinen Rui de Pina oder jemand anderen, der ihm helfen konnte, den *Codex 632* neu zu schreiben, um die gefälschte Passage endlich ans Tageslicht zu bringen. Ihm waren die Hände gebunden; die Lüge hatte über die Wahrheit gesiegt.

Dann erinnerte sich Tomás an das erste Mal, als er Moliarti nachgegeben hatte, das erste Mal, als er seine Prinzipien über den Haufen geworfen hatte. Sie hatten auf einer steinernen Bank unter den Arkaden des Hieronymitenklosters gesessen, als Moliarti ihn dazu gedrängt hatte, sich bei Toscanos Frau als ein Kollege auszugeben, um an die Unterlagen ihres verstorbenen Mannes zu kommen. Das war zwar nur eine kleine, scheinbar unbedeutende Lüge gewesen, dennoch war es der erste Schritt in die falsche Richtung, die ihn nun an den Rand eines Abgrunds gebracht hatte.

Tomás erinnerte sich auch daran, dass er dort im Kloster aufbegehrt hatte, dass er einen Aufruf an sein Gewissen vernommen hatte: intensiv, kühn und leidenschaftlich. Ein Moment der Klarheit, ehe die Stimme der Gier ihn zum Schweigen gebracht hatte.

Das Gedicht von Fernando Pessoa auf seinem Grabstein. Tomás konzentrierte sich, ließ Buchstaben zu Worten werden und Worte zu Gedanken voller Bedeutung und Größe:

Um groß zu sein, sei ganz: entstelle und
verleugne nichts, was dein.
Sei ganz in jedem Ding. Leg, was du bist,
in dein geringstes Tun.
So glänzt in jedem See der ganze Mond,
denn er steht hoch genug.

Tomás wiederholte das Gedicht vier, fünf, sechs Mal und spürte eine erloschen geglaubte Flamme erneut aufleben, anfangs noch schwach, dann immer stärker, bis sie schließlich kräftig loderte und sein Herz in Brand setzte.

„Sei ganz!“, rief er sich selbst zu. „Entstelle und verleugne nichts!“ Ja, das wollte er tun. „Leg, was du bist, in dein geringstes Tun!“

Er hatte seine Entscheidung getroffen.

Tomás saß an seinem Computer und starrte auf das leere Textdokument. Zunächst einmal brauchte er einen anderen

Namen, vielleicht ein Pseudonym. Nein, das wäre nicht die Lösung. Er brauchte einen Stellvertreter, seinen persönlichen Rui de Pina. Wer könnte das sein? Ein berühmter Historiker? Nein, das war Unsinn und zu riskant. Dieser Zusammenhang wäre zu offensichtlich. Er brauchte jemanden, der bereit wäre, die Wahrheit, die er zu erzählen hatte, unter seinem eigenen Namen bekannt zu machen. Genau das war's! Aber wer sollte das sein? Nun, er würde sich später darum kümmern. Jetzt wollte er sich darauf konzentrieren, wie er die Geschichte erzählen würde. Der Vertrag verbot ihm zwar, Aufsätze oder Artikel zu schreiben und Interviews oder Pressekonferenzen zu geben. Aber was wäre mit einem Roman? Über das Schreiben eines Romans stand in dem Vertrag kein Wort! Er könnte sich immer damit herausreden, dass es sich um Fiktion handle. Reine Fiktion. Die außerdem unter einem anderen Namen veröffentlicht würde. Der Autor wäre also gar nicht er selbst, sondern sein Rui de Pina. Selbstverständlich, das war's: Er brauchte einen Romanautor! Oder vielleicht besser einen Journalisten? Ja, das war eine gute Idee. Ein Journalist ist es gewohnt, die Wahrheit zu recherchieren und verständlich zu erzählen. Hmm ... Noch besser wäre allerdings ein Journalist, der auch Romane schreibt; davon gab es ja immerhin ein paar. Aber er würde sich wie gesagt später darum kümmern, wen er dazu kontaktieren wollte.

Fiktion als Schlüssel zur Wahrheit. Er würde selbstverständlich die Namen der beteiligten Personen ändern und in der dritten Person schreiben und ansonsten einfach nur erzählen, was er selbst erlebt, gesehen, gesagt, gehört und entdeckt hatte. Nun ja ... mit Ausnahme eines einleitenden Kapitels vielleicht, denn die Geschichte begann ja mit dem Tod von Professor Toscano, und den hatte er nicht persönlich miterlebt. Dafür würde er etwas kreativ werden müssen. Allerdings wusste er ja, dass der Professor starb, als er in seinem Hotelzimmer in Rio de Janeiro ein Glas Mangosaft trank. Soweit die Fakten. Für den Ablauf würde er seine Fantasie spielen lassen.

Tomás Noronha war hoch motiviert. Ihm war regelrecht schwindelig bei dem Gedanken, sich seine unterdrückte Wut nun doch von der Seele schreiben zu können. Der Menschheit die Wahrheit zu verkünden. Er legte die Finger auf die Tastatur und begann wie in Trance, einen Buchstaben nach dem anderen zu tippen. Bald lauschte er, vom steten Fluss der Gedanken und Worte selbst überrascht, dem Klappern der Tasten, die seine Geschichte auf dem Bildschirm zu Leben erweckten.

Vier.

Der alte Professor konnte nicht ahnen, dass er nur noch vier Minuten zu leben hatte.

DANKSAGUNG

Die Wurzeln von Christoph Kolumbus liegen verborgen in einem Dickicht, das nur hie und da einen diffusen Blick auf seine vielschichtige Persönlichkeit freigibt. Dabei scheint es so, als habe niemand anders als der große Seefahrer persönlich dieses Netz der Geheimnisse ausgelegt, um gezielt seine Vergangenheit zu vertuschen und die Wahrheit in einer Folge widersprüchlicher Hinweise und zweideutiger Sätze zu verschleiern. Der Grund für dieses Vorgehen ist nicht geklärt und löst nicht nur unter Historikern lebhafte Diskussionen aus.

Was es noch schwerer macht, Fakten und Fiktion über diesen Mann voneinander zu trennen, ist die Tatsache, dass viele aufschlussreiche Dokumente verloren gegangen sind. Und auch von den noch erhaltenen Texten gibt es meist keine Originale mehr, sondern lediglich Abschriften, die möglicherweise verändert wurden. Zu allem Überfluss wurden außerdem einige Dokumente als geschickte Fälschungen entlarvt, und über die Echtheit zahlreicher weiterer besteht Unklarheit. Es gibt also nur wenig Sicherheit, dafür aber reihenweise Widersprüche und Rätsel im Hinblick auf die Einzelheiten im Leben des Christoph Kolumbus, die somit viel Raum bieten für Spekulationen, wer der Mann, der angeblich Amerika entdeckte, wirklich war.

Ich möchte betonen, dass das vorliegende Buch ein fiktiver Text ist, auch wenn er von Fakten inspiriert wurde und auf authentischen Dokumenten basiert, die in diversen Bibliotheken überprüft werden können. Die in diesem Roman behandelten Themen entstammen sehr unterschiedlichen Quellen, angefangen mit einer derartigen Vielzahl an Büchern, Aufsätzen und anderen Texten, dass ich sie nicht im Detail hier anführe, um Ihre Geduld nicht zu überstrapazieren. Ich möchte lediglich die wichtigsten Autoren zu den umstrittensten Aspekten von Kolumbus' Herkunft und Leben nennen: Luís Albuquerque, Moses Bensabat Amzalak, Enrique Bayerri y Bertomeu, Armando Cortesão, Arthur d'Ávila, Ferreira de Serpa, Jane Frances Almer, Alexandre Gaspar da Naia, Jorge Gomes Fernandes, Vasco Graça Moura, Sarah Leibovici, Luiz Lencastre e Távora, Salvador Madariaga, Mascarenhas Barreto, Ramón Menéndez Pidal, Patrocínio Ribeiro, Pestana Júnior, Alfredo Pinheiro Marques, Luciano Rey Sánchez, Santos Ferreira, Maurizio Tagliattini, Gabriel Verd Martorell und Simon Wiesenthal.

Zahlreiche Freunde und Bekannte haben direkt oder indirekt zum Entstehen dieses Romans beigetragen, wobei sie nichts mit den fiktionalen Aspekten der Geschichte zu tun haben. Ich danke João Paulo Oliveira e Costa, Professor für das Zeitalter der Entdeckungen an der Neuen Universität Lissabon; Diogo Pires Aurélio, Leiter der Nationalbibliothek von Lissabon; Paola Caroli, Leiterin des Staatsarchivs von Genua; Pedro Corrêa do Lago, Präsident der Nationalbibliothek von Rio de Janeiro und einer der weltweit wichtigsten Sammler von Originalmanuskripten; Botschafter António Tanger, der mir die Pforten des Palácio de São Clemente in Rio de Janeiro öffnete; Vater und Sohn António da Graça sowie Paulino Bastos, meine Führer in Rio de Janeiro; Helena Cordeiro, die sich mit mir über Jerusalem unterhielt; Rabbi Boaz Pash, der letzte Kabbalist Lissabons; Roberto Bachmann, Vorsitzender der Associação Portuguesa de Estudos Judaicos, der portugiesischen Gesellschaft für jüdische Studien; Sprachexperte und Professor Alberto Sismondini von der Universität Coimbra für seine unschätzbare Hilfe mit dem genuesischen Dialekt; Doris Fabris-Bucheli, meine entzückende Führerin durch das Lapa Palace Hotel in Lissabon; João Cruz Alves und António Silvestre, Hüter der Geheimnisse von Quinta da Regaleira in Sintra; Mário Oliveira und Conceição Trigo, Kardiologen am Lissabonner Krankenhaus Santa Marta; Miguel Palha, Arzt und Gründer der Associação Portuguesa de Portadores de Trissomia 21 sowie seiner Frau Teresa; Dina, Francisco und Rosa Gomes, die ihre Erfahrungen mit mir teilten.

Und wie immer war Florbela meine erste und wichtigste Leserin, die mich auf den verschlungenen Pfaden der Geschichte zuverlässig begleitete.

ALS DOPPELAGENT WIDER WILLEN KOMMT TOMÁS NORONHA DEM WISSENSCHAFTLICHEN BEWEIS FÜR DIE EXISTENZ GOTTES AUF DIE SPUR.

„Das Einstein Enigma“
von J.R. Dos Santos
ISBN 978-3-946621-00-3
604 Seiten

TOMÁS NORONHAS NÄCHSTES ABENTEUER UM DIE REALEN GEHEIMNISSE DES UNIVERSUMS UND DES MENSCHLICHEN BEWUSSTSEINS.

„Der Schlüssel des Salomon“
von J.R. Dos Santos
ISBN 978-3-946621-02-7
496 Seiten

DER PAPST WURDE ENTFÜHRT, NUR TOMÁS KANN IHN RETTEN. ABER ER LÄUFT GEFAHR, IM SUMPF REALER SKANDALE ZU VERSINKEN.

„Vaticanum"
von J.R. Dos Santos
ISBN 978-3-946621-04-1
509 Seiten

DIE MORDE AN DREI WISSENSCHAFTLERN GEBEN ANLASS FÜR EINE REISE IN DIE WAHRE ENTSTEHUNGS-GESCHICHTE DER BIBEL.

„Das letzte Geheimnis Jesu"
von J.R. Dos Santos
ISBN 978-3-946621-08-9
ca. 464 Seiten

Im Original erschienen unter dem Titel „O Codex 632“

www.luzarpublishing.com

Redaktion: Brigitte Caspary, Egloffstein
Coveridee: Olivier Faÿ, lampyre.fr
Umschlagfotos: Portrait von Sebastiano del Piombo;
Karavellen: Shutterstock / Michael Rosskothen
Umschlagadaptation und Satz:
Röser MEDIA GmbH & Co. KG, Karlsruhe
Druck und Bindung: GGP Media GmbH, Pößneck

ISBN 978-3-946621-06-5